Lehr- und Handbücher zur entscheidungsorientierten Betriebswirtschaft

Herausgegeben von
o. Universitätsprofessor Dr. Edwin O. Fischer

Bisher erschienene Werke:

Fischer, Finanzwirtschaft für Anfänger, 3. Auflage
Fischer, Finanzwirtschaft für Fortgeschrittene, 3. Auflage
Fischer · Keber · Maringer, Arbeitsbuch zur Finanzwirtschaft
für Anfänger
Fischer · Keber · Maringer, Arbeitsbuch zur Finanzwirtschaft
für Fortgeschrittene
Hollnsteiner · Kopel, Übungsbuch zur Betriebswirtschaftlichen
Optimierung, 2. Auflage
Stepan · Fischer, Betriebswirtschaftliche Optimierung,
7. Auflage

Arbeitsbuch zur Finanzwirtschaft für Fortgeschrittene

Von

o. Univ.-Prof. Dr. Edwin O. Fischer
a.o. Univ.-Prof. Dr. Christian Keber
Dr. Dietmar G. Maringer

R. Oldenbourg Verlag München Wien

Die Deutsche Bibliothek - CIP-Einheitsaufnahme

Fischer, Edwin O.:
Arbeitsbuch zur Finanzwirtschaft für Fortgeschrittene / von Edwin O.
Fischer ; Christian Keber ; Dietmar G. Maringer. – München ; Wien :
Oldenbourg, 1999
  (Lehr- und Handbücher zur entscheidungsorientierten
  Betriebswirtschaft)
  ISBN 3-486-24998-3

2. Nachdruck 2012

© 1999 R. Oldenbourg Verlag
Rosenheimer Straße 145, D-81671 München
Telefon: (089) 45051-0, Internet: http://www.oldenbourg.de

Gedruckt auf säure- und chlorfreiem Papier
Gesamtherstellung: Books on Demand GmbH, Norderstedt

ISBN 978-3-486-24998-9

Vorwort

Das vorliegende Arbeitsbuch ist als ergänzende und vertiefende Lernhilfe zum Lehrbuch "Finanzwirtschaft für Fortgeschrittene" konzipiert und richtet sich an Studierende, die über das finanzwirtschaftliche Basiswissen hinausgehende Kenntnisse in den Bereichen zeitbezogene Entscheidungen in der Investitionsplanung, Portfoliotheorie und Moderne Kapitalmarkttheorie sowie über die relevanten Kalkulationszinsfüße in der Investitionsplanung besitzen. Das Arbeitsbuch enthält zu allen gennanten Bereichen Aufgabenstellungen sowie Lösungen, die auf die jeweils betreffenden Ausführungen im Lehrbuch abgestimmt sind. Dadurch wird den Studierenden die Möglichkeit geboten, die Kenntnisse ihres intensiven Literaturstudiums anhand konkreter Übungsaufgaben zu überprüfen und zu festigen.

Im ersten Kapitel des Arbeitsbuches werden zeitbezogene Entscheidungen in der Investitionsplanung behandelt, wobei als Ergänzung zum Lehrbuch auch alternative Lösungstechniken, Sensitivitätsanalysen sowie die Berücksichtigung von Investitionsbegünstigungen und Finanzierungsförderungen besprochen werden. Im zweiten Kapitel werden umfangreiche Aufgabenstellungen zur Portfoliotheorie nach Markowitz und Tobin gelöst, das dritte Kapitel beschäftigt sich mit der Modernen Kapitalmarkttheorie, und das vierte Kapitel behandelt Realinvestitionsentscheidungen unter Berücksichtigung des "richtigen" Kalkulationszinsfußes unter Unsicherheit zur Bewertung der mit Realinvesitionen zusammenhängenden unsicheren Zahlungen. Die Lösungen zu den Aufgabenstellungen sind bei gleichartigen Problemstellungen durchwegs so aufgebaut, daß bei der ersten dieser Aufgaben vom theoretischen Lösungskonzept ausgegangen und die endgültige Lösung zunächst in allgemeiner Form schrittweise entwickelt und danach anhand der konkreten Werte berechnet wird.

Das vorliegende Arbeitsbuch hat den Studierenden am Betriebswirtschaftszentrum der Sozial- und Wirtschaftswissenschaftlichen Fakultät der Universität Wien in Skriptenform drei Jahre lang als Arbeitsunterlage in den Lehrveranstaltungen aus "Ausgewählte Teilgebiete der ABWL: Finanzwirtschaft für Fortgeschrittene" gedient. Jenen Studierenden, die durch ihre Kritik und Hinweise dazu beigetragen haben, daß die nun vorliegende Form gefunden wurde, sei an dieser Stelle gedankt. Etliche Aufgabenstellungen wurden von Frau Ulrike Keber-Höbaus EDV-mäßig verwaltet, und bei der Ausarbeitung etlicher Lösungen sowie dem bei einem Buch notwendigen File-Management wurden wir tatkräftig von den Studienassistenten Herrn Matthias G. Schuster und Herrn Wolfgang Kölbl unterstützt. Auch für ihre Mitwirkung möchten wir uns herzlich bedanken.

Edwin O. Fischer
Christian Keber
Dietmar G. Maringer

Inhaltsverzeichnis

Liste der Variablen und Parameter

α	Wertmäßiger Anteil des risikolosen Finanzierungstitels am Anfangsvermögen W_0
A_t	Anschaffungsauszahlungen zu t
$Ann(T, k)$	Annuität über den Zeitraum T bei einem Kalkulationszinsfuß von k
$AF_{T,k}$	Nachschüssiger Annuitätenfaktor bei einer Laufzeit von T Jahren und einer Verzinsung zum Kalkulationszinsfuß von k
AfA_t	Steuerliche Abschreibung im t–ten Jahr der Nutzung
AV_t	Anlagevermögen zum Zeitpunkt t
$\beta_{A,t}$	Normiertes systematisches Risiko einer unverschuldeten Unternehmung in der t–ten Periode
$\beta_{C_f,t}$	Normiertes systematisches Risiko der fixen Auszahlungen in der t–ten Periode
$\beta_{c_v \cdot x,t}$	Normiertes systematisches Risiko der variablen Auszahlungen in der t–ten Periode
$\beta_{E,t}$	Normiertes systematisches Risiko des Eigenkapitals in der t–ten Periode
$\beta_{IP,t}$	Normiertes systematisches Risiko eines Investitionsprojekts in der t–ten Periode
$\beta_{j,t}$	Normiertes systematisches Risiko der j–ten Aktie in der t–ten Periode
$\beta_{p \cdot x,t}$	Normiertes systematisches Risiko der Einzahlungen in der t–ten Periode
$\beta_{R_T,t}$	Normiertes systematisches Risiko des Restwerts in der t–ten Periode
$\beta_{VZ,t}$	Normiertes systematisches Risiko der variablen Zahlungen in der t–ten Periode
BW_T	Buchwert am Ende der Nutzung
γ	Verhältnis der variablen Auszahlungen je Stück zum Verkaufspreis
$CE(.)$	Sicherheitsäquivalent einer Zahlung
$C_{f,t}$	Fixe Auszahlungen in der t–ten Periode
$C(z_i)$	Cash Flow bei Eintritt des Zustands i
$c_{v,t}$	Variable Auszahlungen je Stück in der t–ten Periode
C_t	Erwarteter zusätzlicher nomineller Cash Flow vor Zinsen und vor Steuern im t–ten Jahr der Nutzung
$Cov(\cdot, \cdot)$	Kovarianz zweier stochastischer Größen
D_0	Marktwert des Fremdkapitals zu $t = 0^+$ (ohne Berücksichtigung der Zahlungen zu $t = 0$)
D_{0^-}	Marktwert des Fremdkapitals zu $t = 0^-$ (mit Berücksichtigung der Zahlungen zu $t = 0$)
D_t	Marktwert des Fremdkapitals zu t^+
$D_t(z_i)$	Wert des Fremdkapitals einer Unternehmung zum Zeitpunkt t bei Eintritt des Zustands i
Div_t	Dividendenzahlungen zum Zeitpunkt t
$E(.)$	Erwartungswert einer Zufallsvariablen
E_0	Marktwert des Eigenkapitals zu $t = 0^+$ (ohne Berücksichtigung der Zahlungen zu $t = 0$)

E_{0^-}	Marktwert des Eigenkapitals zu $t = 0^-$ (mit Berücksichtigung der Zahlungen zu $t = 0$)
E_t	Marktwert des Eigenkapitals zu t^+ bei teilweiser Fremdfinanzierung
EK_t	Eigenkapital zu Buchwerten zum Zeitpunkt t
$E_t(z_i)$	Wert des Eigenkapitals einer verschuldeten Unternehmung zum Zeitpunkt t bei Eintritt des Zustands i
f_t	Verhältnis des Werts der künftigen Zinszahlungen zum Wert des Fremdkapitals
FL	Financial Leverage
FL_t^{dyn}	Dynamischer Financial Leverage in der t-ten Periode
GG_T	Zeitbezogener Grenzgewinn in der Periode T
i	Effektivverzinsung vor Steuern
j	Laufindex für unterschiedliche Aktien
k	Investitionsrechnung: Kalkulationszinssatz und Laufindex für Investitionsprojekte; Portfoliotheorie: Laufindex für unterschiedliche Aktien
κ_t	Kalkulationszinsfuß für die t-te Periode für den Wert der Umsatzerlöse
$K_0(.)$	Kapitalwert in Abhängigkeit von einer Größe
k_D	Kapitalkostensatz für das Fremdkapital für die t-te Periode
k_E	Kapitalkostensatz der Anteilseigner nach Steuern
$k_{E,t}$	Kapitalkostensatz der Anteilseigner nach Steuern für die t-te Periode bei teilweiser Fremdfinanzierung
$k_E^{vorSt.}$	Kapitalkostensatz der Anteilseigner vor Steuern
$k_{G,t}$	Gewichteter durchschnittlicher Kapitalkostensatz nach Steuern für die t-te Periode
k_G	Gewichteter durchschnittlicher Kapitalkostensatz nach Steuern
$k_G^{vorSt.}$	Gewichteter durchschnittlicher Kapitalkostensatz vor Steuern
K_t	Kapitalwert zu t^- (mit Berücksichtigung der Zahlungen zu t)
K_{t^+}	(Brutto)Kapitalwert zu t^+ (ohne Berücksichtigung der Zahlungen zu t)
KK_0	Kettenkapitalwert zu $t = 0$
λ	Preis für das Risiko je Risikoeinheit
m	Anzahl der identischen Reinvestitionen
μ	Mittelwert einer Verteilung
M	Index für das Tangential- oder Marktportefeuille
MVP	Minimum–Varianz–Portefeuille
n	Anzahl der jungen Aktien
N	Anzahl der unterschiedlichen Aktien in einem Portefeuille; Anzahl der Altaktien
$N(\mu, \sigma)$	Normalverteilung mit den Parametern μ und σ
NCF_t	Net Cash Flow im t-ten Jahr der Nutzung
Nom	Nominale des Fremdkapitals
OCF_t	Operating Cash Flow im t-ten Jahr der Nutzung
OL	Operating Leverage

OL_t^{dyn}	Dynamischer Operating Leverage in der t-ten Periode
p	Verkaufspreis pro Stück bzw. interner Zinsfuß (Rendite)
π	Jährliche Wachstumsrate der laufenden Cash Flows
PF_t	Marktwert der fixen Zahlungen nach Steuern zu t^+
$P_{t,j}^{cum}$	Preis der j-ten Aktie zum Zeitpunkt t inklusive eines Nebenrechts
$P_{t,j}^{ex}$	Preis der j-ten Aktie zum Zeitpunkt t exklusive eines Nebenrechts
$p(z_i)$	Subjektive Eintrittswahrscheinlichkeit des Zustands i
$\Phi(d_i)$	Wert der Verteilungsfunktion in der Standardnormalverteilung an der Stelle d_i
PV_t	Marktwert der künftigen Umsatzerlöse zu t^+
PVZ_t	Marktwert der variablen Einzahlungsüberschüsse zu t^+
ϱ	Erwartete Eigenkapitalrendite bei reiner Eigenfinanzierung
ϱ_t	Kalkulationszinsfuß für die t-te Periode bei reiner Eigenfinanzierung
$\varrho(.)$	Korrelation zwischen zwei stochastischen Größen
r_t	Annualisierter risikoloser Zinssatz in der t-ten Periode
$RBF_{T,k}$	Nachschüssiger Rentenbarwertfaktor bei einer Laufzeit von T Jahren und einer Verzinsung zum Kalkulationszinsfuß von k
$\bar{r}_j$	Arithmetische Durchschnittsrendite der j-ten Aktie
r_j	Rendite der j-ten Aktie
r_j^*	Konforme Jahresrendite der j-ten Aktie
r_M	Rendite des Tangential- und Marktportefeuilles
r_{MVP}	Rendite des Minimum-Varianz-Portefeuilles
ROE_t	Return on Equity in der Periode t
ROI_t	Return on Investment in der Periode t
r_P	Rendite des Portefeuilles P
R_T	Restwert am Ende der Nutzungsdauer eines Investitionsprojekts
s	Gewinnsteuersatz der Unternehmung
$\sigma(.)$	Standardabweichung einer stochastischen Größe
$\sigma_{A,t}$	Gesamtes Risiko des rein eigenfinanzierten Unternehmensvermögens in der t-ten Periode
$\sigma_{E,t}$	Gesamtes Risiko des Eigenkapitals einer verschuldeten Unternehmung in der t-ten Periode
$\sigma_{IP,t}$	Gesamtes Risiko des rein eigenfinanzierten Investitionsprojekts in der t-ten Periode
$\sigma_{VZ,t}$	Gesamtes Risiko des Werts der künftigen Umsatzerlöse in der t-ten Periode
$\sigma^2(.)$	Varianz einer stochastischen Größe
St_t	Steuerzahlungen zum Zeitpunkt t
t	Zeitindex
T	Nutzungsdauer
T_k^*	Optimale Nutzungsdauer des k-ten Investitionsprojekts
T_{max}	Maximale Nutzungsdauer eines Investitionsprojekts

U	Umsatz
U_0	Wert einer unverschuldeten Unternehmung zu $t = 0$
U_t	Wert des Eigenkapitals einer unverschuldeten Unternehmung zu t^+ bei reiner Eigenfinanzierung (= Wert der unverschuldeten Unternehmung)
UEB	Entgehender Cash Flow vor Steuern und Zinsen aufgrund von Umsatzeinbußen
UK_t	Umsatzaufwendungen exklusive Zinsaufwendungen, aber inklusive Absetzung für Abnutzung
v_0	Verschuldungsgrad zu Marktwerten zu $t = 0^+$
V_0	Wert einer verschuldeten Unternehmung zu $t = 0^+$
$Var(.)$	Varianz einer stochastischen Größe
V_t	Wert einer verschuldeten Unternehmung zu t^+
v^*	Optimaler konstanter Verschuldungsgrad einer Unternehmung oder eines Investitionsprojekts zu Marktwerten
v_t^*	Angestrebter Verschuldungsgrad zu Marktwerten einer Unternehmung oder eines Investitionsprojekts zum Zeitpunkt t^+
W_t	Vermögen eines Investors zum Zeitpunkt t
x	Produktions- und Absatzmenge
x_j	Wertmäßiger Anteil der j-ten Aktie am Anfangsvermögen W_0
x_j^M	Anteil des j-ten Wertpapiers im Tangetialportefeuille
y_k	Hilfsvariable zur Ermittlung des Tangentialportefeuilles
Y_0	Kreditauszahlungsbetrag zu $t = 0$
Y_t	Tilgungszahlungen zu t (für $t > 0$)
z_i	Zustand i
Z_t	Zinszahlungen zu t
Z_t'	Steuerlich absetzbare Kreditkosten (= Zinsen + Anteil am Auszahlungsdisagio und am Rückzahlungsagio)

Das griechische Alphabet

Name	Buchstabe
Alpha	α, A
Beta	β, B
Gamma	γ, Γ
Delta	δ, Δ
Epsilon	ϵ, E
Zeta	ζ, Z
Eta	η, H
Theta	θ (ϑ), Θ
Jota	ι, I
Kappa	κ, K
Lambda	λ, Λ
My	μ, M
Ny	ν, N
Xi	ξ, Ξ
Omikron	o, O
Pi	π, Π
Rho	ϱ, P
Sigma	σ (ς), Σ
Tau	τ, T
Ypsilon	υ, Y
Phi	ϕ, Φ
Chi	χ, X
Psi	ψ, Ψ
Omega	ω, Ω

1 Zeitbezogene Entscheidungen in der Investitionsplanung

Aufgabe 1

Eine Unternehmung plant die Anschaffung eines Spezialaggregats, für das die folgenden Daten ermittelt worden sind:

Anschaffungsauszahlungen:	100.000,–
Maximale Nutzungsdauer:	6 Jahre
Steuerliche Abschreibung:	linear über 5 Jahre
Gewinnsteuersatz:	40 %
Kapitalkostensatz für das Eigenkapital nach Steuern:	13 % p.a.

Erwartete Cash Flows vor Zinsen und Steuern:

Jahr der Nutzung	1	2	3	4	5	6
C_t	60.000,–	38.000,–	27.000,–	14.000,–	2.000,–	1.000,–

Erwartete Restwerte in Abhängigkeit von der Nutzungsdauer:

Jahr der Nutzung	1	2	3	4	5	6
R_T	60.000,–	40.000,–	20.000,–	8.000,–	5.000,–	1.000,–

Dem Projekt kann ein Kredit nicht direkt zugerechnet werden. Die Unternehmensleitung ist bestrebt, den derzeitigen Verschuldungsgrad der Unternehmung in der Höhe von 73 % auch in Zukunft beizubehalten. Die Effektivverzinsung des Fremdkapitals beträgt 8 % p.a. vor Steuern. Bestimmen Sie mit Hilfe des *Kapitalwertkriteriums* nach der Bruttomethode mit expliziter Berücksichtigung der Steuern die optimale Nutzungsdauer für das Aggregat.

Lösung

Die Bestimmung der optimalen Nutzungsdauer mit Hilfe des Kapitalwertkriteriums nach der Bruttomethode mit expliziter Berücksichtigung der Steuern erfolgt über die Berechnung der Kapitalwerte für alle zulässigen Nutzungsdauern $0 < T \leq T_{max}$, und die optimale Nutzungsdauer liegt dort, wo der Kapitalwert am größten ist:

$$\max_{\substack{0 < T \leq T_{max} \\ T \in \mathbb{N}}} K_0(T) = -A_0 + \sum_{t=1}^{T} \frac{C_t - s \cdot (C_t - AfA_t)}{(1 + k_G)^t} + \frac{R_T - s \cdot (R_T - BW_T)}{(1 + k_G)^T}$$

Für die vorliegende Aufgabenstellung ergibt sich für den gewichteten durchschnittlichen Kapitalkostensatz nach Steuern

$$
\begin{aligned}
k_G &= (1 - v_0) \cdot k_E + v_0 \cdot (1 - s) \cdot i, \\
k_G &= (1 - 0,73) \cdot 0,13 + 0,73 \cdot (1 - 0,4) \cdot 0,08, \\
k_G &= 0,07014,
\end{aligned}
$$

und für die Kapitalwerte nach der Bruttomethode mit expliziter Berücksichtigung der Steuern in Abhängigkeit von der Nutzungsdauer erhält man:

$$
\begin{aligned}
K_0(T = 1) &= -100.000 + \frac{60.000 - 0.4 \cdot (60.000 - 20.000)}{1.07014} \\
&\quad + \frac{60.000 - 0.4 \cdot (60.000 - 80.000)}{1.07014} \\
&= -100.000 + 41.116,12 + 65.543,09 \\
&= 4.659,20
\end{aligned}
$$

$$
\begin{aligned}
K_0(T = 2) &= -100.000 + \frac{60.000 - 0.4 \cdot (60.000 - 20.000)}{1.07014} \\
&\quad + \frac{38.000 - 0.4 \cdot (38.000 - 20.000)}{1.07014^2} \\
&\quad + \frac{40.000 - 0.4 \cdot (40.000 - 60.000)}{1.07014^2} \\
&= -100.000 + 41.116,12 + 26.894,87 + 41.914,09 \\
&= 9.925,08
\end{aligned}
$$

$$
\begin{aligned}
K_0(T = 3) &= -100.000 + \frac{60.000 - 0.4 \cdot (60.000 - 20.000)}{1.07014} \\
&\quad + \frac{38.000 - 0.4 \cdot (38.000 - 20.000)}{1.07014^2} \\
&\quad + \frac{27.000 - 0.4 \cdot (27.000 - 20.000)}{1.07014^3} \\
&\quad + \frac{20.000 - 0.4 \cdot (20.000 - 40.000)}{1.07014^3} \\
&= -100.000 + 41.116,12 + 26.894,87 \\
&\quad + 19.746,66 + 22.847,37 \\
&= 10.605,02
\end{aligned}
$$

$$K_0(T = 4) = -100.000 + \frac{60.000 - 0.4 \cdot (60.000 - 20.000)}{1.07014}$$

$$+ \frac{38.000 - 0.4 \cdot (38.000 - 20.000)}{1.07014^2}$$

$$+ \frac{27.000 - 0.4 \cdot (27.000 - 20.000)}{1.07014^3}$$

$$+ \frac{14.000 - 0.4 \cdot (14.000 - 20.000)}{1.07014^4}$$

$$+ \frac{8.000 - 0.4 \cdot (8.000 - 20.000)}{1.07014^4}$$

$$= -100.000 + 41.116,12 + 26.894,87$$

$$+ 19.746,66 + 12.504,94 + 9.759,95$$

$$= 10.022,53$$

$$K_0(T = 5) = -100.000 + \frac{60.000 - 0.4 \cdot (60.000 - 20.000)}{1.07014}$$

$$+ \frac{38.000 - 0.4 \cdot (38.000 - 20.000)}{1.07014^2}$$

$$+ \frac{27.000 - 0.4 \cdot (27.000 - 20.000)}{1.07014^3}$$

$$+ \frac{14.000 - 0.4 \cdot (14.000 - 20.000)}{1.07014^4}$$

$$+ \frac{2.000 - 0.4 \cdot (2.000 - 20.000)}{1.07014^5}$$

$$+ \frac{5.000 - 0.4 \cdot (5.000 - 0)}{1.07014^5}$$

$$= -100.000 + 41.116,12 + 26.894,87 + 19.746,66$$

$$+ 12.504,94 + 6.555,18 + 2.137,56$$

$$= 8.955,33$$

$$K_0(T = 6) = -100.000 + \frac{60.000 - 0.4 \cdot (60.000 - 20.000)}{1.07014}$$

$$+ \frac{38.000 - 0.4 \cdot (38.000 - 20.000)}{1.07014^2}$$

$$+ \frac{27.000 - 0.4 \cdot (27.000 - 20.000)}{1.07014^3}$$

$$+\frac{14.000 - 0.4 \cdot (14.000 - 20.000)}{1.07014^4}$$

$$+\frac{2.000 - 0.4 \cdot (2.000 - 20.000)}{1.07014^5}$$

$$+\frac{1.000 - 0.4 \cdot (1.000 - 0)}{1.07014^6}$$

$$+\frac{1.000 - 0.4 \cdot (1.000 - 0)}{1.07014^6}$$

$$= \; -100.000 + 41.116,12 + 26.894,87 + 19.746,66$$

$$+12.504,94 + 6.555,18 + 399,49 + 399,49$$

$$= \; 7.616,75$$

Der größte Kapitalwert beträgt $K_0(T = 3) = 10.605,02$. Daher ist die optimale Nutzungsdauer $T^* = 3$ Jahre.

Aufgabe 2

Eine Unternehmung plant die Anschaffung eines Spezialaggregats, für das die folgenden Daten ermittelt worden sind:

Anschaffungsauszahlungen:	100.000,-
Maximale Nutzungsdauer:	6 Jahre
Erwarteter Restwert am Ende der Nutzung:	20.000,-
Steuerliche Abschreibung:	linear über 5 Jahre
Gewinnsteuersatz:	40 %
Kapitalkostensatz für das Eigenkapital nach Steuern:	13 % p.a.

Erwartete Cash Flows vor Zinsen und Steuern:

Jahr der Nutzung	1	2	3	4	5	6
C_t	60.000,-	38.000,-	27.000,-	14.000,-	2.000,-	1.000,-

Für das Spezialaggregat wird bei der Durchführung folgender Kredit aufgenommen:

Nominale:	60.000,-
Nomineller Zinssatz:	8 % p.a.
Auszahlungsdisagio:	4 % vom Nominale
Kein Rückzahlungsagio	
Tilgung:	zur Gänze am Ende der Laufzeit
Zinszahlungen:	jährlich im nachhinein

Bestimmen Sie mit Hilfe des Kapitalwertkriteriums für die Nettomethode mit expliziter Berücksichtigung der Steuer die optimale Nutzungsdauer für das Investitionsprojekt, falls das Projekt einmal identisch reinvestiert werden soll und das Auszahlungsdisagio in $t = 0$ steuerlich abgesetzt werden kann.

Lösung

Bei der Bestimmung der optimalen Nutzungsdauer mit Hilfe des Kapitalwertkriteriums nach der Nettomethode mit expliziter Berücksichtigung der Steuern werden die Kapitalwerte für alle zulässigen Nutzungsdauern $0 < T \leq T_{\max}$ berechnet und dann die Nutzungsdauer mit dem größten Kapitalwert ermittelt:

$$\max_{\substack{0 < T \leq T_{\max} \\ T \in \mathbf{N}}} K_0(T) = -A_0 + Y_0 + \sum_{t=1}^{T} \frac{NCF_t - Y_t}{(1+k_E)^t} + \frac{R_T - s \cdot (R_T - BW_T)}{(1+k_E)^T}$$

mit

$$NCF_t = C_t - Z_t - s \cdot (C_t - AfA_t - Z_t').$$

Ist wie in der vorliegenden Aufgabenstellung eine identische Reinvestition geplant, so werden die Nutzungsdauern T_1 und T_2 der beiden Aggregate retrograd optimiert. In einem *ersten Schritt* wird mit Hilfe des Kapitalwertkriteriums die optimale Nutzungsdauer für das *zweite* Aggregat ermittelt,

$$\max_{\substack{0 < T_2 \leq T_{\max} \\ T_2 \in \mathbf{N}}} K_0(T_2) = -A_0 + Y_0 + \sum_{t=1}^{T_2} \frac{NCF_t - Y_t}{(1+k_E)^t} + \frac{R_{T_2} - s \cdot (R_{T_2} - BW_{T_2})}{(1+k_E)^{T_2}},$$

wobei man als Ergebnis die optimale Nutzungsdauer T_2^* mit dem dazugehörigen Kapitalwert $K_0(T_2^*)$ erhält.

In einem *zweiten Schritt* wird unter Berücksichtigung der Ergebnisse T_2^* bzw. $K_0(T_2^*)$ die optimale Nutzungsdauer des *ersten* Aggregates mit Hilfe des Kettenkapitalwerts ermittelt:

$$\max_{\substack{0 < T_1 \leq T_{\max} \\ T_1 \in \mathbf{N}}} KK_0(T_1, T_2^*) = K_0(T_1) + \frac{K_0(T_2^*)}{(1+k_E)^{T_1}}$$

In der vorliegenden Aufgabenstellung beträgt der Kapitalwert nach der Nettomethode mit expliziter Berücksichtigung der Steuern in Abhängigkeit der Nutzungsdauer des zweiten Aggregats:

$$K_0(T_2 = 1) = -100.000 + 57.600 + 0.4 \cdot 2.400$$

$$+ \frac{60.000 - 4.800 - 0.4 \cdot (60.000 - 20.000 - 4.800)}{1.13}$$

$$+ \frac{20.000 - 0.4 \cdot (20.000 - 80.000)}{1.13} - \frac{60.000}{1.13}$$

$$= -41.440 + 36.389,38 + 38.938,05 - 53.097,35$$

$$= -19.209,92$$

$$K_0(T_2 = 2) = -100.000 + 57.600 + 0.4 \cdot 2.400 + 36.389,38$$

$$+ \frac{38.000 - 4.800 - 0.4 \cdot (38.000 - 20.000 - 4.800)}{1.13^2}$$

$$+ \frac{20.000 - 0.4 \cdot (20.000 - 60.000)}{1.13^2} - \frac{60.000}{1.13^2}$$

$$= -41.440 + 36.389,38 + 21.865,46 + 28.193,28 - 46.988,80$$

$$= -1.980,68$$

$$K_0(T_2 = 3) = -100.000 + 57.600 + 0.4 \cdot 2.400 + 36.389,38 + 21.865,46$$

$$+ \frac{27.000 - 4.800 - 0.4 \cdot (27.000 - 20.000 - 4.800)}{1.13^3}$$

$$+ \frac{20.000 - 0.4 \cdot (20.000 - 40.000)}{1.13^3} - \frac{60.000}{1.13^3}$$

$$= -41.440 + 36.389,38 + 21.865,46 + 14.775,83 + 19.405,40 - 41.583,01$$

$$= 9.413,06$$

$$K_0(T_2 = 4) = -100.000 + 57.600 + 0.4 \cdot 2.400 + 36.389,38 + 21.865,46 + 14.755,83$$

$$+ \frac{14.000 - 4.800 - 0.4 \cdot (14.000 - 20.000 - 4.800)}{1.13^4}$$

$$+ \frac{20.000 - 0.4 \cdot (20.000 - 20.000)}{1.13^4} - \frac{60.000}{1.13^4}$$

$$= -41.440 + 36.389,38 + 21.865,46 + 14.775,83 + 8.292,07$$

$$+ 12.266,37 - 36.799,12$$

$$= 15.349,99$$

$$K_0(T_2 = 5) = -100.000 + 57.600 + 0.4 \cdot 2.400$$

$$+ 36.389,38 + 21.865,46 + 14.755,83 + 8.292,07$$

$$+ \frac{2.000 - 4.800 - 0.4 \cdot (2.000 - 20.000 - 4.800)}{1.13^5}$$

$$+ \frac{20.000 - 0.4 \cdot (20.000 - 0)}{1.13^5} - \frac{60.000}{1.13^5}$$

$$= -41.440 + 36.389,38 + 21.865,46 + 14.775,83 + 8.292,07 + 3.430,24$$

$$+6.513,12 - 32.565,60$$

$$= 17.260,50$$

$$K_0(T_2 = 6) \quad = \quad -100.000 + 57.600 + 0.4 \cdot 2.400$$

$$+36.389,38 + 21.865,46 + 14.755,83 + 8.292,07 + 3.430,24$$

$$+\frac{1.000 - 4.800 - 0.4 \cdot (1.000 - 4.800)}{1.13^6}$$

$$+\frac{20.000 - 0.4 \cdot (20.000 - 0)}{1.13^6} - \frac{60.000}{1.13^6}$$

$$= \quad -41.440 + 36.389,38 + 21.865,46 + 14.775,83 + 8.292,07 + 3.430,24$$

$$-1.095,13 + 5.763,82 - 28.819,11$$

$$= \quad 19.162,56$$

Nach der vollständigen Enumeration ergibt sich für die *zweite Durchführung* des Aggregats eine optimale Nutzungsdauer von $T_2^* = 6$ Jahren. Die optimale Nutzungsdauer für die erste Durchführung ergibt sich aus:

$$K_0(T_1 = 1, T_2^* = 6) \quad = \quad -19.209,90 + \frac{19.162,56}{1,13} = -2.251,89$$

$$K_0(T_1 = 2, T_2^* = 6) \quad = \quad -1.980,68 + \frac{19.162,56}{1,13^2} = 13.026,41$$

$$K_0(T_1 = 3, T_2^* = 6) \quad = \quad 9.413,06 + \frac{19.162,56}{1,13^3} = 22.693,68$$

$$K_0(T_1 = 4, T_2^* = 6) \quad = \quad 15.349,99 + \frac{19.162,56}{1,13^4} = 27.102,74$$

$$K_0(T_1 = 5, T_2^* = 6) \quad = \quad 17.260,50 + \frac{19.162,56}{1,13^5} = 27.661,17$$

$$K_0(T_1 = 6, T_2^* = 6) \quad = \quad 19.162,56 + \frac{19.162,56}{1,13^6} = 28.366,70$$

Die optimale Nutzungsdauer für die *erste Durchführung* des Aggregats beträgt somit $T_1^* = 6$ Jahre.

Aufgabe 3

Eine Unternehmung plant die Anschaffung eines Spezialaggregats, für das die folgenden Daten ermittelt worden sind:

Anschaffungsauszahlungen:	*100.000,–*
Maximale Nutzungsdauer:	*5 Jahre*
Steuerliche Abschreibung:	*linear über 3 Jahre*
Gewinnsteuersatz:	*40 %*
Kapitalkostensatz für das Eigenkapital nach Steuern:	*13 % p.a.*

Erwartete Cash Flows vor Zinsen und Steuern:

Jahr der Nutzung	*1*	*2*	*3*	*4*	*5*
C_t	*80.000,–*	*37.000,–*	*26.000,–*	*18.000,–*	*2.000,–*

Erwarteter Restwert in Abhängigkeit von der Nutzungsdauer:

Nutzungsdauer	*1*	*2*	*3*	*4*	*5*
R_T	*60.000,–*	*40.000,–*	*20.000,–*	*2.000,–*	*0,–*

Dem Projekt kann ein Kredit nicht direkt zugerechnet werden. Die Unternehmensleitung ist bestrebt, den derzeitigen Verschuldungsgrad der Unternehmung in der Höhe von 40 % auch in Zukunft beizubehalten. Die Effektivverzinsung des Fremdkapitals beträgt 8 % p.a. vor Steuern.

Bestimmen Sie die optimale Nutzungsdauer für das Projekt, falls ein Investitionsfreibetrag nach § 10 EStG in der Höhe von 20 % in Anspruch genommen wird.

Lösung

Wird für ein Investitionsprojekt ein Investitionsfreibetrag nach § 10 EStG geltend gemacht, so erhöht sich der Kapitalwert um jenen Betrag, der aufgrund der Steuerersparnis infolge der Dotierung des Investitionsfreibetrages in $t = 1$ zustande kommt. Scheidet das Aggregat vor Ablauf des vierten auf das Jahr der Anschaffung folgende Wirtschaftsjahr aus der Unternehmung aus ($T = 1, \ldots, 4$), dann verringert sich der Kapitalwert des Investitionsprojektes um jenen Betrag, der aufgrund der Steuerzahlung infolge der Nichteinhaltung der Behaltefrist (gewinnerhöhende Auflösung des Investitionsfreibetrages) zustande kommt.

Unter Berücksichtigung des Investitionsfreibetrages in der Höhe von IFB ergibt sich der Kapitalwert des Investitionsprojekts in Abhängigkeit der Nutzungsdauer T somit aus

$$K_0(T) = \begin{cases} K_0^{oIFB}(T) + s \cdot \frac{IFB}{(1+k_G)} - s \cdot \frac{IFB}{(1+k_G)^T}, & \text{falls } T = 1, \ldots, 4, \\ K_0^{oIFB}(T) + s \cdot \frac{IFB}{(1+k_G)}, & \text{falls } T \geq 5, \end{cases}$$

wobei mit $K_0^{oIFB}(T)$ der Kapitalwert ohne Berücksichtigung des Investitionsfreibetrages in Abhängigkeit von der Nutzungsdauer bezeichnet wird.

Der gewichtete durchschnittliche Kapitalkostensatz nach Steuern beträgt

$$
\begin{aligned}
k_G &= (1 - v_0) \cdot k_E + v_0 \cdot (1 - s) \cdot i, \\
k_G &= (1 - 0,4) \cdot 0,13 + 0,4 \cdot (1 - 0,4) \cdot 0,08, \\
k_G &= 0,0972,
\end{aligned}
$$

die Höhe des Investitionsfreibetrages

$$
IFB = 0,2 \cdot 100.000 = 20.000.
$$

Der Kapitalwert nach der Bruttomethode mit expliziter Berücksichtigung der Steuern beträgt in Abhängigkeit der Nutzungsdauer:

$$
\begin{aligned}
K_0(T = 1) &= -100.000 + \frac{80.000 - 0,4 \cdot (80.000 - 33.333,34)}{1,0972} \\
&\quad + \frac{60.000 - 0,4 \cdot (60.000 - 66.666,66)}{1,0972} \\
&\quad + 0,4 \cdot \frac{20.000}{1,0972} - 0,4 \cdot \frac{20.000}{1,0972} \\
&= -100.000 + 55.899,87 + 57.115,08 + 7.291,29 - 7.291,29 \\
&= 13.014,95
\end{aligned}
$$

$$
\begin{aligned}
K_0(T = 2) &= -100.000 + 55.899,87 \\
&\quad + \frac{37.000 - 0,4 \cdot (37.000 - 33.333,33)}{1,0972^2} \\
&\quad + \frac{40.000 - 0,4 \cdot (40.000 - 33.333,33)}{1,0972^2} \\
&\quad + 0,4 \cdot \frac{20.000}{1,0972} - 0,4 \cdot \frac{20.000}{1,0972^2} \\
&= -100.000 + 55.899,87 + 29.516,46 + \\
&\quad + 31.011,67 + 7.291,29 - 6645,36 \\
&= 17.073,93
\end{aligned}
$$

$$
\begin{aligned}
K_0(T = 3) &= -100.000 + 55.899,87 + 29.516,46 \\
&\quad + \frac{26.000 - 0,4 \cdot (26.000 - 33.333,34)}{1,0972^3}
\end{aligned}
$$

$$+\frac{20.000 - 0,4 \cdot (20.000 - 0)}{1,0972^3}$$

$$+0,4 \cdot \frac{20.000}{1,0972} - 0,4 \cdot \frac{20.000}{1,0972^3}$$

$$= -100.000 + 55.899,87 + 29.516,46$$

$$+21.904,89 + 9.084,98 + 7.291,29 - 6056,65$$

$$= 17.640,83$$

$$K_0(T = 4) = -100.000 + 55.899,87 + 29.516,46$$

$$+21.904,89$$

$$+\frac{18.000 - 0,4 \cdot (18.000 - 0)}{1,0972^4}$$

$$+\frac{2.000 - 0,4 \cdot (2.000 - 0)}{1,0972^4}$$

$$+0,4 \cdot \frac{20.000}{1,0972} - 0,4 \cdot \frac{20.000}{1,0972^4}$$

$$= -100.000 + 55.899,87 + 29.516,46$$

$$+21.904,89 + 7.452,13 + 828.01 + 7.291,29 - 5520,10$$

$$= 17.372,56$$

$$K_0(T = 5) = -100.000 + 55.899,87 + 29.516,46$$

$$+21.904,89 + 7.452,13$$

$$+\frac{2.000 - 0,4 \cdot (2.000 - 0)}{1,0972^5}$$

$$+0,4 \cdot \frac{20.000}{1,0972}$$

$$= -100.000 + 55.899,87 + 29.516,46$$

$$+21.904,89 + 7.452,13 + 754,66 + 7.291,29$$

$$= 22.819,30$$

Die optimale Nutzungsdauer beträgt daher $T^* = 5$ Jahre.

Aufgabe 4

Die "Buchtelschmied–AG" steht vor der Entscheidung, die vorhandene Knetmaschine durch eine neue Knetmaschine zu ersetzen. Für die vorhandene Knetmaschine sind die folgenden Daten ermittelt worden:

Anschaffungszeitpunkt:	vor 10 Jahren
Anschaffungsauszahlungen:	50.000,–
Steuerliche Abschreibung:	linear über 5 Jahre
Maximale Restnutzungsdauer:	3 Jahre
Gewinnsteuersatz:	40 %
Gewichteter durchschnittlicher Kapitalkostensatz nach Steuern:	10 % p.a

Erwartete Cash Flows vor Zinsen und Steuern:

Jahr der Nutzung	1	2	3
C_t	10.000,–	9.000,–	1.000,–

Erwartete Restwerte nach T Jahren weiterer Nutzung:

Jahr der Nutzung	0	1	2	3
R_T	21.000,–	21.000,–	21.000,–	21.000,–

Für die neue Knetmaschine, die maximal 5 Jahre genutzt werden kann, wurden die folgenden Daten erhoben:

Jahr der Nutzung	1	2	3	4	5
Erwartete Cash Flows	50.000,–	38.000,–	27.000,–	22.000,–	10.000,–
Erwartete Restwerte	60.000,–	50.000,–	35.000,–	30.000,–	0,–

Steuerliche Nutzungsdauer:	3 Jahre
Anschaffungsauszahlungen:	90.000,–

Als Berater der "Buchtelschmied–AG" sollen Sie anhand der vollständigen Enumeration entscheiden, wann aus heutiger Sicht die vorhandene Knetmaschine zu ersetzen ist, falls eine Übertragung stiller Reserven gem. § 12 EStG wahrgenommen wird und die neue Knetmaschine mit optimaler Nutzungsdauer genutzt werden soll.

Lösung

Da der Buchwert des alten Aggregats null ist und die erwarteten Restwerte zu allen potentiellen Desinvestitionsterminen gleich sind, ergibt sich eine stille Reserve von

$$SR = R_T - BW_T = 21.000 - 0 = 21.000.$$

Da die stille Reserve gleichverteilt über die Nutzungsdauer des neuen Aggregats gewinnerhöhend aufzulösen ist, kann von einem modifizierten Abschreibungsbetrag von

$$AfA'_t = \frac{A_0 - SR}{T^{St}} = \frac{90.000 - 21.000}{3} = 23.000$$

ausgegangen werden.

Unter Berücksichtigung der Übertragung der stillen Reserve und der modifizierten Abschreibung ergeben sich für das neue Aggregat die folgenden Kapitalwerte:

$$
\begin{aligned}
K_0(T_{neu} = 1) &= -90.000 + \frac{50.000 - 0,4 \cdot (50.000 - 23.000 - 21.000)}{1.1} \\[2mm]
&\quad + \frac{60.000 - 0,4 \cdot (60.000 - 46.000)}{1.1} \\[2mm]
&= -90.000 + 43.272,73 + 49.454,55 \\[2mm]
&= 2.727,28
\end{aligned}
$$

$$
\begin{aligned}
K_0(T_{neu} = 2) &= -90.000 + 43.272,73 \\[2mm]
&\quad + \frac{38.000 - 0,4 \cdot (38.000 - 23.000)}{1.1^2} \\[2mm]
&\quad + \frac{50.000 - 0,4 \cdot (50.000 - 23.000)}{1.1^2} \\[2mm]
&= -90.000 + 43.272,73 + 26.446,28 + 32.396,69 \\[2mm]
&= 12.115,70
\end{aligned}
$$

$$
\begin{aligned}
K_0(T_{neu} = 3) &= -90.000 + 43.272,73 + 26.446,28 \\[2mm]
&\quad + \frac{27.000 - 0,4 \cdot (27.000 - 23.000)}{1.1^3} \\[2mm]
&\quad + \frac{35.000 - 0,4 \cdot (35.000 - 0)}{1.1^3} \\[2mm]
&= -90.000 + 43.272,73 + 26.446,28 \\[2mm]
&\quad + 19.083,40 + 15.777,61 \\[2mm]
&= 14.580,02
\end{aligned}
$$

$$
\begin{aligned}
K_0(T_{neu} = 4) &= -90.000 + 43.272,73 + 26.446,28 \\[2mm]
&\quad + 19.083,40 \\[2mm]
&\quad + \frac{22.000 - 0,4 \cdot (22.000 - 0)}{1.1^4}
\end{aligned}
$$

$$+\frac{30.000 - 0,4 \cdot (30.000 - 0)}{1.1^4}$$

$$= -90.000 + 43.272,73 + 26.446,28$$

$$+19.083,40 + 9.015,78 + 12.294,24$$

$$= 20.112,43$$

$$K_0(T_{neu} = 5) = -90.000 + 43.272,73 + 26.446,28$$

$$+19.083,40 + 9.015,78$$

$$+\frac{10.000 - 0,4 \cdot (10.000 - 0)}{1.1^5}$$

$$= -90.000 + 43.272,73 + 26.446,28$$

$$+19.083,40 + 9.015,78 + 3.725,53$$

$$= 11.543,72$$

Für die optimale Nutzungsdauer des neuen Aggregats folgt daher $T_{neu}^* = 4$ Jahre.

Die optimale Restnutzungsdauer für das alte Aggregat erhält man über die Berechnung der Kettenkapitalwerte

$$KK_0(T_{alt}, T_{neu}^*) = K_0^{alt}(T_{alt}) + \frac{K_0(T_{neu}^*)}{(1 + k_G)^{T_{alt}}},$$

und für die vorliegende Aufgabenstellung erhält man:

$$KK_0(T_{alt} = 0, T_{neu}^* = 4) = 21.000 - 0,4 \cdot (21.000 - 0) + 20.112,43$$

$$= 32.712,43$$

$$KK_0(T_{alt} = 1, T_{neu}^* = 4) = \frac{10.000 - 0,4 \cdot (10.000 - 0)}{1,1}$$

$$+\frac{21.000 - 0,4 \cdot (21.000 - 0)}{1,1}$$

$$+\frac{20.112,43}{1,1}$$

$$= 5.454,55 + 11.454,55 + 18.284,03$$

$$= 35.193,13$$

$$KK_0(T_{alt} = 2, T_{neu}^* = 4) = 5.454,55 + \frac{9.000 - 0,4 \cdot (9.000 - 0)}{1,1^2}$$

$$+\frac{21.000 - 0,4 \cdot (21.000 - 0)}{1,1^2}$$

$$+\frac{20.112,43}{1,1^2}$$

$$= 5.454,55 + 4.462,81 + 10.413,22 + 16.621,84$$

$$= 36.952,42$$

$$KK_0(T_{alt} = 3, T_{neu}^* = 4) = 5.454,55 + 4.462,81$$

$$+\frac{1.000 - 0,4 \cdot (1.000 - 0)}{1,1^3}$$

$$+\frac{21.000 - 0,4 \cdot (21.000 - 0)}{1,1^3}$$

$$+\frac{20.112,43}{1,1^3}$$

$$= 5.454,55 + 4.462,81 + 450,79 + 9.466,57 + 15.110,77$$

$$= 34.945,49$$

Für die optimale Restnutzungsdauer des alten Aggregats folgt daher $T_{alt}^* = 2$ Jahre.

Aufgabe 5

Eine Unternehmung plant die Anschaffung eines Spezialaggregats, für das die folgenden Daten ermittelt worden sind:

Anschaffungsauszahlungen:	*100.000,-*
Maximale Nutzungsdauer:	*6 Jahre*
Steuerliche Abschreibung:	*linear über 5 Jahre*
Gewinnsteuersatz:	*40 %*
Kapitalkostensatz für das Eigenkapital nach Steuern:	*13 % p.a.*

Erwartete Cash Flows vor Zinsen und Steuern:

Jahr der Nutzung	1	2	3	4	5	6
C_t	*60.000,-*	*38.000,-*	*27.000,-*	*14.000,-*	*2.000,-*	*1.000,-*

Erwartete Restwerte in Abhängigkeit von der Nutzungsdauer:

Jahr der Nutzung	1	2	3	4	5	6
R_T	*60.000,-*	*40.000,-*	*20.000,-*	*8.000,-*	*5.000,-*	*1.000,-*

Dem Projekt kann ein Kredit nicht direkt zugerechnet werden. Die Unternehmensleitung ist bestrebt, den derzeitigen Verschuldungsgrad der Unternehmung in der Höhe von 73 % auch in Zukunft beizubehalten. Die Effektivverzinsung des Fremdkapitals beträgt 8 % p.a. vor

Steuern. Bestimmen Sie mit Hilfe der zeitbezogenen Grenzgewinne (nach der Bruttomethode mit expliziter Berücksichtigung der Steuern) die optimale Nutzungsdauer für das Aggregat.

Lösung

Aus den Grenzkapitalwerten können die folgenden Optimalitätsbedingungen für ein lokales Maximum abgeleitet werden:

$$K_0(T^*) - K_0(T^* - 1) \geq 0$$
$$K_0(T^* + 1) - K_0(T^*) < 0$$

Betrachtet man nur die erste der beiden Bedingungen, so liegt ein lokales Maximum vor, wenn die Differenz der Kapitalwerte letztmals nicht negativ ist. Legt man dabei die Bruttomethode mit expliziter Berücksichtigung der Steuern zugrunde,

$$K_0(T^*) = -A_0 + \sum_{t=1}^{T^*} \frac{C_t - s \cdot (C_t - A f A_t)}{(1 + k_G)^t} + \frac{R_{T^*} - s \cdot (R_{T^*} - BW_{T^*})}{(1 + k_G)^{T^*}},$$

so ergibt sich aus der Ungleichung

$$K_0(T^*) - K_0(T^* - 1) \geq 0$$

durch Einsetzen für $K_0(T^*)$ und $K_0(T^* - 1)$ und entsprechenden Umformungen das Kriterium für den zeitbezogenen Grenzgewinn

$$\begin{aligned} GG_{T^*} &= [K_0(T^*) - K_0(T^* - 1)] \cdot (1 + k_G)^{T^*} \\ &= (1 - s) \cdot \left\{ C_{T^*} - (R_{T^*-1} - R_{T^*}) - \frac{k_G}{1 - s} \cdot [R_{T^*-1} - s \cdot (R_{T^*-1} - BW_{T^*-1})] \right\} \geq 0. \end{aligned}$$

Wird auch die zweite der o.a. Optimalitätsbedingungen abgeleitet, so ergibt sich für das Kriterium der zeitbezogenen Grenzgewinne:

$$GG_{T^*} \geq 0$$
$$GG_{T^*+1} < 0$$

Der gewichtete durchschnittliche Kapitalkostensatz nach Steuern beträgt

$$\begin{aligned} k_G &= (1 - v_0) \cdot k_E + v_0 \cdot (1 - s) \cdot i, \\ k_G &= (1 - 0,73) \cdot 0,13 + 0,73 \cdot (1 - 0,4) \cdot 0,08, \\ k_G &= 0,07014, \end{aligned}$$

und für den zeitbezogenen Grenzgewinn ergibt sich:

T	$(1-s)\cdot\{C_T-(R_{T-1}-R_T)-\frac{ka}{1-s}\cdot[R_{T-1}-s\cdot(R_{T-1}-BW_{T-1})]\}$	GG_T
1	$(1-0,4)\cdot\{60'-(100'-60')-\frac{0,07014}{1-0,4}\cdot[100'-0,4\cdot(100'-100')]\}$	$4.986,-$
2	$(1-0,4)\cdot\{38'-(60'-40')-\frac{0,07014}{1-0,4}\cdot[60'-0,4\cdot(60'-80')]\}$	$6.030,-$
3	$(1-0,4)\cdot\{27'-(40'-20')-\frac{0,07014}{1-0,4}\cdot[40'-0,4\cdot(40'-60')]\}$	$833,-$
4	$(1-0,4)\cdot\{14'-(20'-8')-\frac{0,07014}{1-0,4}\cdot[20'-0,4\cdot(20'-40')]\}$	$-764,-$
5	$(1-0,4)\cdot\{2'-(8'-5')-\frac{0,07014}{1-0,4}\cdot[8'-0,4\cdot(8'-20')]\}$	$-1.498,-$
6	$(1-0,4)\cdot\{1'-(5'-1')-\frac{0,07014}{1-0,4}\cdot[5'-0,4\cdot(5'-0)]\}$	$-2.010,-$

Aus dem Kriterium für den zeitbezogenen Grenzgewinn folgt eine optimale Nutzungsdauer von $T^* = 3$ Jahre.

Aufgabe 6

Eine Unternehmung plant die Anschaffung eines Spezialaggregats, für das die folgenden Daten ermittelt worden sind:

Anschaffungsauszahlungen:	100.000,-
Maximale Nutzungsdauer:	6 Jahre
Steuerliche Abschreibung:	linear über 5 Jahre
Gewinnsteuersatz:	40 %
Kapitalkostensatz für das Eigenkapital nach Steuern:	13 % p.a.

Erwartete Cash Flows vor Zinsen und Steuern:

Jahr der Nutzung	1	2	3	4	5	6
C_t	60.000,-	38.000,-	27.000,-	14.000,-	10.000,-	1.000,-

Erwartete Restwerte in Abhängigkeit von der Nutzungsdauer:

Jahr der Nutzung	1	2	3	4	5	6
R_T	60.000,-	40.000,-	20.000,-	8.000,-	5.000,-	1.000,-

Dem Projekt kann ein Kredit nicht direkt zugerechnet werden. Die Unternehmensleitung ist bestrebt, den derzeitigen Verschuldungsgrad der Unternehmung in der Höhe von 60 % auch in Zukunft beizubehalten. Die Effektivverzinsung des Fremdkapitals beträgt 8 % p.a. vor Steuern.

Bestimmen Sie mit Hilfe der zeitbezogenen Grenzgewinne (nach der Bruttomethode mit expliziter Berücksichtigung der Steuern) die optimale Nutzungsdauer für das Aggregat.

Lösung

Der gewichtete durchschnittliche Kapitalkostensatz nach Steuern beträgt

$$
\begin{aligned}
k_G &= (1 - v_0) \cdot k_E + v_0 \cdot (1 - s) \cdot i, \\
k_G &= (1 - 0,6) \cdot 0,13 + 0,6 \cdot (1 - 0,4) \cdot 0,08, \\
k_G &= 0,0808.
\end{aligned}
$$

Für den zeitbezogenen Grenzgewinn ergibt sich:

T	$(1 - s) \cdot \{C_T - (R_{T-1} - R_T) - \frac{k_G}{1-s} \cdot [R_{T-1} - s \cdot (R_{T-1} - BW_{T-1})]\}$	GG_T
1	$(1 - 0,4) \cdot \{60' - (100' - 60') - \frac{0,0808}{1-0,4} \cdot [100' - 0,4 \cdot (100' - 100')]\}$	$3.920, -$
2	$(1 - 0,4) \cdot \{38' - (60' - 40') - \frac{0,0808}{1-0,4} \cdot [60' - 0,4 \cdot (60' - 80')]\}$	$5.305, 60$
3	$(1 - 0,4) \cdot \{27' - (40' - 20') - \frac{0,0808}{1-0,4} \cdot [40' - 0,4 \cdot (40' - 60')]\}$	$321, 60$
4	$(1 - 0,4) \cdot \{14' - (20' - 8') - \frac{0,0808}{1-0,4} \cdot [20' - 0,4 \cdot (20' - 40')]\}$	$-1.062, 40$
5	$(1 - 0,4) \cdot \{10' - (8' - 5') - \frac{0,0808}{1-0,4} \cdot [8' - 0,4 \cdot (8' - 20')]\}$	$3.165, 76$
6	$(1 - 0,4) \cdot \{1' - (5' - 1') - \frac{0,0808}{1-0,4} \cdot [5' - 0,4 \cdot (5' - 0')]\}$	$-2.042, 40$

Aus dem Kriterium für den zeitbezogenen Grenzgewinn folgen lokale Maxima für $T = 3$ und $T = 5$ Jahre, und es ist zu überprüfen, welches der beiden das globale Maximum darstellt. Zu diesem Zweck sind die Kapitalwerte $K_0(T = 3)$ und $K_0(T = 4)$ zu berechnen. Geht man dabei von der Beziehung für den zeitbezogenen Grenzgewinn,

$$
[K_0(T) - K_0(T - 1)](1 + k_G)^T = GG_T,
$$

aus, und löst man diese nach $K_0(T)$ auf, so ergibt sich

$$
K_0(T) = \frac{GG_T}{(1 + k_G)^T} + K_0(T - 1),
$$

und für die vorliegende Aufgabenstellung erhält man über diese Beziehung:

$$
\begin{aligned}
K_0(T = 0) &= 0 \\[2mm]
K_0(T = 1) &= \frac{3.920}{1,0808} + 0 \\
&= 3.626,94 \\[2mm]
K_0(T = 2) &= \frac{5.305,60}{1,0808^2} + 3.626,94 \\
&= 8.168,91 \\[2mm]
K_0(T = 3) &= \frac{321,60}{1,0808^3} + 8.168,91 \\
&= 8.423,64
\end{aligned}
$$

$$K_0(T = 4) = \frac{-1.062,40}{1,0808^4} + 8.423,64$$
$$= 7.645,05$$

$$K_0(T = 5) = \frac{3.165,76}{1,0808^5} + 7.645,05$$
$$= 9.791,65$$

Wegen $K_0(T = 5) > K_0(T = 3)$ folgt eine optimale Nutzungsdauer von $T^* = 5$ Jahren.

Aufgabe 7

Die Kuckucksuhren AG plant die Anschaffung einer Zeigerschnitzmaschine, die Anschaffungs-auszahlungen in der Höhe von 100.000,- erfordert. In Abhängigkeit von der Nutzungsdauer ergeben sich folgende Restwerte und Cash Flows vor Zinsen und Steuern:

Jahr der Nutzung	1	2	3	4	5
RW_T	70.000,-	55.000,-	45.000,-	32.000,-	20.000,-
C_t	50.000,-	30.000,-	19.000,-	15.000,-	10.000,-

Diese Maschine ist steuerlich über vier Jahre linear abzuschreiben. Diese Zeigerschnitzmaschine soll einmal identisch reinvestiert werden.

Im Anschluß daran sollen nur noch Digitaluhren produziert werden, wobei für dieses Projekt bereits folgende Kapitalwerte in Abhängigkeit von der Nutzungsdauer ermittelt worden sind:

T	1	2	3	4
$K_0(T)$	15.000,-	18.000,-	34.000,-	32.000,-

Der durchschnittliche gewichtete Kalkulationszinssatz nach Steuern beträgt 10 % p.a., der Gewinnsteuersatz 40 %.

(a) *Bestimmen Sie die optimale Nutzungsdauer für das Projekt "Digitaluhren".*

(b) *Bestimmen Sie unter Verwendung des Ergebnisses aus (a) die optimale Nutzungsdauer für die "Zeigerschnitzmaschine" für die erstmalige Durchführung und für die Reinvestition.*

Lösung, Teilaufgabe (a)

Für das Projekt "*Digitaluhren*" folgt unmittelbar aus den Angaben:

$$T_D^* = 3 \text{ Jahre}$$

$$K_0(T_D^*) = 34.000$$

Lösung, Teilaufgabe (b)

Für die ex ante Ersatzentscheidung[1] ist bei Verwendung des zeitbezogenen Grenzgewinns vom Kriterium

$$GG_{T_{Z_2}^*} \geq k_G \cdot K_0(T_D^*)$$
$$GG_{T_{Z_2}^*+1} < k_G \cdot K_0(T_D^*)$$

auszugehen.

Die zeitbezogenen Grenzgewinne für die "*Zeigerschnitzmaschine*" für die Reinvestition ergeben:

T_{Z_2}	$(1-s) \cdot \{C_{T_{Z_2}} - (R_{T_{Z_2}-1} - R_{T_{Z_2}}) - \frac{k_G}{1-s} \cdot [R_{T_{Z_2}-1} - s \cdot (R_{T_{Z_2}-1} - BW_{T_{Z_2}-1})]\}$	$GG_{T_{Z_2}}$
1	$(1-0,4) \cdot \{50' - (100' - 70') - \frac{0,1}{1-0,4} \cdot [100' - 0,4 \cdot (100' - 100')]\}$	$2.000,-$
2	$(1-0,4) \cdot \{30' - (70' - 55') - \frac{0,1}{1-0,4} \cdot [70' - 0,4 \cdot (70' - 75')]\}$	$1.800,-$
3	$(1-0,4) \cdot \{19' - (55' - 45') - \frac{0,1}{1-0,4} \cdot [55' - 0,4 \cdot (55' - 50')]\}$	$100,-$
4	$(1-0,4) \cdot \{15' - (45' - 32') - \frac{0,1}{1-0,4} \cdot [45' - 0,4 \cdot (45' - 25')]\}$	$-2.500,-$
5	$(1-0,4) \cdot \{10' - (32' - 20') - \frac{0,1}{1-0,4} \cdot [32' - 0,4 \cdot (32' - 0)]\}$	$-3.120,-$

Weil $GG_{T_{Z_2}}$ nie größer als $k_G \cdot K_0(T_D^*) = 3.400$ ist, folgt aus dem Kriterium für den zeitbezogenen Grenzgewinn eine optimale Nutzungsdauer von $T_{Z_2}^* = 0$ Jahre, und wegen des Ketteneffekts, d.h. es muß stets

$$T_{Z_1}^* \leq T_{Z_2}^*$$

gelten, folgt für die optimale Nutzungsdauer für die erste Durchführung des Projekts "*Zeigerschnitzmaschine*" $T_{Z_1}^* = 0$ Jahre.

Aufgabe 8

Für ein Investitionsprojekt sind die folgenden Daten ermittelt worden:

Anschaffungsauszahlungen:	*100.000,-*
Maximale Nutzungsdauer:	*5 Jahre*
Gewinnsteuersatz:	*40 %*
Steuerliche Abschreibung:	*Linear über 4 Jahre*

Erwartete Cash Flows vor Zinsen und Steuern:

Jahr der Nutzung	*1*	*2*	*3*	*4*	*5*
C_t	*55.000,-*	*38.000,-*	*19.000,-*	*14.000,-*	*2.000,-*

Erwartete Restwerte in Abhängigkeit der Nutzungsdauer:

Jahr der Nutzung	*1*	*2*	*3*	*4*	*5*
R_T	*60.000,-*	*30.000,-*	*20.000,-*	*2.000,-*	*0,-*

---

[1] Reinvestition "*Zeigerschnitzmaschine*" wird durch das Projekt "*Digitaluhren*" ersetzt.

Dem Projekt kann ein Kredit nicht direkt zugerechnet werden. Die Unternehmensleitung ist bestrebt, den jetzigen Verschuldungsgrad der Unternehmung in der Höhe von 60 % auch in Zukunft beizubehalten. Die Effektivverzinsung vor Steuern des Fremdkapitals beträgt 8 % p.a., und der Kapitalkostensatz für das Eigenkapital nach Steuern beträgt 13 % p.a. Berechnen Sie mit Hilfe der zeitbezogenen Grenzgewinne für die Bruttomethode bei expliziter Berücksichtigung der Steuern die optimale Nutzungsdauer des Projekts, falls unendlich viele identische Projekte geplant sind.

Lösung

Ist die optimale Nutzungsdauer für eine unendlich oftmalige identische Reinvestition mit Hilfe der zeitbezogenen Grenzgewinne zu ermitteln, so ist vom Entscheidungskriterium

$$GG_{T^*} \geq Ann(T^*)$$
$$GG_{T^*+1} < Ann(T^* + 1)$$

auszugehen. Daher sind in einem ersten Schritt die zeitbezogenen Grenzgewinne GG_{T^*} sowie die Annuitäten $Ann(T^*)$ zu berechnen. Da die Annuitäten über die Beziehung

$$Ann(T) = K_0(T) \cdot k_G \cdot \frac{(1 + k_G)^T}{(1 + k_G)^T - 1}$$

zu ermitteln sind, sind in einem Zwischenschritt die Kapitalwerte $K_0(T)$, etwa über die zeitbezogenen Grenzgewinne, mit

$$K_0(T) = \frac{GG_T}{(1 + k_G)^T} + K_0(T - 1),$$

zu berechnen.

Der gewichtete durchschnittliche Kapitalkostensatz nach Steuern beträgt

$$k_G = (1 - v_0) \cdot k_E + v_0 \cdot (1 - s) \cdot i,$$
$$k_G = (1 - 0,6) \cdot 0,13 + 0,6 \cdot (1 - 0,4) \cdot 0,08,$$
$$k_G = 0,0808,$$

und für den zeitbezogenen Grenzgewinn erhält man:

T	$(1 - s) \cdot \{C_T - (R_{T-1} - R_T) - \frac{k_G}{1-s} \cdot [R_{T-1} - s \cdot (R_{T-1} - BW_{T-1})]\}$	GG_T
1	$(1 - 0,4) \cdot \{55' - (100' - 60') - \frac{0,0808}{1-0,4} \cdot [100' - 0,4 \cdot (100' - 100')]\}$	$920,00$
2	$(1 - 0,4) \cdot \{38' - (60' - 30') - \frac{0,0808}{1-0,4} \cdot [60' - 0,4 \cdot (60' - 75')]\}$	$-538,80$
3	$(1 - 0,4) \cdot \{19' - (30' - 20') - \frac{0,0808}{1-0,4} \cdot [30' - 0,4 \cdot (30' - 50')]\}$	$2.329,60$
4	$(1 - 0,4) \cdot \{14' - (20' - 2') - \frac{0,0808}{1-0,4} \cdot [20' - 0,4 \cdot (20' - 25')]\}$	$-4.177,60$
5	$(1 - 0,4) \cdot \{2' - (2' - 0') - \frac{0,0808}{1-0,4} \cdot [2' - 0,4 \cdot (2' - 0')]\}$	$-96,96$

Für die Kapitalwerte in Abhängigkeit der Nutzungsdauer erhält man

T	1	2	3	4	5
$K_0(T)$	851,22	395,11	2.240,32	−821,26	−887,01

und die Annuitäten ergeben sich aus:

$$Ann(T = 1) \;=\; 851,22 \cdot 0,0808 \cdot \frac{(1 + 0808)}{(1 + 0,0808) - 1} = 920,-$$

$$Ann(T = 2) \;=\; 395,11 \cdot 0,0808 \cdot \frac{(1 + 0808)^2}{(1 + 0,0808)^2 - 1} = 221,81$$

$$Ann(T = 3) \;=\; 2.240,32 \cdot 0,0808 \cdot \frac{(1 + 0808)^3}{(1 + 0,0808)^3 - 1} = 870,57$$

$$Ann(T = 4) \;=\; -821,26 \cdot 0,0808 \cdot \frac{(1 + 0808)^4}{(1 + 0,0808)^4 - 1} = -248,40$$

$$Ann(T = 5) \;=\; -887,01 \cdot 0,0808 \cdot \frac{(1 + 0808)^5}{(1 + 0,0808)^5 - 1} = -222,63$$

Das Entscheidungskriterium lautet

$$GG_{T^*} \;\geq\; Ann(T^*),$$
$$GG_{T^*+1} \;<\; Ann(T^* + 1),$$

und im vorliegenden Fall ergeben sich zwei Nutzungsdauern, $T = 1$ und $T = 3$, die dieses Kriterium erfüllen. Da aber bei einer einjährigen Nutzungsdauer die Annuität höher ist, lautet die optimale Lösung $T^* = 1$ Jahr.

Aufgabe 9

Die "Nudeldrucker–AG" steht vor der Entscheidung, die vorhandene Wirkmaschine durch eine neue Wirkmaschine zu ersetzen. Zuvor soll die vorhandene Wirkmaschine allerdings einer Generalreparatur um 21.000,– unterzogen werden. Die Kosten der Generalreparatur sind in der Bilanz aktivierungspflichtig und steuerlich linear über 3 Jahre abzuschreiben. Für den Fall der sofortigen Generalreparatur sind für die vorhandene Wirkmaschine die folgenden Daten ermittelt worden:

Anschaffungszeitpunkt:	vor 10 Jahren
Anschaffungsauszahlungen:	350.000,–
Steuerliche Abschreibung:	linear über 8 Jahre
Maximale Restnutzungsdauer nach Generalreparatur:	4 Jahre
Gewinnsteuersatz:	40 %
Gewichteter durchschnittlicher Kapitalkostensatz nach Steuern:	10 % p.a

Erwartete Cash Flows vor Zinsen und Steuern:

Jahr der Nutzung	1	2	3	4
C_t	33.000,–	22.000,–	10.000,–	5.000,–

Erwartete Restwerte nach T Jahren weiterer Nutzung:

Jahr der Nutzung	0	1	2	3	4
R_T	50.000,–	30.000,–	12.000,–	5.000,–	0,–

Für die neue Wirkmaschine, die maximal 5 Jahre genutzt werden kann, ergaben bereits durchgeführte Rechnungen folgende Kapitalwerte in Abhängigkeit der Nutzungsdauer:

T	1	2	3	4	5
$K_0(T)$	11.000,–	12.500,–	13.500,–	13.000,–	10.000,–

Als Berater der "Nudeldrucker–AG" sollen Sie anhand

(a) *der vollständigen Enumeration,*

(b) *des Kriteriums der zeitbezogenen Grenzgewinne*

entscheiden, wann aus heutiger Sicht die vorhandene Wirkmaschine zu ersetzen ist, falls die neue Wirkmaschine dreimal identisch, mit jeweils optimaler Nutzungsdauer, reinvestiert werden soll. Unterstellen Sie, daß alle Ein– und Auszahlungen für die neue Wirkmaschine unabhängig vom Investitionstermin sind.

Lösung, Teilaufgabe (a)

Bei einer ex post Ersatzentscheidung mit 3–maliger identischer Reinvestition des neuen Aggregats werden die optimalen Nutzungsdauern der einzelnen Aggregate in *fünf Schritten* ermittelt.

Im *ersten Schritt* ist die optimale Nutzungsdauer $T^*_{neu,4}$ für die dritte identische Reinvestition (vierte Durchführung) des neuen Aggregats mit

$$\max_{T_{neu,4}} K_0(T_{neu,4}) = -A_0 + \sum_{t=1}^{T_{neu,4}} \frac{C_t - s \cdot (C_t - AfA_t)}{(1+k_G)^t} + \frac{R_{T_{neu,4}} - s \cdot (R_{T_{neu,4}} - BW_{T_{neu,4}})}{(1+k_G)^{T_{neu,4}}}$$

zu bestimmen, wobei man als Ergebnis $T^*_{neu,4}$ und $K_0(T^*_{neu,4})$ erhält.

Im *zweiten Schritt* ist die optimale Nutzungsdauer $T^*_{neu,3}$ für die zweite identische Reinvestition (dritte Durchführung) des neuen Aggregats mit

$$\max_{T_{neu,3}} KK_0(T_{neu,3}, T^*_{neu,4}) = K_0(T_{neu,3}) + \frac{K_0(T^*_{neu,4})}{(1+k_G)^{T_{neu,3}}}$$

zu bestimmen, wobei man als Ergebnis $T^*_{neu,3}$ und $KK_0(T^*_{neu,3}, T^*_{neu,4})$ erhält.

Im *dritten Schritt* ist die optimale Nutzungsdauer $T^*_{neu,2}$ für die erste identische Reinvestition (zweite Durchführung) des neuen Aggregats mit

$$\max_{T_{neu,2}} KK_0(T_{neu,2}, T^*_{neu,3}, T^*_{neu,4}) = K_0(T_{neu,2}) + \frac{KK_0(T^*_{neu,3}, T^*_{neu,4})}{(1+k_G)^{T_{neu,2}}}$$

zu bestimmen, wobei man als Ergebnis $T^*_{neu,2}$ und $KK_0(T^*_{neu,2}, T^*_{neu,3}, T^*_{neu,4})$ erhält.

Im *vierten Schritt* ist die optimale Nutzungsdauer $T^*_{neu,1}$ für die erste Durchführung des neuen Aggregats mit

$$\max_{T_{neu,1}} KK_0(T_{neu,1}, T^*_{neu,2}, T^*_{neu,3}, T^*_{neu,4}) \;=\; K_0(T_{neu,1}) + \frac{KK_0(T^*_{neu,2}, T^*_{neu,3}, T^*_{neu,4})}{(1+k_G)^{T_{neu,1}}}$$

zu bestimmen, wobei man als Ergebnis $T^*_{neu,1}$ und $KK_0(T^*_{neu,1}, T^*_{neu,2}, T^*_{neu,3}, T^*_{neu,4})$ erhält.

Im *fünften Schritt* ist die optimale Restnutzungsdauer T^*_{alt} für das zu ersetzende Aggregat mit

$$\max_{T_{alt}} KK_0(T_{alt}, T^*_{neu,1}, T^*_{neu,2}, T^*_{neu,3}, T^*_{neu,4}) \;=\; K_0(T_{alt}) + \frac{KK_0(T^*_{neu,1}, T^*_{neu,2}, T^*_{neu,3}, T^*_{neu,4})}{(1+k_G)^{T_{alt}}}$$

zu bestimmen, wobei man als Ergebnis T^*_{alt} und $KK_0(T^*_{alt}, T^*_{neu,1}, T^*_{neu,2}, T^*_{neu,3}, T^*_{neu,4})$ erhält.

Für die vorliegende Aufgabenstellung folgt aus den Angaben für die optimale Nutzungsdauer der dritten identischen Reinvestition (vierte Durchführung) der neuen Wirkmaschine unmittelbar:

$$T^*_{neu,4} = 3 \text{ Jahre}$$
$$K_0(T^*_{neu,4}) = 13.500$$

Die optimale Nutzungsdauer für die zweite identische Reinvestition (dritte Durchführung) der neuen Wirkmaschine erhält man unter Berücksichtigung des Ketteneffekts (d.h. es gilt stets $T^*_{neu,3} \leq T^*_{neu,4}$) durch Bilden der Kettenkapitalwerte:

$$KK_0(T_{neu,3} = 1, T^*_{neu,4} = 3) \;=\; 11.000 + \frac{13.500}{1,1} = 23.272,73$$

$$KK_0(T_{neu,3} = 2, T^*_{neu,4} = 3) \;=\; 12.500 + \frac{13.500}{1,1^2} = 23.657,02$$

$$KK_0(T_{neu,3} = 3, T^*_{neu,4} = 3) \;=\; 13.500 + \frac{13.500}{1,1^3} = 23.642,75$$

Damit folgt für die dritte Durchführung des neuen Aggregats (Wirkmaschine) eine optimale Nutzungsdauer von $T^*_{neu,3} = 2$ Jahren. In Bezug auf den Ketteneffekt sei erwähnt, daß die Kettenkapitalwerte für $T_{neu,3} = 4, 5$ Jahre

$T_{neu,3}$	4	5
$KK_0(T_{neu,3}, T^*_{neu,4})$	22.220, 68	18.382, 44

betragen.

Die optimale Nutzungsdauer für die erste identische Reinvestition (zweite Durchführung) der neuen Wirkmaschine erhält man unter Berücksichtigung des Ketteneffekts (d.h. es gilt stets $T^*_{neu,2} \leq T^*_{neu,3}$) durch Bilden der Kettenkapitalwerte:

$$KK_0(T_{neu,2} = 1, T^*_{neu,3} = 2, T^*_{neu,4} = 3) \;=\; 11.000 + \frac{23.657,02}{1,1} = 32.506,38$$

$$KK_0(T_{neu,2} = 2, T^*_{neu,3} = 2, T^*_{neu,4} = 3) \;=\; 12.500 + \frac{23.657,02}{1,1^2} = 32.051,26$$

Damit folgt für die zweite Durchführung des neuen Aggregats (Wirkmaschine) eine optimale Nutzungsdauer von $T^*_{neu,2} = 1$ Jahr. In Bezug auf den Ketteneffekt sei erwähnt, daß die Kettenkapitalwerte für $T_{neu,2} = 3, 4, 5$ Jahre

$T_{neu,2}$	3	4	5
$KK_0(T_{neu,2}, T^*_{neu,3}, T^*_{neu,4})$	31.273, 87	29.158, 06	24.689, 15

betragen.

Die optimale Nutzungsdauer für die erste Durchführung des neuen Aggregats (Wirkmaschine) erhält man unter Berücksichtigung des Ketteneffekts (d.h. es gilt stets $T^*_{neu,1} \leq T^*_{neu,2}$) durch Bilden der Kettenkapitalwerte:

$$KK_0(T^*_{neu,1} = 1, T^*_{neu,2} = 1, T^*_{neu,3} = 2, T^*_{neu,4} = 3) \; = \; 11.000 + \frac{32.506,38}{1,1} = 40.551,25$$

Damit folgt für die erste Durchführung des neuen Aggregats (Wirkmaschine) eine optimale Nutzungsdauer von $T^*_{neu,1} = 1$ Jahr. In Bezug auf den Ketteneffekt sei erwähnt, daß die Kettenkapitalwerte für $T_{neu,1} = 2, 3, 4, 5$ Jahre

$T_{neu,1}$	2	3	4	5
$KK_0(T_{neu,1}, T^*_{neu,2}, T^*_{neu,3}, T^*_{neu,4})$	39.364,77	37.922,52	35.202,29	30.183,90

betragen.

Die optimale Nutzungsdauer des alten Aggregats (alte Wirkmaschine) wird durch die Berechnung des Kettenkapitalwerts

$$KK_0(T_{alt}) = K_0(T_{alt}) + \frac{KK_0(T^*_{neu,1} = 1, T^*_{neu,2} = 1, T^*_{neu,3} = 2, T^*_{neu,4} = 3)}{(1 + k_G)^{T_{alt}}}$$

bestimmt:

$$KK_0(T_{alt} = 0) \; = \; -21.000 + 50.000 - 0,4 \cdot (50.000 - 21.000) + 40.551,25$$

$$= \; 57.951,25$$

$$KK_0(T_{alt} = 1) \; = \; -21.000 + \frac{33.000 - 0,4 \cdot (33.000 - 7.000)}{1.1}$$

$$+ \frac{30.000 - 0,4 \cdot (30.000 - 14.000)}{1.1} + \frac{40.551,25}{1.1}$$

$$= \; -21.000 + 20.545,45 + 21.454,55 + 36.864,77$$

$$= \; 57.864,77$$

$$KK_0(T_{alt} = 2) \; = \; -21.000 + 20.545,45$$

$$+ \frac{22.000 - 0,4 \cdot (22.000 - 7.000)}{1.1^2}$$

$$+ \frac{12.000 - 0,4 \cdot (12.000 - 7.000)}{1.1^2} + \frac{40.551,25}{1.1^2}$$

$$= \; -21.000 + 20.545,45 + 13.223,14$$

$$+ 8.264,46 + 33.513,43$$

$$= \; 54.546,48$$

$$KK_0(T_{alt} = 3) = -21.000 + 20.545,45 + 13.223,14$$

$$+\frac{10.000 - 0,4 \cdot (10.000 - 7.000)}{1.1^3}$$

$$+\frac{5.000 - 0,4 \cdot (5.000 - 0)}{1.1^3} + \frac{40.551,25}{1.1^3}$$

$$= -21.000 + 20.545,45 + 13.223,14 + 6.611,57$$

$$+2.253,94 + 30.466,75$$

$$= 52.100,85$$

$$KK_0(T_{alt} = 4) = -21.000 + 20.545,45 + 13.223,14 + 6.611,57$$

$$+\frac{5.000 - 0,4 \cdot (5.000 - 0)}{1.1^4} + \frac{40.551,25}{1.1^4}$$

$$= -21.000 + 20.545,45 + 13.223,14 + 6.611,57$$

$$+2.049,04 + 27.697,05$$

$$= 49.126,25$$

Damit folgt für die alte Wirkmaschine eine optimale Nutzungsdauer von $T^*_{alt} = 0$ Jahre.

Lösung, Teilaufgabe (b)

Ist die ex post Ersatzentscheidung mit 3–maliger identischer Reinvestition des neuen Aggregats über die zeitbezogenen Grenzgewinne zu treffen, so sind wie in der Teilaufgabe (a) *fünf Schritte* notwendig.

Im *ersten Schritt* ist die optimale Nutzungsdauer $T^*_{neu,4}$ für die dritte identische Reinvestition (vierte Durchführung) des neuen Aggregats über die Kriterien

$$GG_{T^*_{neu,4}} \geq 0$$
$$GG_{T^*_{neu,4}+1} < 0$$

zu bestimmen, wobei man als Ergebnis $T^*_{neu,4}$ entweder direkt (bei Vorliegen einer eindeutigen Lösung) oder indirekt (bei Vorliegen mehrerer lokaler Optima) erhält. Der erste Schritt ist mit der Berechnung von $K_0(T^*_{neu,4})$ abzuschließen.

Im *zweiten Schritt* ist die optimale Nutzungsdauer $T^*_{neu,3}$ für die zweite identische Reinvestition (dritte Durchführung) des neuen Aggregats über die Kriterien

$$GG_{T^*_{neu,3}} \geq k_G \cdot K_0(T^*_{neu,4})$$
$$GG_{T^*_{neu,3}+1} < k_G \cdot K_0(T^*_{neu,4})$$

zu bestimmen, wobei man als Ergebnis $T^*_{neu,3}$ entweder direkt (bei Vorliegen einer eindeutigen Lösung) oder indirekt (bei Vorliegen mehrerer lokaler Optima) erhält. Der zweite Schritt ist mit der Berechnung von $KK_0(T^*_{neu,3}, T^*_{neu,4})$ abzuschließen.

Im *dritten Schritt* ist die optimale Nutzungsdauer $T^*_{neu,2}$ für die erste identische Reinvestition (zweite Durchführung) des neuen Aggregats über die Kriterien

$$GG_{T^*_{neu,2}} \geq k_G \cdot KK_0(T^*_{neu,3}, T^*_{neu,4})$$
$$GG_{T^*_{neu,2}+1} < k_G \cdot KK_0(T^*_{neu,3}, T^*_{neu,4})$$

zu bestimmen, wobei man als Ergebnis $T^*_{neu,2}$ entweder direkt (bei Vorliegen einer eindeutigen Lösung) oder indirekt (bei Vorliegen mehrerer lokaler Optima) erhält. Der dritte Schritt ist mit der Berechnung von $KK_0(T^*_{neu,2}, T^*_{neu,3}, T^*_{neu,4})$ abzuschließen.

Im *vierten Schritt* ist die optimale Nutzungsdauer $T^*_{neu,1}$ für die erste Durchführung des neuen Aggregats über die Kriterien

$$GG_{T^*_{neu,1}} \geq k_G \cdot KK_0(T^*_{neu,2}, T^*_{neu,3}, T^*_{neu,4})$$
$$GG_{T^*_{neu,1}+1} < k_G \cdot KK_0(T^*_{neu,2}, T^*_{neu,3}, T^*_{neu,4})$$

zu bestimmen, wobei man als Ergebnis $T^*_{neu,1}$ entweder direkt (bei Vorliegen einer eindeutigen Lösung) oder indirekt (bei Vorliegen mehrerer lokaler Optima) erhält. Der vierte Schritt ist mit der Berechnung von $KK_0(T^*_{neu,1}, T^*_{neu,2}, T^*_{neu,3}, T^*_{neu,4})$ abzuschließen.

Im *fünften Schritt* ist die optimale Restnutzungsdauer T^*_{alt} für das zu ersetzende Aggregat über die Kriterien

$$GG_{T^*_{alt}} \geq k_G \cdot KK_0(T^*_{neu,1}, T^*_{neu,2}, T^*_{neu,3}, T^*_{neu,4})$$
$$GG_{T^*_{alt}+1} < k_G \cdot KK_0(T^*_{neu,1}, T^*_{neu,2}, T^*_{neu,3}, T^*_{neu,4})$$

zu bestimmen, wobei man als Ergebnis T^*_{alt} entweder direkt (bei Vorliegen einer eindeutigen Lösung) oder indirekt (bei Vorliegen mehrerer lokaler Optima) erhält.

Für die vorliegende Aufgabenstellung ergeben sich aus

$$GG_T = (1 + k_G)^T \cdot [K_0(T) - K_0(T - 1)]$$

folgende zeitbezogene Grenzgewinne für die neue Wirkmaschine:

T_{neu}	$(1 + k_G)^T \cdot [K_0(T) - K_0(T-1)]$	$GG_{T_{neu}}$
1	$1,1 \cdot (11.000 - 0)$	$12.100,-$
2	$1,1^2 \cdot (12.500 - 11.000)$	$1.815,-$
3	$1,1^3 \cdot (13.500 - 12.500)$	$1.331,-$
4	$1,1^4 \cdot (13.000 - 13.500)$	$-732,05$
5	$1,1^5 \cdot (10.000 - 13.000)$	$-4.831,53$

Aus dem Kriterium für den zeitbezogenen Grenzgewinn folgt eine optimale Nutzungsdauer von $T^*_{neu,4} = 3$ Jahre.

Für die Optimierung von $T_{neu,3}$ benötigt man

$$K_0(T^*_{neu,4} = 3) = 13.500,-,$$
$$k_G \cdot K_0(T^*_{neu,4} = 3) = 1.350,-,$$

und es ergibt sich:

$T_{neu,3}$	$GG_{T_{neu,3}}$		$k_G \cdot K_0(T_{neu,4}^*)$
1	12.100, –		
2	1.815, –	$\geq$	1.350, –
3	1.331, –	$<$	1.350, –
4	−723, 05		
5	−4.831, 53		

Aus dem Kriterium für den zeitbezogenen Grenzgewinn folgt eine optimale Nutzungsdauer von $T_{neu,3}^* = 2$ Jahre.

Für die Optimierung von $T_{neu,2}$ benötigt man

$$KK_0(T_{neu,3}^* = 2, T_{neu,4}^* = 3) = 12.500 + \frac{13.500}{1,1^2} = 23.657, 02,$$
$$k_G \cdot KK_0(T_{neu,3}^* = 2, T_{neu,4}^* = 3) = 2.365, 70,$$

und es ergibt sich:

$T_{neu,2}$	$GG_{T_{neu,2}}$		$k_G \cdot KK_0(T_{neu,3}^*, T_{neu,4}^*)$
1	12.100, –	$\geq$	2.365, 70
2	1.815, –	$<$	2.365, 70
3	1.331, –		
4	−723, 05		
5	−4.831, 53		

Aus dem Kriterium für den zeitbezogenen Grenzgewinn folgt eine optimale Nutzungsdauer von $T_{neu,2}^* = 1$ Jahr.

Für die Optimierung von $T_{neu,1}$ benötigt man

$$KK_0(T_{neu,2}^* = 1, T_{neu,3}^* = 2, T_{neu,4}^* = 3) = 11.000 + \frac{23.657, 02}{1,1} = 32.506, 38,$$
$$k_G \cdot KK_0(T_{neu,2}^* = 1, T_{neu,3}^* = 2, T_{neu,4}^* = 3) = 3.250, 64,$$

und es ergibt sich:

$T_{neu,1}$	$GG_{T_{neu,1}}$		$k_G \cdot KK_0(T_{neu,2}^*, T_{neu,3}^*, T_{neu,4}^*)$
1	12.100, –	$\geq$	3.250, 64
2	1.815, –	$<$	3.250, 64
3	1.331, –		
4	−723, 05		
5	−4.831, 53		

Aus dem Kriterium für den zeitbezogenen Grenzgewinn folgt eine optimale Nutzungsdauer von $T_{neu,1}^* = 1$ Jahr.

Für die Optimierung von T_{alt} benötigt man

$$KK_0(T^*_{neu,1} = 1, T^*_{neu,2} = 1, T^*_{neu,3} = 2, T^*_{neu,4} = 3) \quad = \quad 11.000 + \frac{32.506,38}{1,1}$$

$$= \quad 40.551,25$$

$$k_G \cdot KK_0(T^*_{neu,1} = 1, T^*_{neu,2} = 1, T^*_{neu,3} = 2, T^*_{neu,4} = 3) \quad = \quad 4.055,13$$

Für den zeitbezogenen Grenzgewinn des alten Aggregates ergibt sich:

T_{alt}	$(1-s) \cdot \{C_{T_{alt}} - (R_{T_{alt}-1} - R_{T_{alt}}) - \frac{ka}{1-s} \cdot [R_{T_{alt}-1} - s \cdot (R_{T_{alt}-1} - BW_{T_{alt}-1})]\}$	$GG_{T_{alt}}$
1	$(1-0,4) \cdot \{33' - (50' - 30') - \frac{0,1}{1-0,4} \cdot [50' - 0,4 \cdot (50' - 21')]\}$	$3.960,-$
2	$(1-0,4) \cdot \{22' - (30' - 12') - \frac{0,1}{1-0,4} \cdot [30' - 0,4 \cdot (30' - 14')]\}$	$40,-$
3	$(1-0,4) \cdot \{10' - (12' - 5') - \frac{0,1}{1-0,4} \cdot [12' - 0,4 \cdot (12' - 7')]\}$	$800,-$
4	$(1-0,4) \cdot \{5' - (5' - 0') - \frac{0,1}{1-0,4} \cdot [5' - 0,4 \cdot (5' - 0')]\}$	$-300,-$

Aus dem Kriterium für den zeitbezogenen Grenzgewinn folgt eine optimale Nutzungsdauer von $T^*_{alt} = 0$ Jahre.

Aufgabe 10

Das Management der Industrie–AG steht am 1.1.1996 vor dem Problem, die optimale Restnutzungsdauer des vorhandenen Aggregats ALT festzulegen. Dieses Aggregat ist vor drei Jahren um 200.000,– erworben worden und die steuerliche Abschreibung erfolgt über fünf Jahre. Desweiteren sind folgende Daten für das Aggregat ALT ermittelt worden:

Maximale Restnutzungsdauer: 3 Jahre

Erwartete Restwerte nach t Jahren weiterer Nutzung:

Jahr der Nutzung	0	1	2	3
R^{alt}_T	50.000,–	30.000,–	5.000,–	0

Erwartete Cash Flows vor Zinsen und Steuern:

Jahr der Nutzung	1	2	3
C^{alt}_t	60.000,–	25.000,–	15.000,–

Der Gewinnsteuersatz beträgt 40 %. Der Verschuldungsgrad des vorhandenen Projekts und der eventuellen Ersatzinvestition ist mit 60 % festgelegt worden. Das normierte systematische Risiko des Projekts und der eventuellen Ersatzinvestition wurde auf $\beta_{IP} = 1,25$ geschätzt. Das Femdkapital der Unternehmung weist eine Effektivverzinsung in der Höhe von 8 % p.a. vor Steuern auf.

Das Management erwartet eine Kapitalmarktrendite in der Höhe von 15 % p.a. nach Steuern und der risikolose Zinssatz beträgt 8 % p.a.

Ermitteln Sie die optimale Restnutzungsdauer von ALT für folgende Fälle:

(a) *Bei Beendigung der Nutzung soll das Aggregat ALT nicht ersetzt werden.*

(b) *Bei Beendigung der Nutzung des Aggregats ALT soll folgende einmalige Ersatzinvestition durchgeführt werden:*

$$\text{Anschaffungsauszahlungen:} \quad 250.000,-$$
$$\text{Maximale Nutzungsdauer:} \quad 5 \text{ Jahre}$$

Erwartete Restwerte nach t Jahren:

Jahr der Nutzung	1	2	3	4	5
R_T^{neu}	150.000,-	100.000,-	50.000,-	10.000,-	0,-

Erwartete Cash Flows vor Zinsen und Steuern:

Jahr der Nutzung	1	2	3	4	5
C_t^{neu}	150.000,-	90.000,-	70.000,-	50.000,-	20.000,-

Die steuerliche Abschreibung erfolgt über fünf Jahre.

Unterstellen Sie, daß sämtliche Ein- und Auszahlungen für das neue Aggregat kalenderzeitunabhängig sind und daß die Unternehmung über genügend Gewinne aus anderen Bereichen verfügt.

Lösung, Teilaufgabe (a)

Bei der reinen ex post Nutzungsdauerentscheidung lautet das Kriterium für den zeitbezogenen Grenzgewinn:

$$GG_{T_{alt}^*} \geq 0$$
$$GG_{T_{alt}^*+1} < 0$$

Der gewichtete durchschnittliche Kapitalkostensatz nach Steuern beträgt

$$
\begin{aligned}
k_G &= \varrho_t \cdot (1 - s \cdot v^*) \\
&= (r + [E(r_M) - r] \cdot \beta_{IP}) \cdot (1 - s \cdot v^*) \\
&= (0,08 + [0,15 - 0,08] \cdot 1,25) \cdot (1 - 0,4 \cdot 0,6) \\
&= 12,73 \text{ \% p.a.}
\end{aligned}
$$

Für das alte Aggregat ergeben sich für die Abschreibung und den Buchwert:

$$
\begin{aligned}
AfA &= \frac{A_{-3}}{T^{st}} \\
&= \frac{200'}{5} \\
&= 40.000 \\
BW_0 &= A_{-3} - 3 \cdot \frac{A_{-3}}{T^{st}} \\
&= 200' - 3 \cdot \frac{200'}{5} \\
&= 80.000
\end{aligned}
$$

Für die zeitbezogenen Grenzgewinne aus dem alten Aggregat erhält man:

T_{alt}	$(1-s)\cdot\{C_{T_{alt}}-(R_{T_{alt}-1}-R_{T_{alt}})-\frac{k_G}{1-s}\cdot[R_{T_{alt}-1}-s\cdot(R_{T_{alt}-1}-BW_{T_{alt}-1})]\}$	$GG_{T_{alt}}$
1	$(1-0,4)\cdot\{60'-(50'-30')-\frac{0,1273}{1-0,4}\cdot[50'-0,4\cdot(50'-80')]\}$	$16.107,40$
2	$(1-0,4)\cdot\{25'-(30'-5')-\frac{0,1273}{1-0,4}\cdot[30'-0,4\cdot(30'-40')]\}$	$-4.328,20$
3	$(1-0,4)\cdot\{15'-(5'-0')-\frac{0,1273}{1-0,4}\cdot[5'-0,4\cdot(5'-0)]\}$	$5.618,10$

Da die zeitbezogenen Grenzgewinne ein lokales Optimum und eine rechte Randlösung liefern, sind die Kapitalwerte in Abhängigkeit der Restnutzungsdauer $K_0(T_{alt})$ zu bestimmen. Über die Beziehung

$$K_0^{alt}(T_{alt}) = \frac{GG_{T_{alt}}}{(1+k_G)^{T_{alt}}} + K_0^{alt}(T_{alt}-1)$$

ergeben sich für die möglichen Restnutzungsdauern folgende Kapitalwerte:

T_{alt}	$K_0^{alt}(T_{alt})$
0	$62.000,00$
1	$76.288,48$
2	$72.882,61$
3	$76.804,27$

Somit erhält man für das alte Aggregat eine optimale Restnutzungsdauer von $T_{alt}^* = 3$ Jahre.

Lösung, Teilaufgabe (b)

Die Ermittlung der optimalen Restnutzungsdauer für das alte Aggregat erfolgt in *zwei Schritten*. *Zunächst* wird die optimale Nutzungsdauer T_{neu}^* für das neue Aggregat über das Kriterium der zeitbezogenen Grenzgewinne

$$GG_{T_{neu}^*} \geq 0$$
$$GG_{T_{neu}^*+1} < 0$$

ermittelt, wobei man als Ergebnis T_{neu}^* entweder direkt (bei Vorliegen einer eindeutigen Lösung) oder indirekt (bei Vorliegen mehrerer lokaler Optima) erhält. Den Abschluß des ersten Schrittes bildet die Berechnung von $K_0(T_{neu}^*)$.

Im *zweiten Schritt* wird die optimale Restnutzungsdauer für das alte Aggregat über die vollständige Enumeration,

$$\max_{T_{alt}} KK_0(T_{alt},T_{neu}^*) = K_0^{alt}(T_{alt}) + \frac{K_0^{neu}(T_{neu}^*)}{(1+k_G)^{T_{alt}}},$$

ermittelt.

Für die vorliegende Aufgabenstellung ist zunächst die optimale Nutzungsdauer für das neue Aggregat zu ermitteln (1. Schritt), und für die Grenzgewinne des neuen Aggregats erhält man:

T_{neu}	$(1-s)\cdot\{C_{T_{neu}} - (R_{T_{neu}-1} - R_{T_{neu}}) - \frac{k_G}{1-s}\cdot[R_{T_{neu}-1} - s\cdot(R_{T_{neu}-1} - BW_{T_{neu}-1})]\}$	$GG_{T_{neu}}$
1	$(1-0,4)\cdot\{150' - (250' - 150') - \frac{0,1273}{1-0,4}\cdot[250' - 0,4\cdot(250' - 250')]\}$	$-1.825,-$
2	$(1-0,4)\cdot\{90' - (150' - 100') - \frac{0,1273}{1-0,4}\cdot[150' - 0,4\cdot(150' - 200')]\}$	$2.359,-$
3	$(1-0,4)\cdot\{70' - (100' - 50') - \frac{0,1273}{1-0,4}\cdot[100' - 0,4\cdot(100' - 150')]\}$	$-3.276,-$
4	$(1-0,4)\cdot\{50' - (50' - 10') - \frac{0,1273}{1-0,4}\cdot[50' - 0,4\cdot(50' - 100')]\}$	$-2.911,-$
5	$(1-0,4)\cdot\{20' - (10' - 0) - \frac{0,1273}{1-0,4}\cdot[10' - 0,4\cdot(10' - 50')]\}$	$2.690,20$

Da die zeitbezogenen Grenzgewinne keine eindeutige Lösung für die optimale Nutzungsdauer des neuen Aggregats liefern, werden die Kapitalwerte in Abhängigkeit von der Nutzungsdauer, z.B. über

$$K_0^{neu}(T_{neu}) = \frac{GG_{T_{neu}}}{(1+k_G)^{T_{neu}}} + K_0^{neu}(T_{neu}-1),$$

ermittelt. Für die Kapitalwerte des neuen Aggregats erhält man dabei für die möglichen Nutzungsdauern:

T_{neu}	$K_0^{neu}(T_{neu})$
0	$0,00$
1	$-1.618,91$
2	$237,39$
3	$-2.049,39$
4	$-3.851,93$
5	$-2.374,23$

Somit erhält man für das neue Aggregat eine optimale Nutzungsdauer von $T_{neu}^* = 2$ Jahre.

Die optimale Restnutzungsdauer des alten Aggregats erhält man durch Maximierung des Kettenkapitalwerts (2. Schritt):

T_{alt}	$K_0^{alt}(T_{alt}) + \frac{K_0^{neu}(T_{neu}^*=2)}{(1+k_G)^{T_{alt}}}$	$KK_0(T_{alt}, T_{neu}^*)$
0	$62.000 + 237,39$	$62.237,39$
1	$76.288,48 + \frac{237,39}{1,1273}$	$76.499,06$
2	$72.882,61 + \frac{237,39}{1,1273^2}$	$73.069.41$
3	$76.804,27 + \frac{237,39}{1,1273^3}$	$76.969,98$

Somit ergibt sich als Lösung eine optimale Restnutzungsdauer für das alte Aggregat von $T_{alt}^* = 3$ Jahren.

Aufgabe 11

Eine Unternehmung plant die Anschaffung eines Spezialaggregats, für das die folgenden Daten ermittelt worden sind:

Anschaffungsauszahlungen:	100.000,–
Maximale Nutzungsdauer:	5 Jahre
Steuerliche Abschreibung:	linear über 3 Jahre
Gewinnsteuersatz:	60 %

Erwartete Cash Flows vor Zinsen und Steuern:

Jahr der Nutzung	1	2	3	4	5
C_t	50.000,–	38.000,–	28.000,–	20.000,–	4.000,–

Erwartete Restwerte in Abhängigkeit von der Nutzungsdauer:

Jahr der Nutzung	1	2	3	4	5
R_T	60.000,–	40.000,–	20.000,–	2.000,–	0,–

Dem Projekt kann ein Kredit nicht direkt zugerechnet werden. Der gewichtete durchschnittliche Kapitalkostensatz beträgt 8,0808 % p.a. nach Steuern.

(a) *Bestimmen Sie für das Investitionsprojekt die optimale Nutzungsdauer mit Hilfe der zeitbezogenen Grenzgewinne.*

(b) *Berechnen Sie die Kapitalwerte in Abhängigkeit der Nutzungsdauer (vollständige Enumeration).*

(c) *Nehmen Sie zu den Ergebnissen aus (a) und (b) Stellung und diskutieren Sie, welche Entscheidung unter welchen Umständen zu fällen ist.*

Lösung, Teilaufgabe (a)

Für den zeitbezogenen Grenzgewinn ergibt sich:

T	$(1-s) \cdot \{C_T - (R_{T-1} - R_T) - \frac{k_a}{1-s} \cdot [R_{T-1} - s \cdot (R_{T-1} - BW_{T-1})]\}$	GG_T
1	$(1-0,6) \cdot \{50' - (100' - 60') - \frac{0,0808}{1-0,6} \cdot [100' - 0,6 \cdot (100' - 100')]\}$	$-4.080,80$
2	$(1-0,6) \cdot \{38' - (60' - 40') - \frac{0,0808}{1-0,6} \cdot [60' - 0,6 \cdot (60' - 66,6')]\}$	$2.028,29$
3	$(1-0,6) \cdot \{28' - (40' - 20') - \frac{0,0808}{1-0,6} \cdot [40' - 0,6 \cdot (40' - 33,3')]\}$	$290,91$
4	$(1-0,6) \cdot \{20' - (20' - 2') - \frac{0,0808}{1-0,6} \cdot [20' - 0,6 \cdot (20' - 0)]\}$	$153,54$
5	$(1-0,6) \cdot \{4' - (2' - 0) - \frac{0,0808}{1-0,6} \cdot [2' - 0,6 \cdot (2' - 0)]\}$	$735,35$

Aus dem Kriterium für den zeitbezogenen Grenzgewinn folgt eine optimale Nutzungsdauer von $T^* = 0$ Jahre.

Lösung, Teilaufgabe (b)

Über die Beziehung

$$K_0(T) = \frac{GG_T}{(1 + k_G)^T} + K_0(T - 1),$$

ergeben sich die folgenden Kapitalwerte:

$$K_0(T = 0) \;=\; 0$$

$$K_0(T = 1) \;=\; \frac{-4.080,81}{1,080808} + 0 = -3.775,69$$

$$K_0(T = 2) \;=\; \frac{2.028,29}{1,080808^2} - 3.775,69 = -2.039,35$$

$$K_0(T = 3) \;=\; \frac{290,91}{1,080808^3} - 2.039,35 = -1.808,93$$

$$K_0(T = 4) \;=\; \frac{153,54}{1,080808^4} - 1.808,93 = -1.696,41$$

$$K_0(T = 5) \;=\; \frac{735,35}{1,080808^5} - 1.696,41 = -1.197,81$$

Lösung, Teilaufgabe (c)

Für eine Kann–Investition folgt $T^* = 0$, für eine Muß–Investition $T^* = 5$.

Aufgabe 12

Eine Unternehmung plant die Anschaffung eines Spezialaggregats, für das die folgenden Daten ermittelt worden sind:

Anschaffungsauszahlungen:	100.000,–
Maximale Nutzungsdauer:	5 Jahre
Steuerliche Abschreibung:	linear über 8 Jahre
Gewinnsteuersatz:	40 %

Erwartete Cash Flows vor Zinsen und Steuern:

Jahr der Nutzung	1	2	3	4	5
C_t	70.000,–	58.000,–	48.000,–	22.000,–	5.000,–

Erwartete Restwerte in Abhängigkeit von der Nutzungsdauer:

Jahr der Nutzung	1	2	3	4	5
R_T	60.000,–	40.000,–	30.000,–	10.000,–	0,–

Dem Projekt kann ein Kredit nicht direkt zugerechnet werden. Der gewichtete durchschnittliche Kapitalkostensatz beträgt 13 % p.a. nach Steuern. Bei Realisation des Projekts kann ein Investitionsfreibetrag nach § 10 EStG in der Höhe von 9 % der Anschaffungsauszahlungen geltend gemacht werden.

Bestimmen Sie für das Investitionsprojekt die optimale Nutzungsdauer mit Hilfe der zeitgezogenen Grenzgewinne.

Lösung

Wird für ein Investitionsprojekt ein Investitionsfreibetrag nach § 10 EStG in Anspruch genommen, so erhöht sich der Kapitalwert um jenen Betrag, der aufgrund der Steuerersparnis infolge der Dotierung des Investitionsfreibetrages in $t = 1$ zustande kommt. Scheidet das Aggregat vor Ablauf des vierten auf das Jahr der Anschaffung folgende Wirtschaftsjahres aus der Unternehmung aus ($T = 1, \ldots, 4$), so verringert sich der Kapitalwert des Investitionsprojektes um jenen Betrag, der aufgrund der Steuerzahlung infolge der Nichteinhaltung der Behaltefrist (gewinnerhöhende Auflösung des Investitionsfreibetrages) zustande kommt. Bezeichnet man mit $K_0^{oIFB}(T)$ den Kapitalwert des Investitionsprojekts ohne Berücksichtigung des Investitionsfreibetrags in Abhängigkeit von der Nutzungsdauer und mit IFB den Betrag des geltend gemachten Investitionsfreibetrages, dann beträgt der Kapitalwert des Investitionsprojekts mit Berücksichtigung des Investitionsfreibetrages in Abhängigkeit von der Nutzungsdauer:

$$
K_0(T) = \begin{cases}
K_0^{oIFB}(T), & \text{falls } T = 1 \\[2ex]
K_0^{oIFB}(T) + s \cdot \frac{IFB}{(1+k_G)} - s \cdot \frac{IFB}{(1+k_G)^T}, & \text{falls } T = 2, \ldots, 4 \\[2ex]
K_0^{oIFB}(T) + s \cdot \frac{IFB}{(1+k_G)}, & \text{falls } T \geq 5
\end{cases}
$$

Das Kriterium für den zeitbezogenen Grenzgewinn mit Berücksichtigung des Investitionsfreibetrages wird über die Beziehungen

$$
\begin{aligned}
K_0(T) - K_0(T - 1) &\geq 0, \\
K_0(T + 1) - K_0(T) &< 0,
\end{aligned}
$$

hergeleitet.

Für den vorliegenden Fall ist für eine Nutzungsdauer von $T = 1$ erkennbar, daß es keinen Unterschied zwischen den Kapitalwerten mit und ohne Berücksichtigung eines Investitionsfreibetrages gibt, weshalb es auch zu keinen Änderungen in Bezug auf den resultierenden zeitbezogenen Grenzgewinn (für $T = 1$) kommt.

Für $T = 2, \ldots, 4$ ist der zeitbezogene Grenzgewinn durch einfaches Einsetzen für $K_0(T)$ und $K_0(T-1)$ herzuleiten. Betrachtet man dabei nur die erste der beiden Bedingungen, so ergibt sich zunächst

$$
\underbrace{\left[K_0^{oIFB}(T) + s \cdot \frac{IFB}{(1+k_G)} - s \cdot \frac{IFB}{(1+k_G)^T} \right]}_{K_0(T)} - \underbrace{\left[K_0^{oIFB}(T-1) + s \cdot \frac{IFB}{(1+k_G)} - s \cdot \frac{IFB}{(1+k_G)^{T-1}} \right]}_{K_0(T-1)} \geq 0,
$$

und nach einer elementaren Vereinfachung erhält man:

$$K_0^{oIFB}(T) - K_0^{oIFB}(T-1) - s \cdot \frac{IFB}{(1+k_G)^T} + s \cdot \frac{IFB}{(1+k_G)^{T-1}} \geq 0$$

Wird diese Ungleichung mit $(1+k_G)^T$ multipliziert, so ergibt sich

$$\underbrace{\left[K_0^{oIFB}(T) - K_0^{oIFB}(T-1)\right] \cdot (1+k_G)^T}_{GG_T} - s \cdot IFB + s \cdot IFB \cdot (1+k_G) \geq 0,$$

und es ist erkennbar, daß der erste Summand auf der linken Seite der Ungleichung den zeitbe-zogenen Grenzgewinn ohne Berücksichtigung des Investitionsfreibetrages darstellt. Faßt man die zweiten zwei Summanden zusammen, so ergibt sich

$$\underbrace{GG_T + s \cdot IFB \cdot k_G}_{GG_T^{IFB}} \geq 0,$$

wobei die linke Seite der Ungleichung den zeitbezogenen Grenzgewinn mit Berücksichtigung eines Investitionsfreibetrages für $T = 2, \ldots, 4$ darstellt. $s \cdot IFB \cdot k_G$ kann als Zinsen auf die Steuerersparnis interpretiert werden, falls die gewinnerhöhende Auflösung des Investitionsfrei-betrages statt in $T-1$ in T erfolgt.

Für $T = 5$ ist der zeitbezogene Grenzgewinn mit Berücksichtigung eines Investitionsfreibetrages ebenfalls über die Beziehungen

$$K_0(T) - K_0(T-1) \geq 0,$$
$$K_0(T+1) - K_0(T) < 0,$$

herzuleiten. Betrachtet man dabei wieder nur die erste der beiden Bedingungen und setzt man für $K_0(T)$ und $K_0(T-1)$ ein, so ergibt sich

$$\underbrace{\left[K_0^{oIFB}(T) + s \cdot \frac{IFB}{(1+k_G)}\right]}_{K_0(T)} - \underbrace{\left[K_0^{oIFB}(T-1) + s \cdot \frac{IFB}{(1+k_G)} - s \cdot \frac{IFB}{(1+k_G)^{T-1}}\right]}_{K_0(T-1)} \geq 0,$$

und nach einer elementaren Vereinfachung erhält man

$$K_0^{oIFB}(T) - K_0^{oIFB}(T-1) + s \cdot \frac{IFB}{(1+k_G)^{T-1}} \geq 0.$$

Wird diese Ungleichung mit $(1+k_G)^T$ multipliziert, so ergibt sich

$$\underbrace{\left[K_0^{oIFB}(T) - K_0^{oIFB}(T-1)\right] \cdot (1+k_G)^T}_{GG_T} + (1+k_G) \cdot s \cdot IFB \geq 0$$

bzw.

$$\underbrace{GG_T + (1 + k_G) \cdot s \cdot IFB}_{GG_T^{IFB}} \geq 0.$$

Die linke Seite dieser Ungleichung repräsentiert den zeitbezogenen Grenzgewinn mit Berücksichtigung eines Investitionsfreibetrages für $T = 5$. $(1 + k_G) \cdot s \cdot IFB$ ist jener Zins- und Kapitalzuwachs, der durch die Einhaltung der Behaltefrist entsteht.

Bei Berücksichtigung des Investitionsfreibetrages ergibt sich somit der folgende modifizierte zeitbezogene Grenzgewinn:

$$GG_T^{IFB} \;=\; GG_T + \begin{cases} 0 & \text{für } T = 1 \\ k_G \cdot s \cdot IFB & \text{für } T = 2, \ldots, 4 \\ (1 + k_G) \cdot s \cdot IFB & \text{für } T = 5 \end{cases}$$

Die Höhe des Investitionsfreibetrages beträgt:

$$IFB = 0,09 \cdot 100.000 \;=\; 9.000, -$$

Für die zeitbezogenen Grenzgewinne mit Berücksichtigung des Investitionsfreibetrages ergibt sich somit:

T		GG_T^{IFB}
1	$(1 - 0,4) \cdot \{70' - (100' - 60') - \frac{0,13}{1-0,4} \cdot [100' - 0,4 \cdot (100' - 100')]\}$	$5.000, -$
2	$(1 - 0,4) \cdot \{58' - (60' - 40') - \frac{0,13}{1-0,4} \cdot [60' - 0,4 \cdot (60' - 87')]\} + 0,13 \cdot 0,4 \cdot 9'$	$14.038, -$
3	$(1 - 0,4) \cdot \{48' - (40' - 30') - \frac{0,13}{1-0,4} \cdot [40' - 0,4 \cdot (40' - 75')]\} + 0,13 \cdot 0,4 \cdot 9'$	$16.248, -$
4	$(1 - 0,4) \cdot \{22' - (30' - 10') - \frac{0,13}{1-0,4} \cdot [30' - 0,4 \cdot (30' - 62,5')]\} + 0,13 \cdot 0,4 \cdot 9'$	$-3.922, -$
5	$(1 - 0,4) \cdot \{5' - (10' - 0) - \frac{0,13}{1-0,4} \cdot [10' - 0,4 \cdot (10' - 50')]\} + 1,13 \cdot 0,4 \cdot 9'$	$-2.312, -$

Aus dem Kriterium für den zeitbezogenen Grenzgewinn folgt eine optimale Nutzungsdauer von $T^* = 3$ Jahre.

Aufgabe 13

Die Unternehmensleitung eines Spielzeugkonzerns steht vor der Entscheidung, die Produktion von Ninja Turtles sofort einzustellen. Zur Herstellung dieses Produkts ist ein Spezialaggregat vorhanden, das bei sofortiger Auflassung des Produkts zu einem Restwert von 150.000,- veräußert werden kann. Dieses Spezialaggregat ist vor drei Jahren um 500.000,- erworben worden und die steuerliche Abschreibung erfolgte linear über fünf Jahre. Würde die Unternehmensleitung das Produkt nicht sofort einstellen, so erbrächte das Produkt im kommenden Jahr einen Cash Flow vor Zinsen und Steuern in der Höhe von 80.000,-. Der Restwert des Spezialaggregats nach diesem weiteren Nutzungsjahr würde dann aber voraussichtlich nur mehr 100.000,- betragen. Der Gewinnsteuersatz beträgt 40 % und der gewichtete durchschnittliche Kapitalkostensatz ist 12 % p.a. nach Steuern. Die Unternehmung verfügt über hinreichend große Gewinne aus den sonstigen Unternehmensbereichen.

(a) *Unterstellen Sie fallende zeitbezogene Grenzgewinne für das Spezialaggregat und entscheiden Sie, ob das Produkt sofort einzustellen ist oder nicht.*

(b) Ab welchem kritischen Restwert R_1 ist das Aggregat sofort zu desinvestieren?

(c) Welche Ergebnisse aus (a) und (b) erhalten Sie, falls zusätzlich unterstellt wird, daß bei Anschaffungen des Spezialaggregats ein Investitionsfreibetrag gem. § 10 EStG in der Höhe von 10 % in Anspruch genommen.

Hinweis: Beachten Sie hierfür § 10 (9) EStG.

Lösung, Teilaufgabe (a)

Bei einer reinen ex post Nutzungsdauerentscheidung und der Annahme von fallenden zeitbezogenen Grenzgewinnen lautet das Kriterium für den zeitbezogenen Grenzgewinn:

$$\text{sofortige Einstellung} \quad \Leftrightarrow \quad GG_1 < 0$$

Aus der Angabe ergibt sich folgender Buchwert für das vorhandene Spezialaggregat:

$$
\begin{aligned}
BW_0 &= A_{-3} - 3 \cdot \frac{A_{-3}}{T^{\cdot t}} \\
&= 500' - 3 \cdot \frac{500'}{5} \\
&= 200.000
\end{aligned}
$$

Für den zeitbezogenen Grenzgewinn ergibt sich damit:

$$
\begin{aligned}
GG_1 &= (1-s) \cdot \left\{ C_1 - (R_0 - R_1) - \frac{k_G}{1-s} \cdot [R_0 - s \cdot (R_0 - BW_0)] \right\} \\
&= (1-0,4) \cdot \left\{ 80' - (150' - 100') - \frac{0,12}{1-0,4} \cdot [150' - 0,4 \cdot (150' - 200')] \right\} \\
&= -2.400, -
\end{aligned}
$$

Wegen $GG_1 < 0$ ist das Produkt sofort einzustellen.

Lösung, Teilaufgabe (b)

Den kritischen Restwert erhält man aus:

$$
\begin{aligned}
GG_1 &< 0 \\
(1-s) \cdot \left\{ C_1 - (R_0 - R_1) - \frac{k_G}{1-s} \cdot [R_0 - s \cdot (R_0 - BW_0)] \right\} &< 0 \\
\left\{ C_1 - (R_0 - R_1) - \frac{k_G}{1-s} \cdot [R_0 - s \cdot (R_0 - BW_0)] \right\} &< 0
\end{aligned}
$$

Durch Auflösen dieser Ungleichung nach R_1 erhält man:

$$
\begin{aligned}
R_1 &< -C_1 + R_0 + \frac{k_G}{1-s} \cdot [R_0 - s \cdot (R_0 - BW_0)] \\
&< -80' + 150' + \frac{0,12}{1-0,4} \cdot [150' - 0,4 \cdot (150' - 200')] \\
&< 104.000, -
\end{aligned}
$$

Das Spezialaggregat ist daher sofort zu desinvestieren, falls $R_1 < 104.000, -$ ist.

Lösung, Teilaufgabe (c)

Der zu $t = -3$ gebildete Investitionsfreibetrag muß sowohl bei einer Einstellung des Produkts zu $t = 0$ als auch zu $t = 1$ gewinnerhöhend aufgelöst werden. Betrachtet man nur die Auswirkung des Investitionsfreibetrags auf die Kapitalwerte für eine Nutzungsdauer von null Jahren und einem Jahr, so ergibt sich:

$$K_0^{IFB}(T = 0) = -s \cdot IFB$$
$$K_0^{IFB}(T = 1) = \frac{-s \cdot IFB}{1 + k_G}$$

Für den Grenzgewinn erhält man dann:

$$GG_1^{IFB} = GG_1 + (1 + k_G) \cdot \left[K_0^{IFB}(T = 1) - K_0^{IFB}(T = 0) \right]$$
$$GG_1^{IFB} = GG_1 + (1 + k_G) \cdot \left[\frac{-s \cdot IFB}{1 + k_G} + s \cdot IFB \right]$$
$$= GG_1 + k_G \cdot s \cdot IFB$$

Der zu $t = -3$ in Anspruch genommene Investitionsfreibetrag ergibt sich aus:

$$IFB = 0,1 \cdot 500.000 = 50.000, -$$

Für die Produktion der Ninja Turtles ergibt sich somit ein Grenzgewinn mit Berücksichtigung des Investitionsfreibetrags von:

$$GG_1^{IFB} = GG_1 + k_G \cdot s \cdot IFB$$
$$= -2.400 + 0,12 \cdot 0,4 \cdot 50.000$$
$$= 0, -$$

Somit ist die Unternehmensleitung indifferent zwischen der Weiterführung und der Einstellung des Produkts.

Den kritischen Restwert erhält man aus:

$$GG_1^{IFB} < 0$$
$$(1 - s) \cdot \left\{ C_1 - (R_0 - R_1) - \frac{k_G}{1 - s} \cdot [R_0 - s \cdot (R_0 - BW_0)] \right\} + s \cdot k_G \cdot IFB < 0$$

Durch Auflösen dieser Ungleichung nach R_1 erhält man:

$$R_1 < -\frac{s \cdot k_G \cdot IFB}{1 - s} - C_1 + R_0 + \frac{k_G}{1 - s} \cdot [R_0 - s(R_0 - BW_0)]$$
$$< -\frac{0,4 \cdot 012 \cdot 50'}{1 - 0,4} - 80' + 150' + \frac{0,12}{1 - 0,4} \cdot [150' - 0,4 \cdot (150' - 200')]$$
$$< 100.000, -$$

Für den kritischen Restwert ergibt sich $R_1 < 100.000, -$, da bei $R_1 = 100.000, -$, der Grenzgewinn $0, -$ ist.

Aufgabe 14

Eine Unternehmung plant die Anschaffung eines Spezialaggregats, für das die folgenden Daten ermittelt worden sind:

Anschaffungsauszahlungen: 100.000,–
Maximale Nutzungsdauer: 5 Jahre
Steuerliche Abschreibung: linear über 5 Jahre
Gewinnsteuersatz: 40 %

Erwartete Cash Flows vor Zinsen und Steuern:

Jahr der Nutzung	1	2	3	4	5
C_t	70.000,–	58.000,–	48.000,–	22.000,–	5.000,–

Erwartete Restwerte in Abhängigkeit von der Nutzungsdauer:

Jahr der Nutzung	1	2	3	4	5
R_T	60.000,–	40.000,–	30.000,–	10.000,–	0,–

Dem Projekt kann ein Kredit nicht direkt zugerechnet werden. Der gewichtete durchschnittliche Kapitalkostensatz beträgt 13 % p.a. nach Steuern. In $t = 0^-$ ist eine Investitionsrücklage in der Höhe von 18.000,– dotiert worden. Bei Realisation des Projekts ist ein Investitionsfreibetrag in der Höhe von 20 % von den Anschaffungskosten zu berücksichtigen. Bestimmen Sie für das Investitionsprojekt die optimale Nutzungsdauer mit Hilfe der zeitbezogenen Grenzgewinne.

Lösung

Wird für ein Investitionsprojekt ein Investitionsfreibetrag nach § 10 EStG geltend gemacht und ist dabei eine bereits dotierte Investitionsrücklage nach § 9 EStG zu berücksichtigen, dann darf der Investitionsfreibetrag nur insoweit dotiert werden, als er die Investitionsrücklage übersteigt. Bezeichnet man mit IFB den Betrag des möglichen Investitionsfreibetrages, mit IRL die zu Buche stehende und gegen den Investitionsfreibetrag aufzurechnende Investitionsrücklage und mit K_0^{oIF} den Kapitalwert des Investitionsprojekts ohne Berücksichtigung dieser beiden Investitionsförderungsmaßnahmen, dann beträgt der Kapitalwert des Investitionsprojekts mit Berücksichtigung der beiden Investitionsförderungsmaßnahmen für den Fall, daß $IFB > IRL$ gilt,

$$K_0 = K_0^{oIF} - s \cdot \frac{IRL}{(1 + k_G)} + s \cdot \frac{IFB}{(1 + k_G)}.$$

Scheidet das Aggregat vor Ablauf des vierten auf das Jahr der Anschaffung folgende Wirtschaftsjahres aus der Unternehmung aus ($T = 1, \ldots, 4$), dann verringert sich der Kapitalwert des Investitionsprojekts um jenen Betrag, der aufgrund der Steuerzahlung infolge der Nichteinhaltung der Behaltefrist (gewinnerhöhende Auflösung des Investitionsfreibetrages) zustande kommt.

Der Kapitalwert des Investitionsprojekts in Abhängigkeit von der Nutzungsdauer T ergibt sich somit aus

$$K_0(T) = \begin{cases} K_0^{oIF}(T) - s \cdot \frac{IRL}{(1+k_G)}, & \text{falls } T = 1, \\[2mm] K_0^{oIF}(T) - s \cdot \frac{IRL}{(1+k_G)} + s \cdot \frac{IFB}{(1+k_G)} - s \cdot \frac{IFB}{(1+k_G)^T}, & \text{falls } T = 2, \ldots, 4, \\[2mm] K_0^{oIF}(T) - s \cdot \frac{IRL}{(1+k_G)} + s \cdot \frac{IFB}{(1+k_G)}, & \text{falls } T \geq 5, \end{cases}$$

und das Kriterium für den zeitbezogenen Grenzgewinn wird über die Beziehungen

$$K_0(T) - K_0(T-1) \geq 0,$$
$$K_0(T+1) - K_0(T) < 0,$$

hergeleitet.

Betrachtet man nur die erste der beiden Bedingungen, und setzt man für $T = 1$ für die Kapitalwerte $K_0(T)$ und $K_0(T-1)$ ein, so ergibt sich

$$\underbrace{\left[K_0^{oIF}(T) - s \cdot \frac{IRL}{(1+k_G)} \right]}_{K_0(T)} - \underbrace{K_0^{oIF}(T-1)}_{K_0(T-1)} \geq 0.$$

Multipliziert man diese Ungleichung mit $(1+k_G)$ und führt man einige elementare Umformungen durch, dann ergibt sich

$$\underbrace{\left[K_0^{oIF}(T) - K_0^{oIF}(T-1) \right] \cdot (1+k_G)}_{GG_{T=1}} - s \cdot IRL \geq 0,$$

und es ist erkennbar, daß der erste Summand auf der linken Seite der Ungleichung den zeitbezogenen Grenzgewinn ohne Berücksichtigung von Investitionsfreibetrag und Investitionsrücklage darstellt. Sind die beiden Investitionsförderungsmaßnahmen zu berücksichtigen, so verringert sich der zeitbezogenen Grenzgewinn für $T = 1$ somit um jenen Betrag, der aufgrund der Steuerzahlung infolge der gewinnerhöhenden Auflösung der Investitionsrücklage zustande kommt. Unter Berücksichtigung von Investitionsfreibetrag und Investitionsrücklage lautet der zeitbezogene Grenzgewinn für $T = 1$ somit:

$$GG_T^{IFB,IRL} = GG_T - s \cdot IRL \geq 0.$$

Für $T = 2, \ldots, 4$ ist der zeitbezogene Grenzgewinn mit Berücksichtigung des Investitionsfreibetrages und der Investitionsrücklage ebenfalls über die Beziehungen

$$K_0(T) - K_0(T-1) \geq 0,$$
$$K_0(T+1) - K_0(T) < 0,$$

herzuleiten. Betrachtet man dabei wieder nur die erste der beiden Bedingungen und setzt man für $K_0(T)$ und $K_0(T-1)$ ein, so ergibt sich

$$\underbrace{\left[K_0^{oIF}(T) - s \cdot \frac{IRL}{(1+k_G)} + s \cdot \frac{IFB}{(1+k_G)} - s \cdot \frac{IFB}{(1+k_G)^T} \right]}_{K_0(T)} -$$

$$\underbrace{\left[K_0^{oIF}(T-1) - s \cdot \frac{IRL}{(1+k_G)} + s \cdot \frac{IFB}{(1+k_G)} - s \cdot \frac{IFB}{(1+k_G)^{T-1}} \right]}_{K_0(T-1)} \geq 0,$$

und nach einer Vereinfachung erhält man:

$$K_0^{oIF}(T) - K_0^{oIF}(T-1) - s \cdot \frac{IFB}{(1+k_G)^T} + s \cdot \frac{IFB}{(1+k_G)^{T-1}} \geq 0$$

Wird diese Ungleichung mit $(1+k_G)^T$ multipliziert, so ergibt sich

$$\underbrace{\left[K_0^{oIF}(T) - K_0^{oIF}(T-1)\right] \cdot (1+k_G)^T}_{GG_T} - s \cdot IFB + s \cdot IFB \cdot (1+k_G) \geq 0,$$

und es ist erkennbar, daß der erste Summand auf der linken Seite der Ungleichung den zeitbezogenen Grenzgewinn ohne Berücksichtigung von Investitionsfreibetrag und Investitionsrücklage darstellt. Faßt man die zweiten zwei Summanden auf der linken Seite der Ungleichung zusammen, so ergibt sich

$$\underbrace{GG_T + s \cdot IFB \cdot k_G}_{GG_T^{IFB,IRL}} \geq 0,$$

wobei die linke Seite der Ungleichung den zeitbezogenen Grenzgewinn mit Berücksichtigung des Investitionsfreibetrages und der Investitionsrücklage für $T = 2, \ldots, 4$ darstellt. Zur Interpretation vgl. Aufgabe 12.

Für $T = 5$ ist der zeitbezogene Grenzgewinn mit Berücksichtigung von Investitionsfreibetrag und Investitionsrücklage ebenso über die Beziehungen

$$K_0(T) - K_0(T-1) \geq 0,$$
$$K_0(T+1) - K_0(T) < 0,$$

herzuleiten, wobei auch hier wieder nur die erste der beiden Bedingungen betrachtet wird. Setzt man für $K_0(T)$ und $K_0(T-1)$ ein, so ergibt sich

$$\underbrace{\left[K_0^{oIF}(T) - s \cdot \frac{IRL}{(1+k_G)} + s \cdot \frac{IFB}{(1+k_G)}\right]}_{K_0(T)} -$$

$$\underbrace{\left[K_0^{oIF}(T-1) - s \cdot \frac{IRL}{(1+k_G)} + s \cdot \frac{IFB}{(1+k_G)} - s \cdot \frac{IFB}{(1+k_G)^{T-1}}\right]}_{K_0(T-1)} \geq 0,$$

und nach einigen Umformungen erhält man

$$K_0^{oIF}(T) - K_0^{oIF}(T-1) + s \cdot \frac{IFB}{(1+k_G)^{T-1}} \geq 0.$$

Wird diese Ungleichung mit $(1+k_G)^T$ multipliziert, so ergibt sich

$$\underbrace{\left[K_0^{oIF}(T) - K_0^{oIF}(T-1)\right] \cdot (1+k_G)^T}_{GG_T} + (1+k_G) \cdot s \cdot IFB \geq 0$$

bzw.

$$\underbrace{GG_T + (1 + k_G) \cdot s \cdot IFB}_{GG_T^{IFB,IRL}} \geq 0.$$

Die linke Seite der Ungleichung repräsentiert den zeitbezogenen Grenzgewinn mit Berücksichtigung eines Investitionsfreibetrages und einer Investitionsrücklage für $T = 5$. Zur Interpretation vgl. Aufgabe 12.

Bei Berücksichtigung von Investitionsfreibetrag und Investitionsrücklage ergibt sich daher der folgende modifizierte zeitbezogene Grenzgewinn:

$$GG_T^{IFB,IRL} = GG_T + \begin{cases} -s \cdot IRL & \text{für } T = 1 \\ k_G \cdot s \cdot IFB & \text{für } T = 2, \dots, 4 \\ (1 + k_G) \cdot s \cdot IFB & \text{für } T = 5 \end{cases}$$

Für die vorliegende Aufgabenstellung ergibt sich für den Investitionsfreibetrag

$$IFB = 0,2 \cdot 100.000 = 20.000,-,$$

und für den zeitbezogenen Grenzgewinn mit Berücksichtigung von Investitionsfreibetrag und Investitionsrücklage ergibt sich:

T		$GG_T^{IFB,IRL}$
1	$(1 - 0,4) \cdot \{70' - (100' - 60') - \frac{0,13}{1-0,4} \cdot [100' - 0,4 \cdot (100' - 100')]\} - 0,4 \cdot 18'$	$-2.200,-$
2	$(1 - 0,4) \cdot \{58' - (60' - 40') - \frac{0,13}{1-0,4} \cdot [60' - 0,4 \cdot (60' - 80')]\} + 0,13 \cdot 20'$	$15.000,-$
3	$(1 - 0,4) \cdot \{48' - (40' - 30') - \frac{0,13}{1-0,4} \cdot [40' - 0,4 \cdot (40' - 60')]\} + 0,13 \cdot 20'$	$17.600,-$
4	$(1 - 0,4) \cdot \{22' - (30' - 10'^\varepsilon) - \frac{0,13}{1-0,4} \cdot [30' - 0,4 \cdot (30' - 40')]\} + 0,13 \cdot 20'$	$-2.180,-$
5	$(1 - 0,4) \cdot \{5' - (10' - 0') - \frac{0,13}{1-0,4} \cdot [10' - 0,4 \cdot (10' - 20')]\} + 1,13 \cdot 20'$	$-4.220,-$

Aus dem Kriterium für den zeitbezogenen Grenzgewinn folgt eine optimale Nutzungsdauer von $T^* = 3$ Jahre.

Aufgabe 15

Eine Unternehmung plant die Anschaffung eines Spezialaggregats, für das die folgenden Daten ermittelt worden sind:

Anschaffungsauszahlungen:	100.000,-
Maximale Nutzungsdauer:	5 Jahre
Steuerliche Abschreibung:	linear über 5 Jahre
Gewinnsteuersatz:	40 %

Erwartete Cash Flows vor Zinsen und Steuern:

Jahr der Nutzung	1	2	3	4	5
C_t	70.000,-	58.000,-	48.000,-	22.000,-	5.000,-

Erwartete Restwerte in Abhängigkeit von der Nutzungsdauer:

Jahr der Nutzung	1	2	3	4	5
R_T	60.000,-	40.000,-	30.000,-	10.000,-	0,-

Dem Projekt kann ein Kredit nicht direkt zugerechnet werden. Der gewichtete durchschnittliche Kapitalkostensatz beträgt 13 % p.a. nach Steuern.

Bestimmen Sie für das Investitionsprojekt die optimale Nutzungsdauer mit Hilfe der zeitbezogenen Grenzgewinne, falls in jedem Jahr der Nutzung eine Investitionsrücklage im Ausmaß von 10 % gebildet wird.

Lösung

Bei der Lösung wird unterstellt, daß die in jedem Jahr gebildete Investitionsrücklage bestimmungsgemäß verwendet wird und nicht wieder gewinnerhöhend aufgelöst werden muß. Falls in jedem Jahr der Nutzung eine Investitionsrücklage in der Höhe von $\alpha = 10$ % gebildet wird, so erhöht sich der Kapitalwert ohne Berücksichtigung der Investitionsrücklage K_0^{oIRL} um jenen Betrag, der aufgrund der Steuerersparnis infolge der Dotierung der Investitionsrücklage zustande kommt:

$$K_0 = K_0^{oIRL} + \sum_{t=1}^{T} \frac{s \cdot (C_t - AfA_t) \cdot \alpha}{(1 + k_G)^t} + \frac{s \cdot (R_T - BW_T) \cdot \alpha}{(1 + k_G)^T}$$

Das Kriterium für den zeitbezogenen Grenzgewinn wird über die Beziehungen

$$K_0(T) - K_0(T - 1) \geq 0,$$
$$K_0(T + 1) - K_0(T) < 0$$

hergeleitet. Betrachtet man dabei nur die erste der beiden Bedingungen und setzt man für $K_0(T)$ und $K_0(T - 1)$ ein, so ergibt sich

$$\underbrace{\left[K_0^{oIRL}(T) + \sum_{t=1}^{T} \frac{s \cdot (C_t - AfA_t) \cdot \alpha}{(1 + k_G)^t} + \frac{s \cdot (R_T - BW_T) \cdot \alpha}{(1 + k_G)^T} \right]}_{K_0(T)} -$$

$$\underbrace{\left[K_0^{oIRL}(T - 1) + \sum_{t=1}^{T-1} \frac{s \cdot (C_t - AfA_t) \cdot \alpha}{(1 + k_G)^t} + \frac{s \cdot (R_{T-1} - BW_{T-1}) \cdot \alpha}{(1 + k_G)^{T-1}} \right]}_{K_0(T - 1)} \geq 0.$$

Durch eine einfache Umformung erhält man

$$K_0^{oIRL}(T) - K_0^{oIRL}(T - 1) + \frac{s \cdot (C_T - AfA_T) \cdot \alpha}{(1 + k_G)^T} + \frac{s \cdot (R_T - BW_T) \cdot \alpha}{(1 + k_G)^T} - \frac{s \cdot (R_{T-1} - BW_{T-1}) \cdot \alpha}{(1 + k_G)^{T-1}} \geq 0,$$

und durch Multiplikation dieser Ungleichung mit $(1 + k_G)^T$ ergibt sich

$$\left[K_0^{oIRL}(T) - K_0^{oIRL}(T-1)\right] \cdot (1+k_G)^T +$$

$$s \cdot (C_T - AfA_T) \cdot \alpha + s \cdot (R_T - BW_T) \cdot \alpha - s \cdot (R_{T-1} - BW_{T-1}) \cdot \alpha \cdot (1+k_G) \; \geq \; 0$$

bzw.

$$\left[K_0^{oIRL}(T) - K_0^{oIRL}(T-1)\right] \cdot (1+k_G)^T +$$

$$s \cdot \alpha \cdot (C_T - AfA_T + R_T - BW_T - R_{T-1} + BW_{T-1} - k_G \cdot R_{T-1} + k_G \cdot BW_{T-1}) \; \geq \; 0.$$

Da nun gilt

$$AfA_T = BW_{T-1} - BW_T,$$

folgt

$$\underbrace{\left[K_0^{oIRL}(T) - K_0^{oIRL}(T-1)\right] \cdot (1+k_G)^T}_{GG_T} + \alpha \cdot s \cdot [C_T - (R_{T-1} - R_T) - k_G \cdot (R_{T-1} - BW_{T-1})] \geq 0,$$

und es ist erkennbar, daß der erste Summand auf der linken Seite der Ungleichung den zeitbezogenen Grenzgewinn ohne Berücksichtigung der Investitionsrücklage darstellt. Setzt man für GG_T ein, so ergibt sich

$$(1-s) \cdot \left\{C_T - (R_{T-1} - R_T) - \frac{k_G}{1-s} \cdot [R_{T-1} - s \cdot (R_{T-1} - BW_{T-1})]\right\} +$$

$$\alpha \cdot s \cdot [C_T - (R_{T-1} - R_T) - k_G \cdot (R_{T-1} - BW_{T-1})] \; \geq \; 0.$$

Löst man im GG_T-Teil die geschwungenen und die eckigen Klammern und im restlichen Teil die eckige Klammer auf, so ergibt sich

$$(1-s) \cdot \{C_T - (R_{T-1} - R_T)\} - k_G \cdot R_{T-1} + k_G \cdot s \cdot (R_{T-1} - BW_{T-1}) +$$

$$\alpha \cdot s \cdot [C_T - (R_{T-1} - R_T)] - \alpha \cdot s \cdot k_G \cdot (R_{T-1} - BW_{T-1}) \; \geq \; 0.$$

Ordnet man die einzelnen Summanden um und aggregiert man durch Herausheben der einzelnen Terme, so erhält man

$$(1 - [1-\alpha] \cdot s) \cdot \{C_T - (R_{T-1} - R_T)\} - k_G \cdot [R_{T-1} - (1-\alpha) \cdot s \cdot (R_{T-1} - BW_{T-1})] \geq 0.$$

Hebt man auf der linken Seite der Ungleichung $(1 - [1-\alpha] \cdot s)$ heraus, und bezeichnet man den Ausdruck $(1-\alpha) \cdot s$ mit s', so ergibt sich

$$\underbrace{(1-s') \cdot \left\{C_T - (R_{T-1} - R_T) - \frac{k_G}{1-s'} \cdot [R_{T-1} - s' \cdot (R_{T-1} - BW_{T-1})]\right\}}_{GG_T^{IRL}} \geq 0.$$

Der linke Teil der Ungleichung wird mit GG_T^{IRL} bezeichnet und ist der zeitbezogene Grenzgewinn mit Berücksichtigung einer Investitionsrücklage.

Für die Aufgabenstellung ergibt sich

$$s' = (1 - 0,1) \cdot 0,4 = 36 \ \%,$$

und für den zeitbezogenen Grenzgewinn GG_T^{IRL} erhält man:

T	$(1 - s') \cdot \{C_T - (R_{T-1} - R_T) - \frac{k_G}{1-s'} \cdot [R_{T-1} - s' \cdot (R_{T-1} - BW_{T-1})]\}$	GG_T^{IRL}
1	$(1 - 0,36) \cdot \{70' - (100' - 60') - \frac{0,13}{1-0,36} \cdot [100' - 0,36 \cdot (100' - 100')]\}$	$6.200,-$
2	$(1 - 0,36) \cdot \{58' - (60' - 40') - \frac{0,13}{1-0,36} \cdot [60' - 0,36 \cdot (60' - 80')]\}$	$15.584,-$
3	$(1 - 0,36) \cdot \{48' - (40' - 30') - \frac{0,13}{1-0,36} \cdot [40' - 0,36 \cdot (40' - 60')]\}$	$18.184,-$
4	$(1 - 0,36) \cdot \{22' - (30' - 10') - \frac{0,13}{1-0,36} \cdot [30' - 0,36 \cdot (30' - 40')]\}$	$-3.088,-$
5	$(1 - 0,36) \cdot \{5' - (10' - 0') - \frac{0,13}{1-0,36} \cdot [10' - 0,36 \cdot (10' - 20')]\}$	$-4.968,-$

Aus dem Kriterium für den zeitbezogenen Grenzgewinn folgt eine optimale Nutzungsdauer von $T^* = 3$ Jahre.

Aufgabe 16

Eine Unternehmung plant die Anschaffung eines Spezialaggregats, für das die folgenden Daten ermittelt worden sind:

Anschaffungsauszahlungen:	*100.000,-*
Maximale Nutzungsdauer:	*5 Jahre*
Steuerliche Abschreibung:	*linear über 5 Jahre*
Gewinnsteuersatz:	*40 %*

Erwartete Cash Flows vor Zinsen und Steuern:

Jahr der Nutzung	1	2	3	4	5
C_t	70.000,-	58.000,-	48.000,-	22.000,-	5.000,-

Erwartete Restwerte in Abhängigkeit von der Nutzungsdauer:

Jahr der Nutzung	1	2	3	4	5
R_T	60.000,-	40.000,-	30.000,-	10.000,-	0,-

Dem Projekt kann ein Kredit nicht direkt zugerechnet werden. Der gewichtete durchschnittliche Kapitalkostensatz beträgt 13 % p.a. nach Steuern. Bei Realisation des Projekts ist eine vorzeitige Abschreibung in der Höhe von 40 % von den Anschaffungskosten zu berücksichtigen.

Bestimmen Sie für das Investitionsprojekt die optimale Nutzungsdauer mit Hilfe der zeitbezogenen Grenzgewinne.

Lösung

Die vorzeitige Abschreibung bedeutet, daß bereits im ersten Jahr der Nutzung zusätzlich zur normalen Abschreibung 40 % der Anschaffungsauszahlungen abgeschrieben werden können. In den folgenden Jahren kann solange abgeschrieben werden, bis der Buchwert gleich null ist. Die Buchwerte ergeben sich somit aus:

$$BW_T = \begin{cases} A_0 - AfA - A_0 \cdot VZA & \text{für } T = 1 \\ \max\{BW_{T-1} - AfA, 0\} & \text{sonst} \end{cases}$$

Somit erhält man für den zeitbezogenen Grenzgewinn:

T	BW_T	$(1-s) \cdot \{C_T - (R_{T-1} - R_T) - \frac{ka}{1-s} \cdot [R_{T-1} - s \cdot (R_{T-1} - BW_{T-1})]\}$	GG_T
1	40.000,−	$(1-0,4) \cdot \{70' - (100' - 60') - \frac{0,13}{1-0,4} \cdot [100' - 0,4 \cdot (100' - 100')]\}$	5.000,−
2	20.000,−	$(1-0,4) \cdot \{58' - (60' - 40') - \frac{0,13}{1-0,4} \cdot [60' - 0,4 \cdot (60' - 40')]\}$	16.040,−
3	0,−	$(1-0,4) \cdot \{48' - (40' - 30') - \frac{0,13}{1-0,4} \cdot [40' - 0,4 \cdot (40' - 20')]\}$	18.640,−
4	0,−	$(1-0,4) \cdot \{22' - (30' - 10') - \frac{0,13}{1-0,4} \cdot [30' - 0,4 \cdot (30' - 0')]\}$	−1.140,−
5	0,−	$(1-0,4) \cdot \{5' - (10' - 0') - \frac{0,13}{1-0,4} \cdot [10' - 0,4 \cdot (10' - 0')]\}$	−3.780,−

Aus dem Kriterium für den zeitbezogenen Grenzgewinn folgt eine optimale Nutzungsdauer von $T^* = 3$ Jahre.

Aufgabe 17

Eine Unternehmung plant die Anschaffung eines Spezialaggregats, für das die folgenden Daten ermittelt worden sind:

Anschaffungsauszahlungen:	*100.000,−*
Maximale Nutzungsdauer:	*5 Jahre*
Steuerliche Abschreibung:	*linear über 5 Jahre*
Gewinnsteuersatz:	*40 %*

Erwartete Cash Flows vor Zinsen und Steuern:

Jahr der Nutzung	*1*	*2*	*3*	*4*	*5*
C_t	*70.000,−*	*58.000,−*	*48.000,−*	*22.000,−*	*5.000,−*

Erwartete Restwerte in Abhängigkeit von der Nutzungsdauer:

Jahr der Nutzung	*1*	*2*	*3*	*4*	*5*
R_T	*60.000,−*	*40.000,−*	*30.000,−*	*10.000,−*	*0,−*

Dem Projekt kann ein Kredit nicht direkt zugerechnet werden. Der gewichtete durchschnittliche Kapitalkostensatz beträgt 13 % p.a. nach Steuern. Bei Realisation des Projekts kann eine stille Rücklage nach § 12 EStG in der Höhe von 25.000 übertragen werden.

Bestimmen Sie für das Investitionsprojekt die optimale Nutzungsdauer mit Hilfe der zeitbezogenen Grenzgewinne.

Lösung

Bei der Berechnung der zeitbezogenen Grenzgewinne muß berücksichtigt werden, daß sich durch die Übertragung der stillen Rücklage nach § 12 EStG die Abschreibungsbasis ändert. Die Buchwerte für die einzelnen Jahre betragen:

T	0	1	2	3	4	5
BW_T	75.000	60.000	45.000	30.000	15.000	0

Somit erhält man für den zeitbezogenen Grenzgewinn

T	$(1-s) \cdot \{C_T - (R_{T-1} - R_T) - \frac{k_a}{1-s} \cdot [R_{T-1} - s \cdot (R_{T-1} - BW_{T-1})]\}$	GG_T
1	$(1-0,4) \cdot \{70' - (100' - 60') - \frac{0,13}{1-0,4} \cdot [100' - 0,4 \cdot (100' - 75')]\}$	$6.300,-$
2	$(1-0,4) \cdot \{58' - (60' - 40') - \frac{0,13}{1-0,4} \cdot [60' - 0,4 \cdot (60' - 60')]\}$	$15.000,-$
3	$(1-0,4) \cdot \{48' - (40' - 30') - \frac{0,13}{1-0,4} \cdot [40' - 0,4 \cdot (40' - 45')]\}$	$17.380,-$
4	$(1-0,4) \cdot \{22' - (30' - 10') - \frac{0,13}{1-0,4} \cdot [30' - 0,4 \cdot (30' - 30')]\}$	$-2.700,-$
5	$(1-0,4) \cdot \{5' - (10' - 0') - \frac{0,13}{1-0,4} \cdot [10' - 0,4 \cdot (10' - 15')]\}$	$-4.560,-$

Aus dem Kriterium für den Zeitbezogenen Grenzgewinn folgt eine optimale Nutzungsdauer von $T^* = 3$ Jahre.

Aufgabe 18

Eine Unternehmung plant die Anschaffung eines Spezialaggregats, für das die folgenden Daten ermittelt worden sind:

Anschaffungsauszahlungen:	*100.000,-*
Maximale Nutzungsdauer:	*5 Jahre*
Steuerliche Abschreibung:	*linear über 3 Jahre*
Gewinnsteuersatz:	*40 %*
Kapitalkostensatz für das	
Eigenkapital nach Steuern:	*13 % p.a.*

Erwartete Cash Flows vor Zinsen und Steuern:

Jahr der Nutzung	1	2	3	4	5
C_t	60.000,-	38.000,-	27.000,-	19.000,-	2.000,-

Erwartete Restwerte in Abhängigkeit von der Nutzungsdauer:

Jahr der Nutzung	1	2	3	4	5
R_T	60.000,-	40.000,-	20.000,-	2.000,-	0,-

Dem Projekt kann ein Kredit nicht direkt zugerechnet werden. Die Unternehmensleitung ist bestrebt, den derzeitigen Verschuldungsgrad der Unternehmung in der Höhe von 60 % auch in Zukunft beizubehalten. Die Effektivverzinsung des Fremdkapitals beträgt 8 % p.a. vor Steuern.

Bestimmen Sie mit Hilfe der zeitbezogenen Grenzrendite (nach der Bruttomethode mit expliziter Berücksichtigung der Steuern) die optimale Nutzungsdauer für das Aggregat.

Lösung

Geht man von den Optimalitätsbedingungen für den zeitbezogenen Grenzgewinn aus,

$$GG_{T^*} = (1-s) \cdot \left\{ C_{T^*} - (R_{T^*-1} - R_{T^*}) - \frac{k_G}{1-s} \cdot [R_{T^*-1} - s \cdot (R_{T^*-1} - BW_{T^*-1})] \right\} \geq 0,$$

$$GG_{T^*+1} = (1-s) \cdot \left\{ C_{T^*+1} - (R_{T^*} - R_{T^*+1}) - \frac{k_G}{1-s} \cdot [R_{T^*} - s \cdot (R_{T^*} - BW_{T^*})] \right\} < 0,$$

und isoliert man für die Ungleichungen den Kalkulationszinsfuß k_G auf der rechten Seite (im folgenden wird nur die erste der beiden Bedingungen betrachtet),

$$(1-s) \cdot \left\{ C_{T^*} - (R_{T^*-1} - R_{T^*}) - \frac{k_G}{1-s} \cdot [R_{T^*-1} - s \cdot (R_{T^*-1} - BW_{T^*-1})] \right\} \geq 0,$$

$$(1-s) \cdot \{ C_{T^*} - (R_{T^*-1} - R_{T^*}) \} - k_G \cdot [R_{T^*-1} - s \cdot (R_{T^*-1} - BW_{T^*-1})] \geq 0,$$

$$(1-s) \cdot \{ C_{T^*} - (R_{T^*-1} - R_{T^*}) \} \geq k_G \cdot [R_{T^*-1} - s \cdot (R_{T^*-1} - BW_{T^*-1})],$$

$$\underbrace{(1-s) \cdot \frac{C_{T^*} - (R_{T^*-1} - R_{T^*})}{R_{T^*-1} - s \cdot (R_{T^*-1} - BW_{T^*-1})}}_{\substack{\text{Zeitbezogene Grenzrendite} \\ GR_T \text{ nach Steuern}}} \geq k_G,$$

so erhält man auf der linken Seite der Ungleichung die *zeitbezogene Grenzrendite nach Steuern*. Im Zähler des Bruches steht der in T zufließende Cash Flow abzüglich des Restwertverlustes, wenn das Projekt statt $T-1$ Perioden T Perioden genutzt wird, und im Nenner steht der Kapitaleinsatz zu Beginn der Periode T. Ist die zeitbezogene Grenzrendite, d.h. das Verhältnis zwischen zufließenden Mitteln und Kapitaleinsatz, größer als der Kalkulationszinsfuß k_G, so ist es vorteilhaft, das Projekt T Perioden statt $T-1$ Perioden zu nutzen.

Der gewichtete durchschnittliche Kapitalkostensatz nach Steuern beträgt

$$k_G = (1-v_0) \cdot k_E + v_0 \cdot (1-s) \cdot i,$$
$$k_G = (1-0,6) \cdot 0,13 + 0,6 \cdot (1-0,4) \cdot 0,08,$$
$$k_G = 0,0808,$$

und für die zeitbezogene Grenzrendite (GR_T) ergibt sich:

T	$(1-s) \cdot \frac{C_T - (R_{T-1} - R_T)}{R_{T-1} - s \cdot (R_{T-1} - BW_{T-1})}$	GR_T
1	$(1-0,4) \cdot \frac{60.000 - (100.000 - 60.000)}{100.000 - 0,4 \cdot (100.000 - 100.000)}$	12 %
2	$(1-0,4) \cdot \frac{38.000 - (60.000 - 40.000)}{60.000 - 0,4 \cdot (60.000 - 66.666,66)}$	17,23 %
3	$(1-0,4) \cdot \frac{27.000 - (40.000 - 20.000)}{40.000 - 0,4 \cdot (40.000 - 33.333,33)}$	11,25 %
4	$(1-0,4) \cdot \frac{19.000 - (20.000 - 2.000)}{20.000 - 0,4 \cdot (20.000 - 0)}$	5 %
5	$(1-0,4) \cdot \frac{2.000 - (2.000 - 0)}{2.000 - 0,4 \cdot (2.000 - 0)}$	0 %

Aus dem Kriterium für die zeitbezogene Grenzrendite folgt eine optimale Nutzungsdauer von $T^* = 3$ Jahre.

Aufgabe 19

Die Unternehmung plant die Anschaffung eines Spezialaggregats, für das die folgenden Daten ermittelt worden sind:

Anschaffungsauszahlungen:	100.000,-
Maximale Nutzungsdauer:	5 Jahre
Steuerliche Abschreibung:	linear über 3 Jahre
Gewinnsteuersatz:	40 %
Kapitalkostensatz für das Eigenkapital nach Steuern:	13 % p.a.

Erwartete Cash Flows vor Zinsen und Steuern:

Jahr der Nutzung	1	2	3	4	5
C_t	80.000,-	38.000,-	27.000,-	19.000,-	2.000,-

Erwartete Restwerte in Abhängigkeit von der Nutzungsdauer:

Jahr der Nutzung	1	2	3	4	5
R_T	60.000,-	40.000,-	20.000,-	2.000,-	0,-

Dem Projekt kann ein Kredit nicht direkt zugerechnet werden. Die Unternehmensleitung ist bestrebt, den derzeitigen Verschuldungsgrad der Unternehmung in der Höhe von 60 % auch in Zukunft beizubehalten. Die Effektivverzinsung des Fremdkapitals beträgt 8 % p.a. vor Steuern.

Unterstellen Sie fallende zeitbezogene Grenzrenditen für das Aggregat und bestimmen Sie mit Hilfe der zeitbezogenen Grenzrendite (nach der Bruttomethode mit expliziter Berücksichtigung der Steuern) die optimale Nutzungsdauer für das Projekt, falls das Projekt einmal identisch reinvestiert werden soll.

Lösung

Ist eine identische Reinvestition geplant, so werden die Nutzungsdauern T_1 und T_2 der beiden Aggregate retrograd optimiert. In einem *ersten Schritt* wird mit Hilfe der zeitbezogenen Grenzrendite die optimale Nutzungsdauer für das *zweite* Aggregat bestimmt:

$$GR_{T_2^*} = (1-s) \cdot \frac{C_{T_2^*} - (R_{T_2^*-1} - R_{T_2^*})}{R_{T_2^*-1} - s \cdot (R_{T_2^*-1} - BW_{T_2^*-1})} \geq k_G$$

Im *zweiten Schritt* ist mit Hilfe der zeitbezogenen Grenzrendite die optimale Nutzungsdauer für das *erste* Aggregat zu ermitteln. Für die Bestimmung der zeitbezogenen Grenzrendite ist dabei von den Optimalitätsbedingungen für den zeitbezogenen Grenzgewinn

$$\underbrace{(1-s) \cdot \left\{ C_{T_1^*} - (R_{T_1^*-1} - R_{T_1^*}) - \frac{k_G}{1-s} \cdot \left[R_{T_1^*-1} - s \cdot (R_{T_1^*-1} - BW_{T_1^*-1}) \right] \right\}}_{GG_{T_1^*}} \geq k_G \cdot K_0(T_2^*),$$

$$\underbrace{(1-s) \cdot \left\{ C_{T_1^*+1} - (R_{T_1^*} - R_{T_1^*+1}) - \frac{k_G}{1-s} \cdot \left[R_{T_1^*} - s \cdot (R_{T_1^*} - BW_{T_1^*}) \right] \right\}}_{GG_{T_1^*+1}} < k_G \cdot K_0(T_2^*),$$

auszugehen. Isoliert man für die Ungleichungen den Kalkulationszinsfuß k_G auf der rechten Seite (im folgenden wird nur die erste der beiden Bedingungen betrachtet),

$$(1-s) \cdot \left\{ C_{T_1^*} - (R_{T_1^*-1} - R_{T_1^*}) - \frac{k_G}{1-s} \cdot \left[R_{T_1^*-1} - s \cdot (R_{T_1^*-1} - BW_{T_1^*-1}) \right] \right\} \geq k_G \cdot K_0(T_2^*),$$

$$(1-s) \cdot \left\{ C_{T_1^*} - (R_{T_1^*-1} - R_{T_1^*}) \right\} - k_G \cdot \left[R_{T_1^*-1} - s \cdot (R_{T_1^*-1} - BW_{T_1^*-1}) \right] \geq k_G \cdot K_0(T_2^*),$$

$$(1-s) \cdot \left\{ C_{T_1^*} - (R_{T_1^*-1} - R_{T_1^*}) \right\} \geq k_G \cdot K_0(T_2^*) + k_G \cdot \left[R_{T_1^*-1} - s \cdot (R_{T_1^*-1} - BW_{T_1^*-1}) \right],$$

$$\underbrace{(1-s) \cdot \frac{C_{T_1^*} - (R_{T_1^*-1} - R_{T_1^*})}{k_G \cdot K_0(T_2^*) + R_{T_1^*-1} - s \cdot (R_{T_1^*-1} - BW_{T_1^*-1})}}_{\text{Zeitbezogene Grenzrendite } GR_{T_1^*} \text{ nach Steuern}} \geq k_G,$$

so erhält man auf der linken Seite der Ungleichung die zeitbezogene Grenzrendite nach Steuern für das erste Aggregat.

Der gewichtete durchschnittliche Kapitalkostensatz nach Steuern beträgt

$$\begin{aligned} k_G &= (1-v_0) \cdot k_E + v_0 \cdot (1-s) \cdot i, \\ k_G &= (1-0,6) \cdot 0,13 + 0,6 \cdot (1-0,4) \cdot 0,08, \\ k_G &= 0,0808, \end{aligned}$$

und die zeitbezogene Grenzrendite für die zweite Durchführung des Aggregats (GR_{T_2}) ergibt sich aus:

T_2	$(1-s) \cdot \frac{C_{T_2}-(R_{T_2-1}-R_{T_2})}{R_{T_2-1}-s \cdot (R_{T_2-1}-BW_{T_2-1})}$	GR_{T_2}
1	$(1-0,4) \cdot \frac{80.000-(100.000-60.000)}{100.000-0,4 \cdot (100.000-100.000)}$	24 %
2	$(1-0,4) \cdot \frac{38.000-(60.000-40.000)}{60.000-0,4 \cdot (60.000-66.666,67}$	17,23 %
3	$(1-0,4) \cdot \frac{27.000-(40.000-20.000)}{40.000-0,4 \cdot (40.000-33.333,34}$	11,25 %
4	$(1-0,4) \cdot \frac{19.000-(20.000-2.000)}{20.000-0,4 \cdot (20.000-0)}$	5 %
5	$(1-0,4) \cdot \frac{2.000-(2.000-0)}{2.000-0,4 \cdot (2.000-0)}$	0 %

Aus dem Kriterium für die zeitbezogene Grenzrendite folgt für die zweite Durchführung des Aggregats eine optimale Nutzungsdauer von $T_2^* = 3$ Jahre, und der dazu entsprechende Kapitalwert nach der Bruttomethode mit expliziter Berücksichtigung der Steuern $K_0(T_2^* = 3)$ ergibt sich aus:

$$K_0(T_2^* = 3) = -100.000 + \frac{80.000 - 0,4 \cdot (80.000 - 33.333,33)}{1,0808}$$

$$+\frac{38.000 - 0,4 \cdot (38.000 - 33.333,33)}{1,0808^2} + \frac{27.000 - 0,4 \cdot (27.000 - 33.333,34)}{1,0808^3}$$

$$+\frac{20.000 - 0,4 \cdot (20.000 - 0)}{1,0808^3}$$

$$= 20.578,18$$

Die zeitbezogene Grenzrendite für die erste Durchführung des Aggregats (GR_{T_1}) ergibt sich aus:

T_1	$(1-s) \cdot \frac{C_{T_1}-(R_{T_1-1}-R_{T_1})}{K_0(T_2^*)+R_{T_1-1}-s \cdot (R_{T_1-1}-BW_{T_1-1})}$	GR_{T_1}
1	$(1-0,4) \cdot \frac{80.000-(100.000-60.000)}{20.578,18+100.000-0,4 \cdot (100.000-100.000)}$	19,90 %
2	$(1-0,4) \cdot \frac{38.000-(60.000-40.000)}{20.578,18+60.000-0,4 \cdot (60.000-66.666,67)}$	12,97 %
3	$(1-0,4) \cdot \frac{27.000-(40.000-20.000)}{20.578,18+40.000-0,4 \cdot (40.000-33.333,34)}$	7,25 %
4	$(1-0,4) \cdot \frac{19.000-(20.000-2.000)}{20.578,18+20.000-0,4 \cdot (20.000-0)}$	1,84 %
5	$(1-0,4) \cdot \frac{2.000-(2.000-0)}{20.578,18+2.000-0,4 \cdot (2.000-0)}$	0 %

Aus dem Kriterium für die zeitbezogene Grenzrendite folgt für die erste Durchführung des Aggregats eine optimale Nutzungsdauer von $T_1^* = 2$ Jahre.

Aufgabe 20

Die Betreiber des Zölli-Bads überlegen die Errichtung einer neuen Wasserrutsche. Eine solche Anlage erfordert Anschaffungsauszahlungen in der Höhe von 100.000,–, ihr Restwert sinkt pro

Jahr um 50 %. Die Betreiber erwarten für das erste Jahr zusätzliche Einzahlungen in der Höhe von 50.000,–; diese zusätzlichen Einzahlungen werden von Jahr zu Jahr um 10 % sinken. Die Rutsche könnte maximal fünf Jahre genutzt werden, es sind keine Nachfolgeinvestitionen geplant. Während dieser Zeit würden folgende zusätzliche fixe und variable Auszahlungen anfallen:

Jahr der Nutzung	1	2	3	4	5
gesamte zusätzliche Auszahlungen	3.000,–	4.500,–	10.000,–	15.000,–	30.000,–

Entscheiden Sie mit Hilfe der zeitbezogenen Grenzrendite (nach der Bruttomethode mit expliziter Berücksichtigung der Steuern), ob diese Anlage angeschafft werden soll, und geben Sie gegebenenfalls die optimale Nutzungsdauer an, falls die Betreiber des Bades mit einem gewichteten Kalkulationszinssatz nach Steuern von 10 % rechnen und der Gewinnsteuersatz 40 % beträgt.

Lösung

Die Cash Flows vor Zinsen und Steuern ergeben sich aus:

t	1	2	3	4	5
Einzahlungen	50.000	45.000	40.500	36.450	32.805
–Auszahlungen	–3.000	–4.500	–10.000	–15.000	–30.000
C_t	47.000	40.500	30.500	21.450	2.805

Die Restwerte betragen:

T	1	2	3	4	5
R_T	50.000	25.000	12.500	6.250	3.125

Für die zeitbezogene Grenzrendite (GR_T) ergibt sich:

T	$(1-s) \cdot \dfrac{C_T - (R_{T-1} - R_T)}{R_{T-1} - s \cdot (R_{T-1} - BW_{T-1})}$	GR_T
1	$(1-0,4) \cdot \frac{47.000-(100.000-50.000)}{100.000-0,4\cdot(100.000-100.000)}$	$-2\,\%$
2	$(1-0,4) \cdot \frac{40.500-(50.000-25.000)}{50.000-0,4\cdot(50.000-80.000)}$	$15\,\%$
3	$(1-0,4) \cdot \frac{30.500-(25.000-12.500)}{25.000-0,4\cdot(25.000-60.000)}$	$28\,\%$
4	$(1-0,4) \cdot \frac{21.450-(12.500-6.250)}{12.500-0,4\cdot(12.500-40.000)}$	$39\,\%$
5	$(1-0,4) \cdot \frac{2.805-(6.250-3.125)}{6.250-0,4\cdot(6.250-20.000)}$	$-2\,\%$

Aus dem Kriterium für die zeitbezogene Grenzrendite folgt eine optimale Nutzungsdauer von $T^* = 4$ Jahre.

Aufgabe 21

Eine Unternehmung plant die Anschaffung eines Spezialaggregats, für das die folgenden Daten ermittelt worden sind:

Anschaffungsauszahlungen: 100.000,–
Maximale Nutzungsdauer: 5 Jahre
Steuerliche Abschreibung: linear über 8 Jahre
Gewinnsteuersatz: 40 %

Erwartete Cash Flows vor Zinsen und Steuern:

Jahr der Nutzung	1	2	3	4	5
C_t	70.000,–	58.000,–	48.000,–	22.000,–	5.000,–

Erwartete Restwerte in Abhängigkeit von der Nutzungsdauer:

Jahr der Nutzung	1	2	3	4	5
R_T	60.000,–	40.000,–	30.000,–	10.000,–	0,–

Dem Projekt kann ein Kredit nicht direkt zugerechnet werden. Der gewichtete durchschnitt-
liche Kapitalkostensatz beträgt 13 % p.a. vor Steuern. Bei Realisation des Projekts kann ein
Investitionsfreibetrag nach § 10 EStG in der Höhe von 9 % der Anschaffungsauszahlungen gel-
tend gemacht werden. Bestimmen Sie für das Investitionsprojekt die optimale Nutzungsdauer
mit Hilfe der zeitbezogenen Grenzrendite.

Lösung

Ist die optimale Nutzungsdauer mit Berücksichtigung eines Investitionsfreibetrages mit Hilfe der
zeitbezogenen Grenzrendite zu bestimmen, dann geht man von den Optimalitätsbedingungen
für den zeitbezogenen Grenzgewinn mit Berücksichtigung des Investitionsfreibetrages

$$GG_T^{IFB} = GG_T + \begin{cases} 0 & \text{für } T = 1 \\ k_G \cdot s \cdot IFB & \text{für } T = 2, \dots, 4 \\ (1 + k_G) \cdot s \cdot IFB & \text{für } T = 5 \end{cases}$$

aus. Setzt man für GG_T ein und isoliert man für die Ungleichungen den Kalkulationszinsfuß
k_G auf der rechten Seite, so ergibt sich

$$GR_T^{IFB} = \begin{cases} (1-s) \cdot \dfrac{C_T - (R_{T-1} - R_T)}{R_{T-1} - s \cdot (R_{T-1} - BW_{T-1})} & \text{für } T = 1, \\[3mm] (1-s) \cdot \dfrac{C_T - (R_{T-1} - R_T)}{R_{T-1} - s \cdot (R_{T-1} - BW_{T-1}) - s \cdot IFB} & \text{für } T = 2,3,4, \\[3mm] \dfrac{(1-s) \cdot [C_T - (R_{T-1} - R_T)] + s \cdot IFB}{R_{T-1} - s \cdot (R_{T-1} - BW_{T-1}) - s \cdot IFB} & \text{für } T = 5, \end{cases}$$

und das Entscheidungskriterium lautet:

$$GR_{T^*}^{IFB} \geq k_G$$
$$GR_{T^*+1}^{IFB} < k_G$$

Die Höhe des Investitionsfreibetrags beträgt

$$IFB = 0,09 \cdot 100.000 = 9.000, -,$$

und die zeitbezogene Grenzrendite mit Berücksichtigung des Investitionsfreibetrages ergibt sich aus:

T		GR_T^{IFB}
1	$(1-0,4) \cdot \frac{70'-(100'-60')}{100'-0,4\cdot(100'-100')}$	18 %
2	$(1-0,4) \cdot \frac{58'-(60'-40')}{60'-0,4\cdot(60'-87,5')-0,4\cdot9'}$	33,83 %
3	$(1-0,4) \cdot \frac{48'-(40'-30')}{40'-0,4\cdot(40'-75')-0,4\cdot9'}$	45,24 %
4	$(1-0,4) \cdot \frac{22'-(30'-10')}{30'-0,4\cdot(30'-62,5')-0,4\cdot9'}$	3,05 %
5	$(1-0,4) \cdot \frac{[5'-(10'-0)]+0,4\cdot9'}{10'-0,4\cdot(10'-50')-0,4\cdot9'}$	$-29,46$ %

Nach dem Kriterium für die zeitbezogene Grenzrendite ergibt sich eine optimale Nutzungsdauer von $T^* = 3$ Jahre.

Aufgabe 22

Am 1.1.199X steht das Management eines Industriebetriebes vor der Entscheidung, das Produkt X sofort einzustellen oder noch mindestens ein Jahr weiter zu fertigen. Zur Herstellung dieses Produkts ist ein Spezialaggregat vorhanden, das bei sofortiger Auflassung des Produkts zu einem Restwert von 50.000,– veräußert werden kann. Der Restwert des Spezialaggregats nach einem weiteren Nutzungsjahr würde voraussichtlich nur mehr 30.000,– betragen. Dieses Spezialaggregat ist vor drei Jahren um 200.000,– erworben worden und die steuerliche Abschreibung erfolgt linear über fünf Jahre. Der Gewinnsteuersatz ist 30% und der gewichtete durchschnittliche Kapitalkostensatz ist 10 % p.a. nach Steuern.

Für die Bearbeitung der folgenden Aufgaben können vereinfachend fallende Grenzgewinne unterstellt werden.

(a) Die geplante Jahresproduktion für 199X von Produkt X beträgt 100 Stück und der geplante Verkaufspreis ist 1.000,–. Weiters sind folgende Daten ermittelt worden:

> variable Auszahlungen je Stück: 475,–
> fixe Auszahlungen: 3.000,–

(a1) Entscheiden Sie, ob das Produkt X sofort einzustellen ist oder nicht.

(a2) Berechnen Sie die kritische Jahresproduktion, bei der die Unternehmung zwischen Einstellung und Weiterführung indifferent ist.

(a3) Ab welchem kritischen Verkaufspreis soll das Produkt auf jeden Fall noch mindestens ein Jahr weiter hergestellt werden?

(b) Zur Herstellung des Produkts werden die drei Rohstoffe A, B und C sowie die drei Arbeiter K, L und M benötigt. Für die Rohstoffe sind folgende Daten ermittelt worden:

	A	B	C
benötigte Menge für die Jahres- produktion von X	500	700	800
Lagerbestand am 1.1.199X	100	400	600
historischer Einstandspreis	1,–	2,–	2,30
derzeitiger Einstandspreis	1,20	2,10	2,40
Veräußerungserlös bei sofortigem Verkauf	1,10	1,90	2,20

Rohstoff A wird im Betrieb nur für die Herstellung von Produkt X benötigt, während die anderen beiden Rohstoffe auch für die Herstellung anderer Produkte der Unternehmung verwendet werden.

Für die drei Arbeitskräfte, die ausschließlich zur Herstellung von Produkt X eingesetzt werden, sind folgende Lohnkosten für 199X ermittelt worden:

	K	L	M
Jahreslohnkosten	4.000,–	5.000,–	6.000,–

Bei Einstellung des Produkts X würden die Arbeiter K und L im Betrieb nicht mehr benötigt werden; Arbeiter K könnte sofort entlassen werden, während Arbeiter L aufgrund eines besseren Kündigungsschutzes erst per 31.3.199X gekündigt werden könnte und bis dahin die Rolle eines "weißen Elefanten" hätte. Arbeiter M könnte bei gleichbleibendem Lohn als Nachtwächter eingesetzt werden, wobei die Unternehmung für diese Tätigkeit normalerweise jedoch nur 4.500,– Jahreslohnkosten aufwendet.

Die sonstigen zusätzlichen Auszahlungen für die Herstellung der geplanten Jahresproduktion von Produkt X in der Höhe von 100 Stück betragen

sonstige variable Auszahlungen je Stück: 50,–
sonstige fixe Auszahlungen: 2.000,–

Der geplante Verkaufspreis beträgt 1.000,–.

Entscheiden Sie, ob das Produkt sofort einzustellen ist oder nicht.

Lösung, Teilaufgabe (a)

Aus der Angabe ergibt sich:

$$
AfA = \frac{A_{-3}}{T^{st}}
$$
$$
= \frac{200.000}{5}
$$

$$
\begin{aligned}
&= 40.000 \\
BW_0 &= A_{-3} - 3 \cdot AfA \\
&= 200.000 - 3 \cdot 40.000 \\
&= 80.000 \\
BW_1 &= BW_0 - AfA \\
&= 40.000
\end{aligned}
$$

Die Formel für den Grenzgewinn lautet

$$
GG_T = (1 - s) \cdot \left\{ C_T - (R_{T-1} - R_T) - \frac{k_G}{1-s} \cdot [R_{T-1} - s \cdot (R_{T-1} - BW_{T-1})] \right\}
$$

mit

$$
C_T = p \cdot x - C_{f,t} - c_v \cdot x.
$$

- Für das Produkt X ergibt sich somit

$$
\begin{aligned}
C_1 &= 1.000 \cdot 100 - 3.000 - 475 \cdot 100 \\
&= 49.500 \\
GG_1 &= (1 - 0,3) \cdot \left\{ 49.500 - (50' - 30') - \frac{0,1}{1-0,3} \cdot [50' - 0,3 \cdot (50' - 80')] \right\} \\
&= 14.750.
\end{aligned}
$$

Da der Grenzgewinn positiv ist, soll das Produkt noch ein weiteres Jahr produziert werden.

- Die kritische Produktionsmenge für das Produkt erhält man aus der Gleichung für den Grenzgewinn, mit

$$
GG_1 = 0
$$

$$
(1 - s) \cdot \left\{ p \cdot x - C_{f,1} - c_v \cdot x (R_0 - R_1) - \frac{k_G}{1-s} \cdot [R_0 - s \cdot (R_0 - BW_0)] \right\} = 0
$$

$$
\left\{ p \cdot x - C_{f,1} - c_v \cdot x (R_0 - R_1) - \frac{k_G}{1-s} \cdot [R_0 - s \cdot (R_0 - BW_0)] \right\} = 0.
$$

Durch Auflösen der Gleichung nach x erhält man die kritische Produktionsmenge

$$
\begin{aligned}
x &= \frac{C_{f,1} + R_0 - R_1 + \frac{k_G}{1-s} \cdot [R_0 - s \cdot (R_0 - BW_0)]}{p - c_v} \\
&= \frac{3' + 50' - 30' + \frac{0,1}{1-0,3} \cdot [50' - 0,3 \cdot (50' - 80')]}{1' - 475} \\
&= 59,8639.
\end{aligned}
$$

Bei einer Produktionsmenge von $x = 59,8639$ Stück ist die Unternehmung indifferent zwischen Einstellung und Weiterführung. Bei einer kleineren Produktionsmenge würde die Produktion jedenfalls eingestellt, bei einer größeren Produktionsmenge wäre es sinvoll die Produktion noch zumindest für ein Jahr fortzuführen.

- Den kritischen Verkaufspreis, ab dem das Produkt bei einer Absatzmenge von 100 Stück noch mindestens ein Jahr weiterproduziert wird, erhält man aus der Gleichung für den Grenzgewinn mit

$$
GG_1 > 0
$$

$$
(1 - s) \cdot \left\{ p \cdot x - C_{f,1} - c_v \cdot x (R_0 - R_1) - \frac{k_G}{1-s} \cdot [R_0 - s \cdot (R_0 - BW_0)] \right\} > 0
$$

$$
\left\{ p \cdot x - C_{f,1} - c_v \cdot x (R_0 - R_1) - \frac{k_G}{1-s} \cdot [R_0 - s \cdot (R_0 - BW_0)] \right\} > 0.
$$

Durch Aulösen der Ungleichung nach p erhält man den kritischen Verkaufspreis

$$p > \frac{C_{f,1} + R_0 - R_1 + \frac{k_G}{1-s} \cdot [R_0 - s \cdot (R_0 - BW_0)] + c_v \cdot x}{x}$$

$$> \frac{3' + 50' - 30' + \frac{0,1}{1-0,3} \cdot [50' - 0,3 \cdot (50' - 80')] + 475 \cdot 1'}{1'}$$

$$> 789, 2857.$$

Ab einem Verkauspreis von $p > 789, 29$ wird das Produkt bei einer Absatzmenge von 100 Stück noch mindestens ein Jahr hergestellt, da in diesem Fall der Grenzgewinn positiv ist.

Lösung, Teilaufgabe (b)

Um entscheiden zu können, ob das Produkt sofort eingestellt werden soll oder noch mindestens ein Jahr weitergeführt wird, ist zunächst die Berechnung der Kapitalwerte notwendig.

- Weiterführung:
  Die fixen Auszahlungen setzen sich aus den Auszahlungen für die Arbeiter und den sonstigen fixen Auszahlungen zusammen:

$$C_{f,1} = 4.000 + 5.000 + 6.000 + 4.500 + 2.000$$
$$= 21.500$$

Die variablen Auszahlungen setzen sich aus den Auszahlungen für die bei der Produktion von Produkt X benötigten Rohstoffe (jeweils unter Berücksichtigung der Lagerbestände) und den sonstigen variablen Auszahlungen zusammen. Außerdem ist die Beschaffung der Rohstoffe B und C für die Herstellung anderer Produkte zu berücksichtigen. Hierfür werden die Variablen Y_B und Y_C eingeführt.

$$C_{v,1} = (500 - 100) \cdot 1, 2 + (700 - 400) \cdot 2, 1 + (800 - 600) \cdot 2, 4$$
$$+ 100 \cdot 50 + Y_B \cdot 2, 1 + Y_C \cdot 2, 4$$
$$= 6.590 + Y_B \cdot 2, 1 + Y_C \cdot 2, 4$$

Somit erhält man den Cash Flow zu $t = 1$ aus

$$C_1 = p \cdot x - C_{f,1} - C_{v,1}$$
$$= 1.000 \cdot 100 - 21.500 - 6.590 - Y_B \cdot 2, 1 - Y_C \cdot 2, 4$$
$$= 71.910 - Y_B \cdot 2, 1 - Y_C \cdot 2, 4.$$

Die Steuerbasis ergibt sich aus den Verkaufserlösen abzüglich der fixen Aufwendungen, der variablen Produktionsaufwendungen, wobei auch der Wareneinsatz der Lagerbestände zu berücksichtigen ist, und der Abschreibung:

$$SB_1 = C_1 - (100 \cdot 1 + 400 \cdot 2 + 600 \cdot 2, 3) - AfA_1$$
$$= 71.910 - Y_B \cdot 2, 1 - Y_C \cdot 2, 4 - 2.280 - 40.000$$
$$= 29.630 - Y_B \cdot 2, 1 - Y_C \cdot 2, 4$$

Bei einer einjährigen Weiterführung des Produkts X ergibt sich daher ein Kapitalwert von

$$K_0(T = 1) = \frac{C_1 - s \cdot SB_1}{1 + k_G} + \frac{R_1 - s \cdot (R_1 - BW_1)}{1 + k_G}$$

$$= \frac{71.910 - Y_B \cdot 2, 1 - Y_C \cdot 2, 4 - 0, 3 \cdot (29.630 - Y_B \cdot 2, 1 - Y_C \cdot 2, 4)}{1, 1}$$

$$+ \frac{30' - 0, 3 \cdot (30' - 40')}{1, 1}$$

$$= \frac{63.021 - 0, 7 \cdot (Y_B \cdot 2, 1 + Y_C \cdot 2, 4)}{1, 1} + \frac{33.000}{1, 1}$$

$$= \frac{96.021}{1, 1} - \frac{0, 7 \cdot (Y_B \cdot 2, 1 + Y_C \cdot 2, 4)}{1, 1}$$

$$= 87.291, 82 - \frac{0, 7 \cdot (Y_B \cdot 2, 1 + Y_C \cdot 2, 4)}{1, 1}$$

• Sofortige Einstellung:
Die fixen Auszahlungen ergeben sich aus den zu zahlenden Löhnen:

$$C_{f,1} = 6.000 \text{ (Arbeiter M als Nachtwächter)}$$
$$C_{f,0,25} = \frac{3}{12} \cdot 5.000$$
$$= 1.250$$

Bei den variablen Auszahlungen ist nur die Beschaffung der Rohstoffe B und C für die Herstellung anderer Produkte anzusetzen, wobei die jeweiligen Lagerbestände zu berücksichtigen sind:

$$C_{v,1} = (Y_B - 400) \cdot 2, 1 + (Y_C - 600) \cdot 2, 4$$
$$= Y_B \cdot 2, 1 + Y_C \cdot 2, 4 - 2.280$$

Die Einzahlungen ergeben sich aus dem Verkauf des Lagerbestandes von Rohstoff A sowie aus dem Verkauf der Maschine:

$$C_0 = 50.000 + 100 \cdot 1, 1$$
$$= 50.110$$

Die Steuerbasis für $t = 0$ ergibt sich aus den Liquidationserlösen für den Maschinenverkauf und den Verkauf von Rohstoff A abzüglich der jeweiligen Buchwerte:

$$SB_0 = C_0 - BW_0 - \text{Buchwert Lagerbestand } A$$
$$= 50.110 - 80.000 - 100 \cdot 1$$
$$= -29.990$$

Da angenommen wird, daß die Lohnzahlung für den Arbeiter L erst in $t = 1$ steuerwirksam wird, ergibt sich die Steuerbasis für $t = 1$ aus den Lohnaufwendungen für L und M, dem Wareneinsatz der zugekauften Rohstoffe B und C sowie den entsprechenden Wareneinsätzen aus den Lagerbeständen:

$$SB_1 = -C_{f,1} - C_{f,0,25} - C_{v,1} - 400 \cdot 2 - 600 \cdot 2, 3$$
$$= -6.000 - 1.250 + 2.280 - Y_B \cdot 2, 1 - Y_C \cdot 2, 4 - 2.180$$
$$= -7.150 - Y_B \cdot 2, 1 - Y_C \cdot 2, 4$$

Bei sofortiger Einstellung des Produkts X ergibt sich daher ein Kapitalwert von:

$$K_0(T = 0) = C_0 - s \cdot SB_0 + \frac{-C_{f,0,25}}{(1 + k_G)^{0,25}} + \frac{-C_{f,1} - C_{v,1} - s \cdot SB_1}{1 + k_G}$$

$$= 50.110 - 0, 3 \cdot (-29.990) + \frac{-1.250}{1, 1^{0,25}}$$

$$+ \frac{-6.000 - Y_B \cdot 2, 1 - Y_C \cdot 2, 4 + 2.280}{1, 1}$$

$$-\frac{0,3 \cdot (-7.150 - Y_B \cdot 2,1 - Y_C \cdot 2,4)}{1,1}$$

$$= \ 57.886,43 + \frac{-1.575 - 0,7 \cdot (Y_B \cdot 2,1 + Y_C \cdot 2,4)}{1,1}$$

$$= \ 56.454,61 - \frac{-0,7 \cdot (Y_B \cdot 2,1 + Y_C \cdot 2,4)}{1,1}$$

- Investitionsentscheidung
  Da der Kapitalwert bei einjähriger Nutzung höher ist als der Kapitalwert bei sofortiger Desinvestition, ist das Projekt noch mindestens ein Jahr weiterzuführen.

Aufgabe 23

Eine Unternehmung steht vor der Entscheidung, ein vorhandenes Aggregat ersatzlos zu desinvestieren. Wie lautet das Kriterium für den zeitbezogenen Grenzgewinn, falls

- *das vorhandene Aggregat steuerlich bereits voll abgeschrieben ist,*

- *der Restwert des Aggregats in der gegenwärtigen und allen künftigen Perioden stets die Hälfte des Restwertes der jeweiligen Vorperiode ausmacht und*

- *fallende zeitbezogene Grenzgewinne unterstellt werden?*

Lösung

Der zeitbezogene Grenzgewinn lautet

$$GG_T = (1 - s) \cdot \left\{ C_T - (R_{T-1} - R_T) - \frac{k_G}{1 - s} \cdot [R_{T-1} - s \cdot (R_{T-1} - BW_{T-1})] \right\} \geq 0,$$

und für

$$BW_0 = BW_1 = \ldots = BW_{T^{Max}} = 0,$$

$$R_T = \frac{1}{2} \cdot R_{T-1} \ \forall T = 1, 2, \ldots, T^{Max}$$

ergibt sich:

$$GG_T = (1 - s) \cdot \left\{ C_T - (2R_T - R_T) - \frac{k_G}{1 - s} \cdot [2R_T - s \cdot (2R_T - 0)] \right\} \ \geq \ 0$$

$$(1 - s) \cdot \left\{ C_T - R_T - \frac{k_G}{1 - s} \cdot [2R_T - 2s \cdot R_T] \right\} \ \geq \ 0$$

$$(1 - s) \cdot \left\{ C_T - R_T - \frac{k_G}{1 - s} \cdot [2 \cdot (1 - s) \cdot R_T] \right\} \ \geq \ 0$$

$$(1 - s) \cdot \{ C_T - R_T - 2 \cdot k_G \cdot R_T \} \ \geq \ 0$$

$$C_T - (R_T + k_G \cdot R_{T-1}) \ \geq \ 0$$

$$C_T - R_T \ \geq \ k_G \cdot R_{T-1}$$

Aufgabe 24

Für die einmalige Durchführung eines Investitionsprojekts wurde die optimale Nutzungsdauer mit Hilfe der zeitbezogenen Grenzgewinne mit T^* ermittelt. Die in der Rechnung berücksichtigten Cash Flows vor Zinsen und Steuern einer beliebigen Periode sind um einen konstanten Betrag Δ kleiner als der Cash Flow der unmittelbar vorausgehenden Periode, d.h. es gilt: $C_t = \overline{C} - (t-1) \cdot \Delta$ (mit $t = 1, 2, ...$). Ermitteln Sie allgemein jene untere Grenze für den Cash Flow $\overline{C}$, bei dem die berechnete optimale Nutzungsdauer T^* unverändert bleibt. Unterstellen Sie dabei fallende zeitbezogene Grenzgewinne.

Lösung

Der zeitbezogene Grenzgewinn lautet

$$GG_T = (1-s) \cdot \left\{ C_T - (R_{T-1} - R_T) - \frac{k_G}{1-s} \cdot [R_{T-1} - s \cdot (R_{T-1} - BW_{T-1})] \right\} \geq 0,$$

und für

$$C_T = \overline{C} - (T-1) \cdot \Delta \quad \forall T = 1, 2, \ldots, T^{Max}$$

ergibt sich:

$$(1-s) \cdot \left\{ \overline{C} - (T^*-1) \cdot \Delta - (R_{T^*-1} - R_{T^*}) - \frac{k_G}{1-s} \cdot [R_{T^*-1} - s \cdot (R_{T^*-1} - BW_{T^*-1})] \right\} \geq 0$$

$$\overline{C} - (T^*-1) \cdot \Delta - (R_{T^*-1} - R_{T^*}) - \frac{k_G}{1-s} \cdot [R_{T^*-1} - s \cdot (R_{T^*-1} - BW_{T^*-1})] \geq 0$$

Durch Auflösen dieser Ungleichung nach $\overline{C}$ erhält man die Lösung:

$$\overline{C} \geq (T^*-1) \cdot \Delta + (R_{T^*-1} - R_{T^*}) + \frac{k_G}{1-s} \cdot [R_{T^*-1} - s \cdot (R_{T^*-1} - BW_{T^*-1})]$$

Aufgabe 25

Leiten Sie das Kriterium für die zeitbezogene Grenzrendite zur Bestimmung des optimalen Ersatztermins her, falls das Investitionsprojekt m-mal identisch reinvestiert werden soll.

Lösung

Da die zeitbezogene Grenzrendite aus dem zeitbezogenen Grenzgewinn abgeleitet werden kann, dient als Ausgangspunkt:

$$GG_{T_k} \geq k_G \cdot KK_0(T^*_{k+1}, \ldots, T^*_{m+1})$$
$$GG_{T_k+1} < k_G \cdot KK_0(T^*_{k+1}, \ldots, T^*_{m+1})$$

Durch Einsetzen des zeitbezogenen Grenzgewinns erhält man (im folgenden wird nur die erste der beiden Bedingungen betrachtet)

$$(1-s)\{C_{T_k} - (R_{T_k-1} - R_{T_k}) - \frac{k_G}{1-s}[R_{T_k-1} - s(R_{T_k-1} - BW_{T_k-1})]\} \geq k_G \cdot KK_0(T^*_{k+1}, \ldots, T^*_{m+1}).$$

Die zeitbezogene Grenzrendite GR_{T_k} erhält man, indem diese Ungleichung nach k_G aufgelöst wird:

$$GR_{T_k} = \frac{C_{T_k} - (R_{T_k-1} - R_{T_k}) \cdot (1-s)}{KK_0(T^*_{k+1}, \ldots, T^*_{m+1}) + [R_{T_k-1} - s(R_{T_k-1} - BW_{T_k-1})]} \geq k_G$$

Aufgabe 26

Für die einmalige Durchführung eines Investitionsprojekts wurde die optimale Nutzungsdauer T^* ermittelt. Gehen Sie von fallenden zeitbezogenen Grenzgewinnen aus und bestimmen Sie mit Hilfe der zeitbezogenen Grenzgewinne allgemein die kritische Höhe des Cash Flows vor Zinsen und Steuern, ab der die optimale Nutzungsdauer $T^* + 1$ beträgt.

Lösung

Für die einmalige Durchführung eines Investitionsprojektes gilt für die optimale Nutzungsdauer:

$$GG_{T^*} \geq 0$$
$$GG_{T^*+1} < 0$$

Die kritische Höhe des Cash Flows vor Zinsen und Steuern, ab der die optimale Nutzungsdauer $T^* + 1$ beträgt, ergibt sich über (im folgenden wird nur die erste der beiden Bedingungen betrachtet):

$$GG_{T^*+1} \geq 0$$

$$GG_{T^*+1} = (1-s) \cdot \left\{ C_{T^*+1} - (R_{T^*} - R_{T^*+1}) - \frac{k_G}{1-s} \cdot [R_{T^*} - s \cdot (R_{T^*} - BW_T)] \right\} \geq 0$$

$$C_{T^*+1} - (R_{T^*} - R_{T^*+1}) - \frac{k_G}{1-s} \cdot [R_{T^*} - s \cdot (R_{T^*} - BW_T)] \geq 0$$

$$C_{T^*+1} \geq \frac{k_G}{1-s} \cdot [R_{T^*} - s \cdot (R_{T^*} - BW_T)] + (R_{T^*} - R_{T^*+1})$$

Aufgabe 27

Für eine ex–post–Ersatzentscheidung bei einmaliger Durchführung des neuen Aggregats wurden die optimalen Nutzungsdauern T^*_{neu} und T^*_{alt} ermittelt. Gehen Sie von fallenden zeitbezogenen Grenzgewinnen aus und bestimmen Sie mit Hilfe der zeitbezogenen Grenzgewinne allgemein *die kritische Höhe des Restwertes vor Zinsen und Steuern des neuen Aggregats, bei der die getroffenen Entscheidungen erhalten bleiben.*

Lösung

Für die ex–post Ersatzentscheidung bei einmaliger Durchführung des neuen Aggregats lauten die Kriterien für den zeitbezogenen Grenzgewinn:

$$GG_{T^*_{alt}} \geq k_G \cdot K_0(T^*_{neu})$$
$$GG_{T^*_{alt}+1} < k_G \cdot K_0(T^*_{neu})$$

Substituiert man mit

$$K_0(T^*_{neu}) = K_0^{oR} + \frac{R_{T^*_{neu}} - s \cdot (R_{T^*_{neu}} - BW_{T^*_{neu}})}{(1 + k_G)^{T^*_{neu}}},$$

ergibt sich

$$GG_{T^*_{alt}} \geq k_G \cdot \left[K_0^{oR} + \frac{R_{T^*_{neu}} - s \cdot (R_{T^*_{neu}} - BW_{T^*_{neu}})}{(1 + k_G)^{T^*_{neu}}} \right],$$

$$GG_{T^*_{alt}+1} < k_G \cdot \left[K_0^{oR} + \frac{R_{T^*_{neu}} - s \cdot (R_{T^*_{neu}} - BW_{T^*_{neu}})}{(1 + k_G)^{T^*_{neu}}} \right],$$

und durch Auflösen nach $R_{T^*_{neu}}$ erhält man:

$$R_{T^*_{neu}} \geq \frac{(1 + k_G)^{T^*_{neu}} \cdot \left[\frac{GG_{T^*_{alt}}}{k_G} - K_0^{oR} \right] - s \cdot BW_{T^*_{neu}}}{(1 - s)},$$

$$R_{T^*_{neu}} < \frac{(1 + k_G)^{T^*_{neu}} \cdot \left[\frac{GG_{T^*_{alt}+1}}{k_G} - K_0^{oR} \right] - s \cdot BW_{T^*_{neu}}}{(1 - s)}.$$

Aufgabe 28

Leiten Sie das Kriterium für den zeitbezogenen Grenzgewinn (nach der Bruttomethode mit expliziter Berücksichtigung der Steuern) zur Bestimmung der optimalen Nutzungsdauer her, falls

- *das Investitionsprojekt einmal durchgeführt werden soll,*

- *am Beginn jeder Nutzungsperiode ein Investitionszuschuß in der Höhe von ZS_t vor Steuern ($t = 0, \ldots, T-1$) anzusetzen und dieser steuerlich erfolgswirksam zu behandeln ist.*

Lösung

Die Optimalitätsbedingungen für ein lokales Maximum lauten:

$$K_0^{ZS}(T^*) - K_0^{ZS}(T^* - 1) \geq 0$$
$$K_0^{ZS}(T^* + 1) - K_0^{ZS}(T^*) < 0$$

Betrachtet man nur die erste der beiden Bedingungen und setzt man für

$$\begin{aligned}
K_0^{ZS}(T^*) &= -A_0 + \sum_{t=1}^{T^*} \frac{OCF_t}{(1+k_G)^t} + \frac{R_{T^*} - s \cdot (R_{T^*} - BW_{T^*})}{(1+k_G)^{T^*}} \\
&\quad + \sum_{t=1}^{T^*} \frac{(1-s) \cdot ZS_t}{(1+k_G)^{t-1}} \\
K_0^{ZS}(T^* - 1) &= -A_0 + \sum_{t=1}^{T^*-1} \frac{OCF_t}{(1+k_G)^t} + \frac{R_{T^*-1} - s \cdot (R_{T^*-1} - BW_{T^*-1})}{(1+k_G)^{T^*-1}} \\
&\quad + \sum_{t=1}^{T^*-1} \frac{(1-s) \cdot ZS_t}{(1+k_G)^{t-1}}
\end{aligned}$$

ein, dann ergibt sich für die linke Seite der Ungleichung

$$\begin{aligned}
(1+k_G)^{T^*} \cdot \Delta K_0^{ZS}(T^*) &= (1-s) \cdot C_{T^*} + s \cdot AfA_{T^*} - R_{T^*} - s \cdot BW_{T^*} \\
&\quad - s \cdot R_{T^*} - R_{T^*-1} - s \cdot BW_{T^*-1} \\
&\quad + s \cdot R_{T^*-1} - kG \cdot \left[R_{T^*-1} - s \cdot (BW_{T^*-1} - R_{T^*-1}) \right] \\
&\quad + (1-s) \cdot ZS_{T^*} \cdot (1+kG)^{T^*-1}
\end{aligned}$$

und wegen

$$AfA_{T^*} = BW_{T^*-1} - BW_{T^*}$$

folgt:

$$\begin{aligned}
GG_T^{ZS} &= (1-s) \cdot \left\{ C_T - (R_{T-1} - R_T) - \frac{k_G}{1-s} \cdot [R_{T-1} - s \cdot (R_{T-1} - BW_{T-1})] \right\} \\
&\quad + (1-s) \cdot ZS_T \cdot (1+k_G)
\end{aligned}$$

Somit lautet die Formel für den zeitbezogenen Grenzgewinn mit steuerlich erfolgswirksamer Berücksichtigung eines Investitionszuschusses:

$$GG_T^{ZS} = GG_T + (1-s) \cdot ZS_T \cdot (1+k_G) \geq 0$$

2 Portfoliotheorie

2.1 Portfoliotheorie nach Markowitz

Aufgabe 1

Die zu erwartenden Renditen von zwei Wertpapieren A und B betragen 8 % p.a. bzw. 15 % p.a., die annualisierte Standardabweichung beträgt bei Wertpapier A 0,1, bei Wertpapier B 0,2. Die Rendite von Wertpapier A korreliert mit jener von Wertpapier B im Ausmaß von 0,4.

(a) Berechnen Sie die Zusammensetzung, die erwartete Rendite, die Varianz und das Risiko des Minimum–Varianz–Portefeuilles.

(b) Ein Investor möchte eine erwartete Rendite in Höhe von 12 % p.a. erzielen. Welche Anteile seines Vermögens soll der Investor in die Aktie A und in die Aktie B investieren? Welches Risiko hat der Investor dabei zu tragen?

(c) Ein Investor ist bereit, ein Risiko von 25 % p.a. zu tragen. Welche Anteile seines Vermögens soll der Investor in die Aktie A und in die Aktie B investieren? Welche Rendite kann der Investor dabei erwarten?

(d) Mit welcher Wahrscheinlichkeit ist die Rendite des Portefeuilles aus (c) negativ? (Unterstellen Sie dabei, daß die Renditen der riskanten Wertpapiere normalverteilt sind.)

Lösung, Teilaufgabe (a)

Bei der Ermittlung des Minimum–Varianz–Portefeuilles MVP sind die wertmäßigen Anteile an den riskanten Finanzierungstitel in einem Portefeuille zu bestimmen, welche für das Portefeuille das *kleinst möglichste Risiko* liefern. Die wertmäßigen Anteile x_i können für den Fall mit Leerverkaufsmöglichkeit durch Lösen des quadratischen Optimierungsproblems

$$\sigma^2(r_P) = \sum_{i=1}^{N} \sum_{j=1}^{N} x_i \cdot x_j \cdot Cov(r_i, r_j) \rightarrow \min!$$

unter der Nebenbedingung

$$\sum_{i=1}^{N} x_i = 1$$

bestimmt werden. Für die vorliegende Aufgabe mit den zwei riskanten Finanzierungstitel A und B bezeichnen wir die wertmäßigen Anteile an den riskanten Finanzierungstitel mit x_A und x_B, und es ergibt sich folgendes quadratisches Optimierungsproblem[1]:

$$\sigma^2(r_P) = x_A^2 \cdot \sigma^2(r_A) + x_B^2 \cdot \sigma^2(r_B) + 2 \cdot x_A \cdot x_B \cdot Cov(r_A, r_B) \rightarrow \min!$$

---

[1] Dabei gilt $Cov(r_i, r_i) = \sigma^2(r_i)$ und $Cov(r_i, r_j) = Cov(r_j, r_i)$.

unter der Nebenbedinung

$$x_A + x_B = 1.$$

Im Zwei–Wertpapierfall kann die Nebenbedingung $x_A + x_B = 1$ durch

$$x_B = 1 - x_A$$

ausgedrückt und in die Zielfunktion eingesetzt werden. Dadurch ergibt sich die *Minimierungs-aufgabe ohne Nebenbedingung*

$$\sigma^2(r_P) = x_A^2 \cdot \sigma^2(r_A) + (1 - x_A)^2 \cdot \sigma^2(r_B) + 2 \cdot x_A \cdot (1 - x_A) \cdot Cov(r_A, r_B) \to \text{min}!,$$

die durch Differenzieren nach der (einzigen) Unbekannten x_A, Nullsetzen der differenzierten Funktion und Auflösung der sich ergebenden Gleichung nach x_A gelöst werden kann. Die sich ergebende Lösung wird mit x_A^{MVP} bezeichnet und ist der gesuchte wertmäßige Anteil am riskanten Finanzierungstitel A im Minimum–Varianz–Portefeuille:

$$\frac{\partial \sigma^2(r_P)}{\partial x_A} = 2 \cdot x_A \cdot \sigma^2(r_A) + 2 \cdot (1 - x_A) \cdot \sigma^2(r_B) \cdot (-1) + 2 \cdot Cov(r_A, r_B) - 4 \cdot x_A \cdot Cov(r_A, r_B) \overset{!}{=} 0,$$

$$x_A = x_A^{MVP} = \frac{\sigma^2(r_B) - Cov(r_A, r_B)}{\sigma^2(r_A) + \sigma^2(r_B) - 2 \cdot Cov(r_A, r_B)}.$$

Bevor der wertmäßige Anteil x_A^{MVP} berechnet werden kann, ist die Kovarianz $Cov(r_A, r_B)$ zu ermitteln. Die Kovarianz zwischen den erwarteten Renditen der Wertpapiere A und B ergibt sich aus

$$\begin{aligned} Cov(r_A, r_B) &= \varrho(r_A, r_B) \cdot \sigma(r_A) \cdot \sigma(r_B), \\ &= 0,4 \cdot 0,1 \cdot 0,2, \\ &= 0,008, \end{aligned}$$

und für den wertmäßigen Anteil am riskanten Finanzierungstitel A im Minimum–Varianz–Portefeuille erhält man:

$$\begin{aligned} x_A^{MVP} &= \frac{\sigma^2(r_B) - Cov(r_A, r_B)}{\sigma^2(r_A) + \sigma^2(r_B) - 2 \cdot Cov(r_A, r_B)} \\ &= \frac{0,2^2 - 0,008}{0,1^2 + 0,2^2 - 2 \cdot 0,008} \\ &= 94,12\,\% \end{aligned}$$

Der wertmäßige Anteil am riskanten Finanzierungstitel B im Minimum–Varianz–Portefeuille ergibt sich unmittelbar aus der umformulierten Nebenbedingung des quadratischen Optimierungsproblems:

$$\begin{aligned} x_B^{MVP} &= 1 - x_A^{MVP} \\ &= 1 - 0,9412 \\ &= 5,88\,\% \end{aligned}$$

Die erwartete Rendite des Minimum–Varianz–Portefeuilles erhält man, indem man die berechneten wertmäßigen Anteile der riskanten Finanzierungstitel im Minimum–Varianz–Portefeuille x_i^{MVP} in die Beziehung

$$E(r_P) = \sum_{i=1}^{N} x_i \cdot E(r_i)$$

einsetzt. Für den vorliegenden Zwei–Wertpapierfall erhält man:

$$\begin{aligned} E(r_{MVP}) &= x_A^{MVP} \cdot E(r_A) + x_B^{MVP} \cdot E(r_B) \\ &= 0,9412 \cdot 0,08 + 0,0588 \cdot 0,15 \\ &= 8,41\,\% \text{ p.a.} \end{aligned}$$

Die Varianz des Minimum–Varianz–Portefeuilles ergibt sich durch Einsetzen der berechneten wertmäßigen Anteile der riskanten Finanzierungstitel im Minimum–Varianz–Portefeuille x_i^{MVP} in die Beziehung

$$\sigma^2(r_P) = \sum_{i=1}^{N} \sum_{j=1}^{N} x_i \cdot x_j \cdot Cov(r_i, r_j).$$

Für die vorliegende Aufgabenstellung mit zwei riskanten Finanzierungstitel ergibt sich:

$$\begin{aligned}
\sigma^2(r_{MVP}) &= (x_A^{MVP})^2 \cdot \sigma^2(r_A) + (x_B^{MVP})^2 \cdot \sigma^2(r_B) + 2 \cdot x_A^{MVP} \cdot x_B^{MVP} \cdot Cov(r_A, r_B) \\
&= 0,9412^2 \cdot 0,1^2 + 0,0588^2 \cdot 0,2^2 + 2 \cdot 0,9412 \cdot 0,0588 \cdot 0,008 \\
&= 0,00988
\end{aligned}$$

Das Risiko des Minimum–Varianz–Portefeuilles ist die Wurzel aus der Varianz und beträgt:

$$\begin{aligned}
\sigma(r_{MVP}) &= \sqrt{\sigma^2(r_{MVP})} \\
&= \sqrt{0,00988} \\
&= 9,94 \, \% \text{ p.a.}
\end{aligned}$$

Lösung, Teilaufgabe (b)

Bei einer erwarteten Portefeuillerendite $E(r_P)$ können die wertmäßigen Anteile an den riskanten Finanzierungstitel für den Zwei–Wertpapierfall über die Beziehung

$$E(r_P) = x_A \cdot E(r_A) + x_B \cdot E(r_B)$$

bestimmt werden. Inkludiert man in diese Beziehung die Nebenbedingung $x_A + x_B = 1$ in der Form

$$x_B = 1 - x_A,$$

so ergibt sich mit

$$E(r_P) = x_A \cdot E(r_A) + (1 - x_A) \cdot E(r_B)$$

eine Gleichung, in der x_A die einzige unbekannte Variable ist. Löst man diese Gleichung nach x_A auf,

$$x_A = \frac{E(r_P) - E(r_B)}{E(r_A) - E(r_B)},$$

so ist der wertmäßige Anteil am riskanten Finanzierungstitel A für eine gegebene erwartete Portefeuillerendite $E(r_P)$ bestimmt. Für die vorliegende Aufgabenstellung ergibt sich durch Einsetzen:

$$\begin{aligned}
x_A &= \frac{0,12 - 0,15}{0,08 - 0,15} \\
&= 42,86 \, \%
\end{aligned}$$

Der wertmäßige Anteil am riskanten Finanzierungstitel B ergibt sich durch Einsetzen in die umformlierte Nebenbedingung

$$\begin{aligned}
x_B &= 1 - x_A, \\
&= 57,14 \, \%.
\end{aligned}$$

Die Varianz des Portefeuilles ergibt sich durch Einsetzen der berechneten wertmäßigen Anteile an den riskanten Finanzierungstiteln in die Beziehung

$$\sigma^2(r_P) = \sum_{i=1}^{N} \sum_{j=1}^{N} x_i \cdot x_j \cdot Cov(r_i, r_j),$$

und für den vorliegenden Zwei–Wertpapierfall ergibt sich:

$$
\begin{aligned}
\sigma^2(r_P) &= x_A^2 \cdot \sigma^2(r_A) + x_B^2 \cdot \sigma^2(r_B) + 2 \cdot x_A \cdot x_B \cdot Cov(r_A, r_B) \\
&= 0,4286^2 \cdot 0,1^2 + 0,5714^2 \cdot 0,2^2 \\
&\quad + 2 \cdot 0,4286 \cdot 0,5714 \cdot 0,008 \\
&= 0,018816
\end{aligned}
$$

Das Risiko des Portefeuilles ist die Wurzel aus der Varianz und beträgt:

$$
\begin{aligned}
\sigma(r_P) &= \sqrt{\sigma^2(r_P)} \\
&= \sqrt{0,018816} \\
&= 13,72\ \%\ \text{p.a.}
\end{aligned}
$$

Lösung, Teilaufgabe (c)

Ist der Investor bereit ein Risiko von $\sigma(r_P)$ zu tragen, so können die wertmäßigen Anteile an den riskanten Finanzierungstiteln A und B im Zwei–Wertpapierfall über die Gleichung zur Ermittlung der Varianz eines Portefeuilles,

$$
\sigma^2(r_P) = x_A^2 \cdot \sigma^2(r_A) + x_B^2 \cdot \sigma^2(r_B) + 2 \cdot x_A \cdot x_B \cdot Cov(r_A, r_B),
$$

bestimmt werden. Inkludiert man dabei die Nebenbedingung $x_A + x_B = 1$ in der Form

$$
x_B = 1 - x_A,
$$

so ergibt sich mit

$$
\sigma^2(r_P) = x_A^2 \cdot \sigma^2(r_A) + (1 - x_A)^2 \cdot \sigma^2(r_B) + 2 \cdot x_A \cdot (1 - x_A) \cdot Cov(r_A, r_B)
$$

eine Gleichung, in der x_A die einzige unbekannte Variable darstellt. Löst man diese Gleichung nach x_A auf, so ergibt sich die quadratische Gleichung

$$
x_A = \frac{-b \pm \sqrt{b^2 - 4 \cdot a \cdot c}}{2 \cdot a},
$$

mit

$$
\begin{aligned}
a &= \sigma^2(r_A) + \sigma^2(r_B) - 2 \cdot Cov(r_A, r_B) \\
b &= 2 \cdot (Cov(r_A, r_B) - \sigma^2(r_B)) \\
c &= \sigma^2(r_B) - \sigma^2(r_P)
\end{aligned}
$$

Für die vorliegende Aufgabenstellung ergibt sich:

$$
\begin{aligned}
a &= 0,1^2 + 0,2^2 - 2 \cdot 0,008 \\
&= 0,034
\end{aligned}
$$

$$
\begin{aligned}
b &= 2 \cdot (0,008 - 0,2^2) \\
&= -0,064
\end{aligned}
$$

$$
\begin{aligned}
c &= 0,2^2 - 0,25^2 \\
&= -0,0225
\end{aligned}
$$

Als Lösungen für x_A und x_B erhält man:

$$x_{A,1} = \frac{-b + \sqrt{b^2 - 4 \cdot a \cdot c}}{2 \cdot a}$$

$$= \frac{0,064 + \sqrt{(-0,064)^2 - 4 \cdot 0,034 \cdot (-0,0225)}}{2 \cdot 0,034}$$

$$= 218,52 \%$$

$$x_{B,1} = 1 - x_{A,1}$$

$$= -118,52 \%$$

$$x_{A,2} = \frac{-b - \sqrt{b^2 - 4 \cdot a \cdot c}}{2 \cdot a}$$

$$= \frac{0,064 - \sqrt{(-0,064)^2 - 4 \cdot 0,034 \cdot (-0,0225)}}{2 \cdot 0,034}$$

$$= -30,28 \%$$

$$x_{B,2} = 1 - x_{A,2}$$

$$= 130,28 \%$$

Die zugehörigen erwarteten Portefeuillerenditen betragen:

$$E(r_P | x_{A,1}, x_{B,1}) = x_{A,1} \cdot E(r_A) + x_{B,1} \cdot E(r_B)$$

$$= 2,1852 \cdot 0,08 - 1,1852 \cdot 0,15$$

$$= -0,30 \% \text{ p.a.}$$

$$E(r_P | x_{A,2}, x_{B,2}) = x_{A,2} \cdot E(r_A) + x_{B,2} \cdot E(r_B)$$

$$= -0,3028 \cdot 0,08 + 1,3028 \cdot 0,15$$

$$= 17,12 \% \text{ p.a.}$$

Als endgültige Lösung ergibt sich daher:

$$x_A = -30,28 \%$$

$$x_B = 130,28 \%$$

$$E(r_P) = 17,12 \% \text{ p.a.}$$

Lösung, Teilaufgabe (d)

In (c) wurde ein Portefeuille mit $E(r_P^C) = 17,12\%$ p.a. und $\sigma(r_P^C) = 25\%$ p.a. zusammengestellt. Die Wahrscheinlichkeit, daß die erwartete Rendite aus (c) negativ ist, beträgt:

$$P(r_P < 0) = \Phi\left(\frac{0 - E(r_P^C)}{\sigma(r_P^C)}\right)$$

$$= \Phi\left(\frac{0 - 0,1712}{0,25}\right)$$

$$= \Phi(-0,684796)$$

$$= 1 - \Phi(0,684796)$$

Durch lineare Interpolation

$$\Phi(d) = \Phi(d_1) + \frac{\Phi(d_2) - \Phi(d_1)}{d_2 - d_1} \cdot (d - d_1),$$

mit

$$d = 0,684796$$

und[2]

i	d_i	$\Phi(d_i)$
1	0,68	0,7517
2	0,69	0,7549

erhält man:

$$\Phi(0,684796) = \Phi(0,68) + \frac{\Phi(0,69) - \Phi(0,68)}{0,69 - 0,68} \cdot (0,684796 - 0,68)$$
$$= 0,7532347$$

Damit folgt:

$$P(r_P < 0) = 1 - \Phi(0,684796)$$
$$= 24,68\,\%$$

Aufgabe 2

Die zu erwartenden Renditen von zwei Wertpapieren A und B betragen 12 % p.a. bzw. 16 % p.a., die annualisierte Standardabweichung beträgt bei Wertpapier A 0,09, bei Wertpapier B 0,15. Die Rendite von Wertpapier A korreliert mit jener von Wertpapier B im Ausmaß von 0,0666667 (=1/15).

(a) *Berechnen Sie die Zusammensetzung, die erwartete Rendite, die Varianz und das Risiko des Minimum–Varianz–Portefeuilles.*

(b) *Ein Investor ist bereit, ein Risiko von 10 % p.a. zu tragen. Welche Anteile seines Vermögens soll der Investor in die Aktie A und in die Aktie B investieren? Welche Rendite kann der Investor dabei erwarten?*

(c) *Ein Investor möchte eine erwartete Rendite in Höhe von 14 % p.a. erzielen. Welche Anteile seines Vermögens soll der Investor in die Aktie A und in die Aktie B investieren? Welches Risiko hat der Investor dabei zu tragen?*

Lösung, Teilaufgabe (a)

Die Kovarianz zwischen den erwarteten Renditen der Wertpapiere A und B ergibt sich aus:

$$Cov(r_A, r_B) = \varrho(r_A, r_B) \cdot \sigma(r_A) \cdot \sigma(r_B)$$
$$= \frac{1}{15} \cdot 0,09 \cdot 0,15$$
$$= 0,0009$$

---

[2] Die Werte für $\Phi(d_1)$ und $\Phi(d_2)$ werden aus der Tabelle der Verteilungsfunktion der Standardnormalverteilung (siehe Anhang) entnommen.

Im Zwei–Wertpapierfall ergeben sich die wertmäßigen Anteile der Wertpapiere im Minimum–Varianz–Portefeuille aus:

$$
\begin{aligned}
x_A^{MVP} &= \frac{\sigma^2(r_B) - Cov(r_A, r_B)}{\sigma^2(r_A) + \sigma^2(r_B) - 2 \cdot Cov(r_A, r_B)} \\
&= \frac{0,15^2 - 0,0009}{0,09^2 + 0,15^2 - 2 \cdot 0,0009} \\
&= 75\,\%
\end{aligned}
$$

$$
\begin{aligned}
x_B^{MVP} &= 1 - x_A^{MVP} \\
&= 1 - 0,75 \\
&= 25\,\%
\end{aligned}
$$

Die erwartete Rendite des Minimum–Varianz–Portefeuilles beträgt:

$$
\begin{aligned}
E(r_{MVP}) &= x_A^{MVP} \cdot E(r_A) + x_B^{MVP} \cdot E(r_B) \\
&= 0,75 \cdot 0,12 + 0,25 \cdot 0,16 \\
&= 13\,\% \text{ p.a.}
\end{aligned}
$$

Die Varianz des Minimum–Varianz–Portefeuilles beträgt:

$$
\begin{aligned}
\sigma^2(r_{MVP}) &= (x_A^{MVP})^2 \cdot \sigma^2(r_A) + (x_B^{MVP})^2 \cdot \sigma^2(r_B) + 2 \cdot x_A^{MVP} \cdot x_B^{MVP} \cdot Cov(r_A, r_B) \\
&= 0,75^2 \cdot 0,09^2 + 0,25^2 \cdot 0,15^2 \\
&\quad + 2 \cdot 0,75 \cdot 0,25 \cdot 0,0009 \\
&= 0,0063
\end{aligned}
$$

Das Risiko des Minimum–Varianz–Portefeuilles beträgt:

$$
\begin{aligned}
\sigma(r_{MVP}) &= \sqrt{\sigma^2(r_{MVP})} \\
&= \sqrt{0,0063} \\
&= 7,94\,\% \text{ p.a.}
\end{aligned}
$$

Lösung, Teilaufgabe (b)

Ist der Investor bereit, ein Risiko von $\sigma(r_P)$ zu tragen, so können die wertmäßigen Anteile an den Wertpapieren A und B über die folgende quadratische Gleichung berechnet werden:

$$
x_A = \frac{-b \pm \sqrt{b^2 - 4 \cdot a \cdot c}}{2 \cdot a}
$$

mit

$$
\begin{aligned}
a &= \sigma^2(r_A) + \sigma^2(r_B) - 2 \cdot Cov(r_A, r_B) \\
b &= 2 \cdot (Cov(r_A, r_B) - \sigma^2(r_B)) \\
c &= \sigma^2(r_B) - \sigma^2(r_P)
\end{aligned}
$$

Es ergibt sich:

$$
\begin{aligned}
a &= 0,09^2 + 0,15^2 - 2 \cdot 0,0009 \\
&= 0,0288
\end{aligned}
$$

$$
\begin{aligned}
b &= 2 \cdot (0,0009 - 0,15^2) \\
&= -0,0432
\end{aligned}
$$

$$
\begin{aligned}
c &= 0,15^2 - 0,1^2 \\
&= 0,0125
\end{aligned}
$$

Als Lösungen für x_A und x_B erhält man:

$$x_{A,1} = \frac{-b + \sqrt{b^2 - 4 \cdot a \cdot c}}{2 \cdot a}$$

$$= \frac{0,0432 + \sqrt{(-0,0432)^2 - 4 \cdot 0,0288 \cdot 0,0125}}{2 \cdot 0,0288}$$

$$= 110,84\,\%$$

$$x_{B,1} = 1 - x_{A,1}$$

$$= -10,84\,\%$$

$$x_{A,2} = \frac{-b - \sqrt{b^2 - 4 \cdot a \cdot c}}{2 \cdot a}$$

$$= \frac{0,0432 - \sqrt{(-0,0432)^2 - 4 \cdot 0,0288 \cdot 0,0125}}{2 \cdot 0,0288}$$

$$= 39,16\,\%$$

$$x_{B,2} = 1 - x_{A,2}$$

$$= 60,84\,\%$$

Die zugehörigen erwarteten Portefeuillerenditen betragen:

$$E(r_P|x_{A,1}, x_{B,1}) = x_{A,1} \cdot E(r_A) + x_{B,1} \cdot E(r_B)$$

$$= 1,1084 \cdot 0,12 - 0,1084 \cdot 0,16$$

$$= 11,57\,\% \text{ p.a.}$$

$$E(r_P|x_{A,2}, x_{B,2}) = x_{A,2} \cdot E(r_A) + x_{B,2} \cdot E(r_B)$$

$$= 0,3916 \cdot 0,12 + 0,6084 \cdot 0,16$$

$$= 14,43\,\% \text{ p.a.}$$

Als endgültige Lösung ergibt sich daher:

$$x_A = 39,16\,\%$$

$$x_B = 60,84\,\%$$

$$E(r_P) = 14,43\,\% \text{ p.a.}$$

Lösung, Teilaufgabe (c)

Bei einer erwarteten Portefeuillerendite von $E(r_P)$ beträgt der wertmäßige Anteil von Wertpapier A:

$$x_A = \frac{E(r_P) - E(r_B)}{E(r_A) - E(r_B)}$$

$$= \frac{0,14 - 0,16}{0,12 - 0,16}$$

$$= 50\,\%$$

Für den wertmäßigen Anteil von Wertpapier B ergibt sich:

$$x_B = 1 - x_A$$

$$= 50\,\%$$

Die Varianz des Portefeuilles beträgt:

$$\begin{aligned}
\sigma^2(r_P) &= x_A^2 \cdot \sigma^2(r_A) + x_B^2 \cdot \sigma^2(r_B) + 2 \cdot x_A \cdot x_B \cdot Cov(r_A, r_B) \\
&= 0,5^2 \cdot 0,09^2 + 0,5^2 \cdot 0,15^2 \\
&\quad + 2 \cdot 0,5 \cdot 0,5 \cdot 0,0009 \\
&= 0,0081
\end{aligned}$$

Das Risiko des Portefeuilles beträgt:

$$\begin{aligned}
\sigma(r_M) &= \sqrt{\sigma^2(r_P)} \\
&= \sqrt{0,0081} \\
&= 9 \text{ \% p.a.}
\end{aligned}$$

Aufgabe 3

Ein Investor vermutet für das kommende Jahr folgende zustandsabhängige Renditen bei den Aktien A und B:

Zustand	$p(z_i)$	$r_A(z_i)$	$r_B(z_i)$
1	0,2	−0,1	0,25
2	0,6	0,2	0,2
3	0,2	0,25	−0,1

(a) *Berechnen Sie die Zusammensetzung, die erwartete Rendite, die Varianz und das Risiko des Minimum–Varianz–Portefeuilles (in % p.a.).*

(b) *Ein Investor ist bereit ein Risiko in der Höhe von 18,5 % p.a. zu tragen. Welche Anteile seines Vermögens soll der Investor in die Aktie A und in die Aktie B investieren? Welche Rendite kann der Investor dabei erwarten?*

(c) *Ein Investor ist bereit ein Risiko in der Höhe von 16,5 % p.a. zu tragen. Welche Anteile seines Vermögens soll der Investor in die Aktie A und in die Aktie B investieren? Welche Rendite kann der Investor dabei erwarten?*

(d) *Vergleichen Sie die Ergebnisse aus (b) und (c). In welche Portefeuilles werden andere (risikoaverse) Investoren ihr Vermögen investieren (mit Begründung), falls diese für das kommende Jahr ebenfalls die oben angeführten zustandsabhängigen Renditen vermuten?*

Lösung, Teilaufgabe (a)

Für das Wertpapier A ergibt sich folgende erwartete Rendite, Varianz und Standardabweichung:

$$\begin{aligned}
E(r_A) &= \sum_{i=1}^{3} r_A(z_i) \cdot p(z_i) \\
&= 0,2 \cdot (-0,10) + 0,6 \cdot 0,2 + 0,2 \cdot 0,25 \\
&= 15,00 \text{ \% p.a.}
\end{aligned}$$

$$
\begin{aligned}
Var(r_A) &= E(r_A^2) - E^2(r_A) \\
&= 0,2 \cdot (-0,10)^2 + 0,6 \cdot 0,20^2 + 0,2 \cdot 0,25^2 - 0,16^2 \\
&= 0,016
\end{aligned}
$$

$$
\begin{aligned}
\sigma(r_A) &= \sqrt{Var(r_A)} \\
&= \sqrt{0,016} \\
&= 12,6491 \text{ \% p.a.}
\end{aligned}
$$

Für das Wertpapier B ergeben sich die gleichen Werte. Und für die Kovarianz zwischen den Renditen der beiden Wertpapiere erhält man:

$$
\begin{aligned}
Cov(r_A, r_B) &= E(r_A \cdot r_B) - E(r_A) \cdot E(r_B) \\
&= 0,2 \cdot (-0,10) \cdot 0,25 + 0,6 \cdot 0,20 \cdot 0,20 + 0,1 \cdot 0,25 \cdot (-0,10) - 0,15 \cdot 0,15 \\
&= -0,0085
\end{aligned}
$$

Im Zwei-Wertpapierfall ergeben sich die wertmäßigen Anteile der Wertpapiere im Minimum–Varianz–Portefeuille aus:

$$
\begin{aligned}
x_A^{MVP} &= \frac{\sigma^2(r_B) - Cov(r_A, r_B)}{\sigma^2(r_A) + \sigma^2(r_B) - 2 \cdot Cov(r_A, r_B)} \\
&= \frac{0,126491^2 + 0,0085}{0,126491^2 + 0,126491^2 + 2 \cdot 0,0085} \\
&= 50 \text{ \%}
\end{aligned}
$$

$$
\begin{aligned}
x_B^{MVP} &= 1 - x_A^{MVP} \\
&= 1 - 0,5 \\
&= 50 \text{ \%}
\end{aligned}
$$

Die erwartete Rendite des Minimum–Varianz–Portefeuilles beträgt:

$$
\begin{aligned}
E(r_{MVP}) &= x_A^{MVP} \cdot E(r_A) + x_B^{MVP} \cdot E(r_B) \\
&= 0,5 \cdot 0,15 + 0,5 \cdot 0,15 \\
&= 15 \text{ \% p.a.}
\end{aligned}
$$

Die Varianz des Minimum–Varianz–Portefeuilles beträgt:

$$
\begin{aligned}
\sigma^2(r_{MVP}) &= (x_A^{MVP})^2 \cdot \sigma^2(r_A) + (x_B^{MVP})^2 \cdot \sigma^2(r_B) + 2 \cdot x_A^{MVP} \cdot x_B^{MVP} \cdot Cov(r_A, r_B) \\
&= 0,5^2 \cdot 0,12649^2 + 0,5^2 \cdot 0,12649^2 \\
&\quad -2 \cdot 0,5 \cdot 0,5 \cdot 0,0085 \\
&= 0,008
\end{aligned}
$$

Das Risiko des Minimum–Varianz–Portefeuilles beträgt:

$$
\begin{aligned}
\sigma(r_{MVP}) &= \sqrt{\sigma^2(r_{MVP})} \\
&= \sqrt{0,008} \\
&= 8,9443 \text{ \% p.a.}
\end{aligned}
$$

Lösung, Teilaufgaben (b), (c) und (d)

Da die erwartete Rendite der beiden Wertpapiere gleich groß sind, kann man immer nur eine Portefeuillerendite von 15 % p.a. erzielen. Ein risikoaverser Investor wird daher immer in das Minimum–Varianz–Portefeuille investieren.

2.2 Portfoliotheorie nach Tobin

Aufgabe 1

Die zu erwartenden Renditen von zwei Wertpapieren A und B betragen 12 % p.a. bzw. 16 % p.a., die annualisierte Standardabweichung beträgt bei Wertpapier A 0,0936, bei Wertpapier B 0,1586. Die Rendite von Wertpapier A korreliert mit jener von Wertpapier B im Ausmaß von 0,06. Ferner existiert ein risikoloser Finanzierungstitel mit $r = 7$ % p.a.

(a) Berechnen Sie die Zusammensetzung, die erwartete Rendite, die Varianz und das Risiko des Tangentialportefeuilles und geben Sie die Gleichung für die Tobin–Effizienzkurve an.

(b) Ein Investor möchte eine erwartete Rendite in Höhe von 10 % p.a. erzielen. Welche Anteile seines Vermögens soll der Investor in die Aktie A, in die Aktie B und in den risikolosen Finanzierungstitel investieren? Welches Risiko hat der Investor dabei zu tragen?

(c) Ein Investor ist bereit ein Risiko von 16 % p.a. zu tragen. Welche Anteile seines Vermögens soll der Investor in die Aktie A, in die Aktie B und in den risikolosen Finanzierungstitel investieren? Welche Rendite kann der Investor dabei erwarten?

(d) Mit welcher Wahrscheinlichkeit ist die Rendite des Portefeuilles aus (c) größer als die erwartete Rendite des Tangentialportefeuilles? (Unterstellen Sie dabei, daß die Renditen der riskanten Wertpapiere normalverteilt sind.)

Lösung, Teilaufgabe (a)

Die Kovarianz zwischen den erwarteten Renditen der Wertpapiere A und B ergibt sich aus:

$$
\begin{aligned}
Cov(r_A, r_B) &= \varrho(r_A, r_B) \cdot \sigma(r_A) \cdot \sigma(r_B) \\
&= 0,06 \cdot 0,0936 \cdot 0,1586 \\
&= 0,000890698
\end{aligned}
$$

Die wertmäßigen Anteile an den riskanten Finanzierungstitel im Tangentialportefeuille erhält man über die Lösung des linearen Gleichungssystems

$$
\sum_{k=1}^{N} Cov(r_j, r_k) \cdot y_k = E(r_j) - r \qquad \forall j = 1, \dots, N,
$$

wobei y_k, für $k = 1, \dots, N$, Hilfsvariablen darstellen. Die wertmäßigen Anteile an den riskanten Finanzierungstitel im Tangentialportefeuille x_j^M ergeben sich dann über

$$
x_j^M = \frac{y_j}{\sum\limits_{k=1}^{N} y_k} \qquad \forall j = 1, \dots, N.
$$

Im vorliegenden Zwei–Wertpapierfall werden die Hilfsvariablen mit y_A und y_B bezeichnet, und das lineare Gleichungssystem lautet

$$
\begin{aligned}
Cov(r_A, r_A) \cdot y_A + Cov(r_A, r_B) \cdot y_B &= E(r_A) - r \\
Cov(r_A, r_B) \cdot y_A + Cov(r_B, r_B) \cdot y_B &= E(r_B) - r
\end{aligned}
$$

bzw.

$$\sigma^2(r_A) \cdot y_A + Cov(r_A, r_B) \cdot y_B = E(r_A) - r$$
$$Cov(r_A, r_B) \cdot y_A + \sigma^2(r_B) \cdot y_B = E(r_B) - r$$

da $\sigma^2(r_A) = Cov(r_A, r_A)$ und $\sigma^2(r_B) = Cov(r_B, r_B)$ gilt.

Aus der ersten Gleichung erhält man durch eine einfache Umformung:

$$y_A = \frac{E(r_A) - r - Cov(r_A, r_B) \cdot y_B}{\sigma^2(r_A)}$$

Setzt man für y_A in die zweite Gleichung ein und löst man die entstehende Gleichung nach y_B auf, so erhält man:

$$y_B = \frac{\sigma^2(r_A) \cdot [E(r_B) - r] - Cov(r_A, r_B) \cdot [E(r_A) - r]}{\sigma^2(r_A) \cdot \sigma^2(r_B) - Cov(r_A, r_B)^2}$$

Setzt man in die Gleichungen die Werte für $\sigma^2(r_A), \sigma^2(r_B), Cov(r_A, r_B), E(r_A), E(r_B)$ und r ein, so erhält man

$$y_B = \frac{0,0936^2 \cdot [0,16 - 0,07] - 0,000890698 \cdot [0,12 - 0,07]}{0,0936^2 \cdot 0,1586^2 - 0,000890698^2}$$
$$= 3,388074,$$

$$y_A = \frac{0,12 - 0,07 - 0,000890698 \cdot 3,388074}{0,0936^2}$$
$$= 5,362674,$$

und die Anteile der Wertpapiere A und B im Tangentialportefeuille ergeben sich dann aus:

$$x_A^M = \frac{y_A}{y_A + y_B}$$
$$= \frac{5,362674}{5,362674 + 3,388074}$$
$$= 61,28\,\%$$

$$x_B^M = \frac{y_B}{y_A + y_B}$$
$$= \frac{3,388074}{5,362674 + 3,388074}$$
$$= 38,72\,\%$$

Die erwartete Rendite des Tangentialportefeuilles erhält man, indem man die berechneten wertmäßigen Anteile x_i^M in die Beziehung

$$E(r_P) = \sum_{i=1}^{N} x_i \cdot E(r_i)$$

einsetzt. Für den Zwei–Wertpapierfall ergibt sich:

$$E(r_M) = x_A^M \cdot E(r_A) + x_B^M \cdot E(r_B)$$
$$= 0,6128 \cdot 0,12 + 0,3872 \cdot 0,16$$
$$= 13,55\,\% \text{ p.a.}$$

Die Varianz des Tangentialportefeuilles ergibt sich durch Einsetzen der berechneten wertmäßigen Anteile x_i^M in die Beziehung

$$\sigma^2(r_P) = \sum_{i=1}^{N}\sum_{j=1}^{N} x_i \cdot x_j \cdot Cov(r_i, r_j).$$

Wegen $\sigma^2(r_i) = Cov(r_i, r_i)$ und $Cov(r_i, r_j) = Cov(r_j, r_i)$ ergibt sich für den vorliegenden Zwei-Wertpapierfall:

$$
\begin{aligned}
\sigma^2(r_M) &= (x_A^M)^2 \cdot \sigma^2(r_A) + (x_B^M)^2 \cdot \sigma^2(r_B) + 2 \cdot x_A^M \cdot x_B^M \cdot Cov(r_A, r_B) \\
&= 0,6128^2 \cdot 0,0936^2 + 0,3872^2 \cdot 0,1586^2 + 2 \cdot 0,6128 \cdot 0,3872 \cdot 0,000890698 \\
&= 0,007483581
\end{aligned}
$$

Das Risiko des Tangentialportefeuilles ist die Wurzel aus der Varianz des Tangentialportefeuilles und beträgt:

$$
\begin{aligned}
\sigma(r_M) &= \sqrt{\sigma^2(r_M)} \\
&= \sqrt{0,007483581} \\
&= 8,65 \text{ \% p.a.}
\end{aligned}
$$

Die Gleichung für die Tobin–Effizienzkurve ergibt sich somit aus:

$$
\begin{aligned}
E(r_P) &= r + \frac{E(r_M) - r}{\sigma(r_M)} \cdot \sigma(r_P) \\
&= 0,07 + \frac{0,1355 - 0,07}{0,0865} \cdot \sigma(r_P)
\end{aligned}
$$

Lösung, Teilaufgabe (b)

Möchte sich ein Investor ein Portefeuille mit einer erwarteten Portefeuillerendite in der Höhe von $E(r_P)$ zusammenstellen und ist zu bestimmen, welches Risiko der Investor mit diesem Portefeuille eingeht, so ist von der Tobin–Effizienzkurve

$$E(r_P) = r + \frac{E(r_M) - r}{\sigma(r_M)} \cdot \sigma(r_P)$$

auszugehen. In dieser Gleichung ist $\sigma(r_P)$ die einzige unbekannte Variable, die gleichzeitig die gesuchte Größe darstellt. Löst man nun die Gleichung nach $\sigma(r_P)$ auf,

$$\sigma(r_P) = \frac{E(r_P) - r}{E(r_M) - r} \cdot \sigma(r_M),$$

so ist jenes Portefeuillerisiko bestimmt, mit dem der Investor rechnen muß, falls er eine Portefeuillerendite in der Höhe von $E(r_P)$ erwartet. Für das vorliegende Beispiel ergibt sich durch Einsetzen

$$
\begin{aligned}
\sigma(r_P) &= \frac{E(r_P) - r}{E(r_M) - r} \cdot \sigma(r_M) \\
&= \frac{0,1 - 0,07}{0,1355 - 0,07} \cdot 0,0865 \\
&= 3,92 \text{ \% p.a.}
\end{aligned}
$$

Sind nun für ein Portefeuille nach Tobin neben $E(r_M)$ und $\sigma(r_M)$ die erwartete Portefeuillerendite $E(r_P)$ und das dazugehörende Risiko $\sigma(r_P)$ bekannt, so kann der wertmäßige Anteil am risikolosen Finanzierungstitel α über die Beziehung

$$\sigma(r_P) = (1 - \alpha) \cdot \sigma(r_M)$$

hergeleitet werden, indem diese Gleichung nach α aufgelöst wird:

$$\alpha \;=\; 1 - \frac{\sigma(r_P)}{\sigma(r_M)}$$

Der wertmäßige Anteil am risikolosen Finanzierungstitel kann alternativ über die Beziehung

$$E(r_P) = \alpha \cdot r + (1 - \alpha) \cdot E(r_M)$$

bestimmt werden, indem diese Gleichung nach α aufgelöst wird:

$$\alpha = \frac{E(r_P) - E(r_M)}{r - E(r_M)}$$

Da bei einem Portefeuille nach Tobin stets α Anteile des Anfangsvermögens risikolos veranlagt werden und $(1 - \alpha)$ Anteile riskant in ein Portefeuille investiert werden, welches strukturell mit dem Tangentialportefeuille M identisch ist, ergeben sich die wertmäßigen Anteile an den riskanten Finanzierungstitel x_i aus

$$x_i = (1 - \alpha) \cdot x_i^M.$$

In der vorliegenden Aufgabe ergibt sich für den wertmäßigen Anteil am risikolosen Finanzierungstitel

$$\begin{aligned}
\alpha \;&=\; 1 - \frac{\sigma(r_P)}{\sigma(r_M)}, \\
&=\; 1 - \frac{0,0392}{0,0865}, \\
&=\; 54,19\,\%,
\end{aligned}$$

bzw.

$$\begin{aligned}
\alpha \;&=\; \frac{E(r_P) - E(r_M)}{r - E(r_M)}, \\
&=\; \frac{0,1 - 0,1355}{0,07 - 0,1355}, \\
&=\; 54,19\,\%,
\end{aligned}$$

und die wertmäßigen Anteile an den riskanten Finanzierungstitel A und B ergeben sich aus:

$$\begin{aligned}
x_A \;&=\; (1 - \alpha) \cdot x_A^M \\
&=\; (1 - 0,5419) \cdot 0,6128 \\
&=\; 28,07\,\%
\end{aligned}$$

$$\begin{aligned}
x_B \;&=\; (1 - \alpha) \cdot x_B^M \\
&=\; (1 - 0,5419) \cdot 0,3872 \\
&=\; 17,74\,\%
\end{aligned}$$

Lösung, Teilaufgabe (c)

Ist der Investor bereit ein Risiko in der Höhe von $\sigma(r_P)$ zu tragen und ist zu bestimmen, welche Portefeuillerendite er dabei erwarten kann, so ist von der Tobin-Effizienzkurve,

$$E(r_P) \;=\; r + \frac{E(r_M) - r}{\sigma(r_M)} \cdot \sigma(r_P),$$

auszugehen, weil auf der rechten Seite dieser Gleichung alle Parameter bekannt sind und die erwartete Portefeuillerendite durch einfaches Einsetzen für $E(r_M), \sigma(r_M), \sigma(r_P)$ und r berechnet werden kann. Für die vorliegende Aufgabenstellung ergibt sich:

$$
\begin{aligned}
E(r_P) &= r + \frac{E(r_M) - r}{\sigma(r_M)} \cdot \sigma(r_P) \\
&= 0,07 + \frac{0,1355 - 0,07}{0,0865} \cdot 0,16 \\
&= 19,11 \ \% \ \text{p.a.}
\end{aligned}
$$

Der wertmäßige Anteil des risikolosen Finanzierungstitels α beträgt:

$$
\begin{aligned}
\alpha &= 1 - \frac{\sigma(r_P)}{\sigma(r_M)} \\
&= 1 - \frac{0,16}{0,0865} \\
&= -84,95 \ \%
\end{aligned}
$$

Die wertmäßigen Anteile an den Wertpapieren A und B ergeben sich aus:

$$
\begin{aligned}
x_A &= (1 - \alpha) \cdot x_A^M \\
&= (1 + 0,8495) \cdot 0,6128 \\
&= 113,34 \ \%
\end{aligned}
$$

$$
\begin{aligned}
x_B &= (1 - \alpha) \cdot x_B^M \\
&= (1 + 0,8495) \cdot 0,3872 \\
&= 71,61 \ \%
\end{aligned}
$$

Lösung, Teilaufgabe (d)

Die Wahrscheinlichkeit, daß die erwartete Rendite aus (c) größer als die erwartete Rendite des Tangentialportefeuilles in der Höhe von 13,55 % p.a. ist, beträgt:

$$
\begin{aligned}
P(r_P > 0,1355) &= 1 - P(r_P < 0,1355) \\
&= 1 - \Phi\left(\frac{0,1355 - E(r_P)}{\sigma(r_P)}\right) \\
&= 1 - \Phi\left(\frac{0,1355 - 0,1911}{0,16}\right) \\
&= 1 - \Phi(-0,347714) \\
&= \Phi(0,347714)
\end{aligned}
$$

Durch lineare Interpolation erhält man:

i	d_i	$\Phi(d_i)$
1	0,34	0,6331
2	0,35	0,6368

$$
\begin{aligned}
\Phi(0,347714) &= \Phi(0,34) + \frac{\Phi(0,35) - \Phi(0,34)}{0,35 - 0,34} \cdot (0,347714 - 0,34) \\
&= 0,635954
\end{aligned}
$$

Damit folgt:

$$
\begin{aligned}
P(r_P > 0,1355) &= \Phi(0,347714) \\
&= 63,60 \ \%
\end{aligned}
$$

Aufgabe 2

*Die zu erwartenden Renditen von zwei Wertpapieren A und B betragen 8 % p.a. bzw. 15 %
p.a., die annualisierte Standardabweichung beträgt bei Wertpapier A 0,1, bei Wertpapier B
0,2. Die Rendite von Wertpapier A korreliert mit jener von Wertpapier B im Ausmaß von 0,4.
Ferner existiert ein risikoloser Finanzierungstitel mit r = 5,47 % p.a.*

(a) *Berechnen Sie die Zusammensetzung, die erwartete Rendite, die Varianz und das Risiko
des Tangentialportefeuilles und geben Sie die Gleichung für die Tobin–Effizienzkurve an.*

(b) *Ein Investor möchte eine erwartete Rendite in Höhe von 12 % p.a. erzielen. Welche Anteile
seines Vermögens soll der Investor in die Aktie A, in die Aktie B und in den risikolosen
Finanzierungstitel investieren? Welches Risiko hat der Investor dabei zu tragen?*

(c) *Ein Investor ist bereit ein Risiko von 25 % p.a. zu tragen. Welche Anteile seines
Vermögens soll der Investor in die Aktie A, in die Aktie B und in den risikolosen Finanzierungstitel investieren? Welche Rendite kann der Investor dabei erwarten?*

Lösung, Teilaufgabe (a)

Die Kovarianz zwischen den erwarteten Renditen der Wertpapiere A und B ergibt sich aus:

$$
\begin{aligned}
Cov(r_A, r_B) &= \varrho(r_A, r_B) \cdot \sigma(r_A) \cdot \sigma(r_B) \\
&= 0,4 \cdot 0,1 \cdot 0,2 \\
&= 0,008
\end{aligned}
$$

Durch Lösen des linearen Gleichungssystems zur Bestimmung des Tangentialportefeuilles ergibt
sich zunächst:

$$
y_A = \frac{E(r_A) - r - Cov(r_A, r_B) \cdot y_B}{\sigma^2(r_A)}
$$

$$
y_B = \frac{\sigma^2(r_A) \cdot [E(r_B) - r] - Cov(r_A, r_B) \cdot [E(r_A) - r]}{\sigma^2(r_A) \cdot \sigma^2(r_B) - Cov(r_A, r_B)^2}
$$

Setzt man in die Gleichungen ein, so erhält man:

$$
\begin{aligned}
y_B &= \frac{0,1^2 \cdot [0,15 - 0,0547] - 0,008 \cdot [0,08 - 0,0547]}{0,1^2 \cdot 0,2^2 - 0,008^2} \\
&= 2,23393
\end{aligned}
$$

$$
\begin{aligned}
y_A &= \frac{0,08 - 0,0547 - 0,008 \cdot 2,23393}{0,1^2} \\
&= 0,742857
\end{aligned}
$$

Die wertmäßigen Anteile der Wertpapiere A und B im Tangentialportefeuille ergeben sich dann
aus:

$$
\begin{aligned}
x_A^M &= \frac{y_A}{y_A + y_B} \\
&= \frac{0,74286}{0,74286 + 2,23393} \\
&= 24,96 \, \%
\end{aligned}
$$

$$x_B^M = \frac{y_B}{y_A + y_B}$$
$$= \frac{2,23393}{0,74286 + 2,23393}$$
$$= 75,04\%$$

Die erwartete Rendite des Tangentialportefeuilles beträgt:

$$E(r_M) = x_A^M \cdot E(r_A) + x_B^M \cdot E(r_B)$$
$$= 0,2496 \cdot 0,08 + 0,7504 \cdot 0,15$$
$$= 13,25\% \text{ p.a.}$$

Die Varianz des Tangentialportefeuilles beträgt:

$$\sigma^2(r_M) = (x_A^M)^2 \cdot \sigma^2(r_A) + (x_B^M)^2 \cdot \sigma^2(r_B) + 2 \cdot x_A^M \cdot x_B^M \cdot Cov(r_A, r_B)$$
$$= 0,2496^2 \cdot 0,1^2 + 0,7504^2 \cdot 0,2^2$$
$$+ 2 \cdot 0,2496 \cdot 0,7504 \cdot 0,008$$
$$= 0,0261462$$

Das Risiko des Tangentialportefeuilles beträgt:

$$\sigma(r_M) = \sqrt{\sigma^2(r_M)}$$
$$= \sqrt{0,0261462}$$
$$= 16,17\% \text{ p.a.}$$

Die Gleichung für die Tobin–Effizienzkurve ergibt sich somit aus:

$$E(r_P) = r + \frac{E(r_M) - r}{\sigma(r_M)} \cdot \sigma(r_P)$$
$$= 0,0547 + \frac{0,1325 - 0,0547}{0,1617} \cdot \sigma(r_P)$$

Lösung, Teilaufgabe (b)

Bei einer erwarteten Rendite von $E(r_P)$ hat der Investor das folgende Risiko zu tragen:

$$\sigma(r_P) = \frac{E(r_P) - r}{E(r_M) - r} \cdot \sigma(r_M)$$
$$= \frac{0,12 - 0,0547}{0,1325 - 0,0547} \cdot 0,1617$$
$$= 13,57\% \text{ p.a.}$$

Der wertmäßige Anteil des risikolosen Finanzierungstitels α beträgt:

$$\alpha = 1 - \frac{\sigma(r_P)}{\sigma(r_M)}$$
$$= 1 - \frac{0,1357}{0,1617}$$
$$= 16,10\%$$

Die wertmäßigen Anteile an den Wertpapieren A und B ergeben sich aus:

$$x_A = (1 - \alpha) \cdot x_A^M$$
$$= (1 - 0,1610) \cdot 0,2496$$
$$= 20,94\%$$

$$x_B = (1 - \alpha) \cdot x_B^M$$
$$= (1 - 0,1610) \cdot 0,7504$$
$$= 62,96\%$$

Lösung, Teilaufgabe (c)

Ist der Investor bereit, ein Risiko von $\sigma(r_P)$ zu tragen, so kann er die folgende Rendite erwarten:

$$E(r_P) = r + \frac{E(r_M) - r}{\sigma(r_M)} \cdot \sigma(r_P)$$

$$= 0,0547 + \frac{0,1325 - 0,0547}{0,1617} \cdot 0,25$$

$$= 17,50 \text{ \% p.a.}$$

Der wertmäßige Anteil des risikolosen Finanzierungstitels α beträgt:

$$\alpha = 1 - \frac{\sigma(r_P)}{\sigma(r_M)}$$

$$= 1 - \frac{0,25}{0,1617}$$

$$= -54,61 \text{ \%}$$

Die wertmäßigen Anteile an den Wertpapieren A und B ergeben sich aus:

$$x_A = (1 - \alpha) \cdot x_A^M$$

$$= (1 + 0,5461) \cdot 0,2496$$

$$= 38,58 \text{ \%}$$

$$x_B = (1 - \alpha) \cdot x_B^M$$

$$= (1 + 0,5461) \cdot 0,7504$$

$$= 116,03 \text{ \%}$$

Aufgabe 3

Ein Investor vermutet für das kommende Jahr folgende zustandsabhängige Renditen bei den Aktien A und B:

Zustand	$p(z_i)$	$r_A(z_i)$	$r_B(z_i)$
1	0,3	30 %	31 %
2	0,6	15 %	7 %
3	0,1	-20 %	-1 %

(a) *Berechnen Sie die Zusammensetzung, die erwartete Rendite, die Varianz und das Risiko des Minimum–Varianz–Portefeuilles.*

Unterstellen Sie die Möglichkeit, Kapital zu 6 % p.a. risikolos zu veranlagen bzw. auszuborgen.

(b) *Berechnen Sie die Zusammensetzung, die erwartete Rendite, die Varianz und das Risiko des Tangentialportefeuilles und geben Sie die Gleichung für die Tobin–Effizienzkurve an.*

(c) *Ein Investor möchte eine erwartete Rendite in Höhe von 15 % p.a. erzielen. Welche Anteile seines Vermögens soll der Investor in die Aktie A, in die Aktie B und in den risikolosen Finanzierungstitel investieren? Welches Risiko hat der Investor dabei zu tragen?*

(d) *Ein Investor ist bereit ein Risiko von 16 % p.a. zu tragen. Welche Anteile seines Vermögens soll der Investor in die Aktie A, in die Aktie B und in den risikolosen Finanzierungstitel investieren? Welche Rendite kann der Investor dabei erwarten?*

(e) *Mit welcher Wahrscheinlichkeit ist die Rendite des Portefeuilles aus (d) größer als die erwartete Rendite des Tangentialportefeuilles? (Unterstellen Sie dabei, daß die Renditen der riskanten Wertpapiere normalverteilt sind.)*

Lösung, Teilaufgabe (a)

Für die Wertpapiere A und B ergeben sich folgende erwartete Renditen, Varianzen und Standardabweichungen:

$$
\begin{aligned}
E(r_A) &= \sum_{i=1}^{3} r_A(z_i) \cdot p(z_i) \\
&= 0,3 \cdot 0,30 + 0,6 \cdot 0,15 - 0,1 \cdot 0,20 \\
&= 16,00 \text{ \% p.a.}
\end{aligned}
$$

$$
\begin{aligned}
E(r_B) &= \sum_{i=1}^{3} r_B(z_i) \cdot p(z_i) \\
&= 0,3 \cdot 0,31 + 0,6 \cdot 0,07 - 0,1 \cdot 0,01 \\
&= 13,40 \text{ \% p.a.}
\end{aligned}
$$

$$
\begin{aligned}
Var(r_A) &= E(r_A^2) - E^2(r_A) \\
&= 0,3 \cdot 0,30^2 + 0,6 \cdot 0,15^2 + 0,1 \cdot (-0,20^2) - 0,16^2 \\
&= 0,0189
\end{aligned}
$$

$$
\begin{aligned}
\sigma(r_A) &= \sqrt{Var(r_A)} \\
&= \sqrt{0,0189} \\
&= 13,75 \text{ \% p.a.}
\end{aligned}
$$

$$
\begin{aligned}
Var(r_B) &= E(r_B^2) - E^2(r_B) \\
&= 0,3 \cdot 0,31^2 + 0,6 \cdot 0,07^2 + 0,1 \cdot (-0,01^2) - 0,134^2 \\
&= 0,0138
\end{aligned}
$$

$$
\begin{aligned}
\sigma(r_B) &= \sqrt{Var(r_B)} \\
&= \sqrt{0,0138} \\
&= 11,76 \text{ \% p.a.}
\end{aligned}
$$

Für die Kovarianz zwischen den Renditen der beiden Wertpapiere A und B ergibt sich:

$$
\begin{aligned}
Cov(r_A, r_B) &= E(r_A \cdot r_B) - E(r_A) \cdot E(r_B) \\
&= 0,3 \cdot 0,30 \cdot 0,31 + 0,6 \cdot 0,15 \cdot 0,07 + 0,1 \cdot (-0,20) \cdot (-0,01) - 0,16 \cdot 0,1340 \\
&= 0,01296
\end{aligned}
$$

Im Zwei–Wertpapierfall ergeben sich die wertmäßigen Anteile der Wertpapiere im Minimum–Varianz–Portefeuille aus:

$$
\begin{aligned}
x_A^{MVP} &= \frac{\sigma^2(r_B) - Cov(r_A, r_B)}{\sigma^2(r_A) + \sigma^2(r_B) - 2 \cdot Cov(r_A, r_B)} \\
&= \frac{0,1176^2 - 0,01296}{0,1375^2 + 0,1176^2 - 2 \cdot 0,01296} \\
&= 12,70 \ \%
\end{aligned}
$$

$$
\begin{aligned}
x_B^{MVP} &= 1 - x_A^{MVP} \\
&= 1 - 0,1270 \\
&= 87,30 \ \%
\end{aligned}
$$

Die erwartete Rendite des Minimum–Varianz–Portefeuilles beträgt:

$$
\begin{aligned}
E(r_{MVP}) &= x_A^{MVP} \cdot E(r_A) + x_B^{MVP} \cdot E(r_B) \\
&= 0,1270 \cdot 0,16 + 0,8730 \cdot 0,1340 \\
&= 13,73 \ \% \ \text{p.a.}
\end{aligned}
$$

Die Varianz des Minimum–Varianz–Portefeuilles beträgt:

$$
\begin{aligned}
\sigma^2(r_{MVP}) &= (x_A^{MVP})^2 \cdot \sigma^2(r_A) + (x_B^{MVP})^2 \cdot \sigma^2(r_B) + 2 \cdot x_A^{MVP} \cdot x_B^{MVP} \cdot Cov(r_A, r_B) \\
&= 0,1270^2 \cdot 0,1375^2 + 0,8730^2 \cdot 0,1176^2 \\
&\quad +2 \cdot 0,1270 \cdot 0,8730 \cdot 0,01296 \\
&= 0,0137
\end{aligned}
$$

Das Risiko des Minimum–Varianz–Portefeuilles beträgt:

$$
\begin{aligned}
\sigma(r_{MVP}) &= \sqrt{\sigma^2(r_{MVP})} \\
&= \sqrt{0,0108} \\
&= 11,71 \ \% \ \text{p.a.}
\end{aligned}
$$

Lösung, Teilaufgabe (b)

Durch Lösen des linearen Gleichungssystems zur Bestimmung des Tangentialportefeuilles ergibt sich zunächst:

$$
\begin{aligned}
y_A &= \frac{E(r_A) - r - Cov(r_A, r_B) \cdot y_B}{\sigma^2(r_A)} \\
y_B &= \frac{\sigma^2(r_A) \cdot [E(r_B) - r] - Cov(r_A, r_B) \cdot [E(r_A) - r]}{\sigma^2(r_A) \cdot \sigma^2(r_B) - Cov(r_A, r_B)^2}
\end{aligned}
$$

Setzt man in die Gleichungen ein, so erhält man:

$$
\begin{aligned}
y_B &= \frac{0,1375^2 \cdot [0,1340 - 0,06] - 0,01296 \cdot [0,16 - 0,06]}{0,1375^2 \cdot 0,1176^2 - 0,01296^2} \\
&= 1,099537
\end{aligned}
$$

$$
\begin{aligned}
y_A &= \frac{0,16 - 0,06 - 0,01296 \cdot 1,099537}{0,1375^2} \\
&= 4,537037
\end{aligned}
$$

Die Anteile der Wertpapiere A und B im Tangentialportefeuille ergeben sich dann aus:

$$
\begin{aligned}
x_A^M &= \frac{y_A}{y_A + y_B} \\
&= \frac{4,537037}{1,099537 + 4,537037} \\
&= 80,49\ \%
\end{aligned}
$$

$$
\begin{aligned}
x_B^M &= \frac{y_B}{y_A + y_B} \\
&= \frac{1,099537}{4,537037 + 1,099537} \\
&= 19,51\ \%
\end{aligned}
$$

Die erwartete Rendite des Tangentialportefeuilles beträgt:

$$
\begin{aligned}
E(r_M) &= x_A^M \cdot E(r_A) + x_B^M \cdot E(r_B) \\
&= 0,8049 \cdot 0,16 + 0,1951 \cdot 0,1340 \\
&= 15,49\ \%\ \text{p.a.}
\end{aligned}
$$

Die Varianz des Tangentialportefeuilles beträgt:

$$
\begin{aligned}
\sigma^2(r_M) &= (x_A^M)^2 \cdot \sigma^2(r_A) + (x_B^M)^2 \cdot \sigma^2(r_B) + 2 \cdot x_A^M \cdot x_B^M \cdot Cov(r_A, r_B) \\
&= 0,8049^2 \cdot 0,1375^2 + 0,1951^2 \cdot 0,1176^2 \\
&\quad + 2 \cdot 0,8049 \cdot 0,1951 \cdot 0,01296 \\
&= 0,016841
\end{aligned}
$$

Das Risiko des Tangentialportefeuilles beträgt:

$$
\begin{aligned}
\sigma(r_M) &= \sqrt{\sigma^2(r_M)} \\
&= \sqrt{0,016841} \\
&= 12,98\ \%\ \text{p.a.}
\end{aligned}
$$

Die Gleichung für die Tobin–Effizienzkurve ergibt sich somit aus:

$$
\begin{aligned}
E(r_P) &= r + \frac{E(r_M) - r}{\sigma(r_M)} \cdot \sigma(r_P) \\
&= 0,06 + \frac{0,1549 - 0,06}{0,1298} \cdot \sigma(r_P)
\end{aligned}
$$

Lösung, Teilaufgabe (c)

Bei einer erwarteten Rendite von $E(r_P)$ hat der Investor das folgende Risiko zu tragen:

$$
\begin{aligned}
\sigma(r_P) &= \frac{E(r_P) - r}{E(r_M) - r} \cdot \sigma(r_M) \\
&= \frac{0,15 - 0,06}{0,1549 - 0,06} \cdot 0,1298 \\
&= 12,30\ \%\ \text{p.a.}
\end{aligned}
$$

Der wertmäßige Anteil des risikolosen Finanzierungstitels α beträgt:

$$
\begin{aligned}
\alpha &= 1 - \frac{\sigma(r_P)}{\sigma(r_M)} \\
&= 1 - \frac{0,1230}{0,1298} \\
&= 5,19\ \%
\end{aligned}
$$

Die wertmäßigen Anteile an den Wertpapieren A und B ergeben sich aus:

$$
\begin{aligned}
x_A &= (1 - \alpha) \cdot x_A^M \\
&= (1 + 0,0519) \cdot 0,8049 \\
&= 76,31 \ \%
\end{aligned}
$$

$$
\begin{aligned}
x_B &= (1 - \alpha) \cdot x_B^M \\
&= (1 + 0,0519) \cdot 0,1951 \\
&= 18,49 \ \%
\end{aligned}
$$

Lösung, Teilaufgabe (d)

Ist der Investor bereit ein Risiko von $\sigma(r_P)$ zu tragen, so kann er die folgende Rendite erwarten:

$$
\begin{aligned}
E(r_P) &= r + \frac{E(r_M) - r}{\sigma(r_M)} \cdot \sigma(r_P) \\
&= 0,06 + \frac{0,1549 - 0,06}{0,1298} \cdot 0,16 \\
&= 17,70 \ \% \ \text{p.a.}
\end{aligned}
$$

Der wertmäßige Anteil des risikolosen Finanzierungstitels α beträgt:

$$
\begin{aligned}
\alpha &= 1 - \frac{\sigma(r_P)}{\sigma(r_M)} \\
&= 1 - \frac{0,16}{0,1298} \\
&= -23,29 \ \%
\end{aligned}
$$

Die wertmäigen Anteile an den Wertpapieren A und B ergeben sich aus:

$$
\begin{aligned}
x_A &= (1 - \alpha) \cdot x_A^M \\
&= (1 + 2329) \cdot 0,8049 \\
&= 99,24 \ \%
\end{aligned}
$$

$$
\begin{aligned}
x_B &= (1 - \alpha) \cdot x_B^M \\
&= (1 + 2329) \cdot 0,1951 \\
&= 24,05 \ \%
\end{aligned}
$$

Lösung, Teilaufgabe (e)

Die Wahrscheinlichkeit, daß die erwartete Rendite aus (d) größer als die erwartete Rendite des Tangentialportefeuilles in der Höhe von 15,49 % p.a. ist, beträgt:

$$
\begin{aligned}
P(r_P > 0,1549) &= 1 - P(r_P < 0,1549) \\
&= 1 - \Phi\left(\frac{0,1549 - E(r_P^d)}{\sigma(r_P^d)} \right) \\
&= 1 - \Phi\left(\frac{0,1549 - 0,1770}{0,16} \right) \\
&= 1 - \Phi(-0,138184) \\
&= \Phi(0,138184)
\end{aligned}
$$

Durch lineare Interpolation erhält man:

i	d_i	$\Phi(d_i)$
1	0,13	0,5517
2	0,14	0,5557

$$\Phi(0,138184) = \Phi(0,13) + \frac{\Phi(0,14) - \Phi(0,13)}{0,14 - 0,13} \cdot (0,138184 - 0,13)$$
$$= 0,554952$$

Damit folgt:

$$P(r_P > 0,138184) = \Phi(0,138184)$$
$$= 55,50\,\%$$

Aufgabe 4

Ein Investor vermutet die folgenden Erwartungswerte, Varianzen und Covarianzen der normalverteilten Renditen der Aktien A, B und C:

j	A	B	C
$E(r_j)$ in % p.a.	9	15	12

$$Cov(r_j, r_k) = \begin{pmatrix} 0,1^2 & 0,008 & 0,003 \\ & 0,2^2 & 0,018 \\ & & 0,15^2 \end{pmatrix}; \quad j,k \in \{A,B,C\}.$$

Unterstellen Sie die Möglichkeit, Kapital zu 7 % p.a. risikolos zu veranlagen bzw. auszuborgen.

(a) *Berechnen Sie die Zusammensetzung, die erwartete Rendite, die Varianz und das Risiko des Tangentialportefeuilles und geben Sie die Gleichung für die Effizienzkurve nach Tobin an.*

(b) *Der Investor möchte eine erwartete Rendite von 16 % p.a. erzielen. Welches Portefeuille soll er sich hierfür zusammenstellen und welches Risiko geht er mit diesem Portefeuille ein?*

(c) *Der Investor ist bereit ein Risiko in Höhe von 10 % p.a. zu tragen. Welches Portefeuille soll er sich hierfür zusammenstellen und welche Rendite kann er mit diesem Portefeuille erwarten?*

(d) *Mit welcher Wahrscheinlichkeit liegt die Rendite des Portefeuilles aus (c) zwischen 4 und 7 % p.a.?*

Lösung, Teilaufgabe (a)

Das lineare Gleichungssystem zur Bestimmung des Tangentialportefeuilles,

$$\sum_{k=1}^{N} Cov(r_j, r_k) \cdot y_k = E(r_j) - r \qquad \forall j = 1, \ldots, N,$$

kann folgendermaßen gelöst werden (mit Gl_i bezeichnen wir die i-te Gleichung):

$$Gl_1 = 0,1^2 \cdot y_A + 0,008 \cdot y_B + 0,003 \cdot y_C = 0,09 - 0,07 = 0,02$$
$$Gl_2 = 0,008 \cdot y_A + 0,2^2 \cdot y_B + 0,018 \cdot y_C = 0,15 - 0,07 = 0,08$$
$$Gl_3 = 0,003 \cdot y_A + 0,018 \cdot y_B + 0,15^2 \cdot y_C = 0,12 - 0,07 = 0,05$$

$$\begin{aligned} Gl_4 &= Gl_2 - \frac{0,008}{0,1^2} \cdot Gl_1 \\ &= (0,008 - \frac{0,008}{0,1^2} \cdot 0,1^2) \cdot y_A + (0,2^2 - \frac{0,008}{0,1^2} \cdot 0,008) \cdot y_B \\ &\quad + (0,018 - \frac{0,008}{0,1^2} \cdot 0,003) \cdot y_C = 0,08 - \frac{0,008}{0,1^2} \cdot 0,02 \\ &= 0,0336 \cdot y_B + 0,0156 \cdot y_C = 0,064 \end{aligned}$$

$$\begin{aligned} Gl_5 &= Gl_3 - \frac{0,003}{0,1^2} \cdot Gl_1 \\ &= (0,003 - \frac{0,003}{0,1^2} \cdot 0,1^2) \cdot y_A + (0,018 - \frac{0,003}{0,1^2} \cdot 0,008) \cdot y_B \\ &\quad + (0,15^2 - \frac{0,003}{0,1^2} \cdot 0,003) \cdot y_C = 0,05 - \frac{0,003}{0,1^2} \cdot 0,02 \\ &= 0,0156 \cdot y_B + 0,0216 \cdot y_C = 0,044 \end{aligned}$$

$$\begin{aligned} Gl_6 &= Gl_5 - \frac{0,0156}{0,0336} \cdot Gl_4 \\ &= (0,0156 - \frac{0,0156}{0,0336} \cdot 0,0336) \cdot y_B + (0,0216 - \frac{0,0156}{0,0336} \cdot 0,0156) \cdot y_C = \\ &\quad 0,044 - \frac{0,0156}{0,0336} \cdot 0,064 \\ &= 0,0143571429 \cdot y_C = 0,0142857143 \end{aligned}$$

Aus Gleichung Gl_6 folgt:

$$\begin{aligned} y_C &= \frac{0,0142857143}{0,0143571429} \\ &= 0,9950248756219 \end{aligned}$$

Setzt man y_C in die Gleichung Gl_4 ein, so ergibt sich:

$$\begin{aligned} y_B &= \frac{0,064 - 0,0336 \cdot 0,9950248756219}{0,0156} \\ &= 1,4427860696517 \end{aligned}$$

Setzt man y_B und y_C in die Gleichung Gl_1 ein, so ergibt sich:

$$\begin{aligned} y_A &= \frac{0,02 - 0,008 \cdot 1,4427860696517 - 0,003 \cdot 0,9950248756219}{0,1^2} \\ &= 0,5472636815920 \end{aligned}$$

Die wertmäßigen Anteile der Wertpapiere A, B und C im Tangentialportefeuille ergeben sich dann aus:

$$
\begin{aligned}
x_A^M &= \frac{y_A}{y_A + y_B + y_C} \\
&= \frac{0,5472636815920}{0,5472636815920 + 1,4427860696517 + 0,9950248756219} \\
&= 18,3\dot{3}\,\%
\end{aligned}
$$

$$
\begin{aligned}
x_B^M &= \frac{y_B}{y_A + y_B + y_C} \\
&= \frac{1,4427860696517}{0,5472636815920 + 1,4427860696517 + 0,9950248756219} \\
&= 48,3\dot{3}\,\%
\end{aligned}
$$

$$
\begin{aligned}
x_C^M &= \frac{y_C}{y_A + y_B + y_C} \\
&= \frac{0,9950248756219}{0,5472636815920 + 1,4427860696517 + 0,9950248756219} \\
&= 33,3\dot{3}\,\%
\end{aligned}
$$

Die erwartete Rendite des Tangentialportefeuilles beträgt:

$$
\begin{aligned}
E(r_M) &= x_A^M \cdot E(r_A) + x_B^M \cdot E(r_B) + x_C^M \cdot E(r_C) \\
&= 0,183\dot{3} \cdot 0,09 + 0,483\dot{3} \cdot 0,15 + 0,333\dot{3} \cdot 0,12 \\
&= 12,9\,\% \text{ p.a.}
\end{aligned}
$$

Die Varianz des Tangentialportefeuilles beträgt:

$$
\begin{aligned}
\sigma^2(r_M) &= \sum_{i=1}^{N}\sum_{j=1}^{N} x_i^M \cdot x_j^M \cdot Cov(r_i, r_j) \\
&= 0,183\dot{3}^2 \cdot 0,1^2 + 0,183\dot{3} \cdot 0,483\dot{3} \cdot 0,008 + 0,183\dot{3} \cdot 0,333\dot{3} \cdot 0,003 \\
&\quad + 0,483\dot{3} \cdot 0,183\dot{3} \cdot 0,008 + 0,483\dot{3}^2 \cdot 0,2^2 + 0,483\dot{3} \cdot 0,333\dot{3} \cdot 0,018 \\
&\quad + 0,333\dot{3} \cdot 0,183\dot{3} \cdot 0,003 + 0,333\dot{3} \cdot 0,483\dot{3} \cdot 0,018 + 0,333\dot{3}^2 \cdot 0,15^2 \\
&= 0,01976499
\end{aligned}
$$

Das Risiko des Tangentialportefeuilles beträgt:

$$
\begin{aligned}
\sigma(r_M) &= \sqrt{\sigma^2(r_M)} \\
&= \sqrt{0,01976499} \\
&= 14,06\,\% \text{ p.a.}
\end{aligned}
$$

Die Gleichung für die Tobin–Effizienzkurve ergibt sich somit aus:

$$
\begin{aligned}
E(r_P) &= r + \frac{E(r_M) - r}{\sigma(r_M)} \cdot \sigma(r_P) \\
&= 0,07 + \frac{0,129 - 0,07}{0,1406} \cdot \sigma(r_P)
\end{aligned}
$$

Lösung, Teilaufgabe (b)

Bei einer erwarteten Rendite von $E(r_P)$ hat der Investor das folgende Risiko zu tragen:

$$
\sigma(r_P) = \frac{E(r_P) - r}{E(r_M) - r} \cdot \sigma(r_M)
$$

$$= \frac{0,16 - 0,07}{0,129 - 0,07} \cdot 0,1409$$
$$= 21,45 \text{ \% p.a.}$$

Der wertmäßige Anteil des risikolosen Finanzierungstitels α beträgt:

$$\alpha = 1 - \frac{\sigma(r_P)}{\sigma(r_M)}$$
$$= 1 - \frac{0,2145}{0,1409}$$
$$= -52,54 \text{ \%}$$

Die wertmäßigen Anteile an den Wertpapieren A, B und C ergeben sich aus:

$$x_A = (1 - \alpha) \cdot x_A^M$$
$$= (1 + 0,5254) \cdot 0,183\dot{3}$$
$$= 27,96 \text{ \%}$$

$$x_B = (1 - \alpha) \cdot x_B^M$$
$$= (1 + 0,5254) \cdot 0,483\dot{3}$$
$$= 73,72 \text{ \%}$$

$$x_C = (1 - \alpha) \cdot x_C^M$$
$$= (1 + 0,5254) \cdot 0,333\dot{3}$$
$$= 50,84 \text{ \%}$$

Lösung, Teilaufgabe (c)

Ist der Investor bereit ein Risiko von $\sigma(r_P)$ zu tragen, so kann er die folgende Rendite erwarten:

$$E(r_P) = r + \frac{E(r_M) - r}{\sigma(r_M)} \cdot \sigma(r_P)$$
$$= 0,07 + \frac{0,129 - 0,07}{0,1406} \cdot 0,1$$
$$= 11,2 \text{ \% p.a.}$$

Der wertmäßige Anteil des risikolosen Finanzierungstitels α beträgt:

$$\alpha = 1 - \frac{\sigma(r_P)}{\sigma(r_M)}$$
$$= 1 - \frac{0,1}{0,1406}$$
$$= 28,87 \text{ \%}$$

Die wertmäßigen Anteile an den Wertpapieren A, B und C ergeben sich aus:

$$x_A = (1 - \alpha) \cdot x_A^M$$
$$= (1 - 0,2887) \cdot 0,183\dot{3}$$
$$= 13,04 \text{ \%}$$

$$x_B = (1 - \alpha) \cdot x_B^M$$

$$= (1 - 0,2887) \cdot 0,483\dot{3}$$
$$= 34,37\,\%$$

$$x_C = (1 - \alpha) \cdot x_C^M$$
$$= (1 - 0,2887) \cdot 0,333\dot{3}$$
$$= 23,71\,\%$$

Lösung, Teilaufgabe (d)

Die Wahrscheinlichkeit, daß die erwartete Rendite aus (c) zwischen 4 und 7 % p.a. liegt, beträgt:[3]

$$
\begin{aligned}
P(0,04 < r_P < 0,07) &= P(r_P < 0,07) - P(r_P < 0,04) \\
&= \Phi\left(\frac{0,07 - E(r_P^c)}{\sigma(r_P^c)}\right) - \Phi\left(\frac{0,04 - E(r_P^c)}{\sigma(r_P^c)}\right) \\
&= \Phi\left(\frac{0,07 - 0,112}{0,1}\right) - \Phi\left(\frac{0,04 - 0,112}{0,1}\right) \\
&= \Phi(-0,42) - \Phi(-0,72) \\
&= [1 - \Phi(0,42)] - [1 - \Phi(,72)] \\
&= -\Phi(0,42) + \Phi(0,72) \\
&= -0,6627 + 0,7642 \\
&= 10,15\,\%
\end{aligned}
$$

Aufgabe 5

Für den Zeitraum 1971–1988 betrug auf dem deutschen Markt die durchschnittliche Rendite 14,34 % bei einem Risiko von 0,2067; in den USA wurde für denselben Zeitraum eine durchschnittliche Rendite von 9,93 % bei einem Risiko von 0,1621 erzielt. Als Korrelation zwischen den beiden Märkten wurde 0,34 gemessen (sämtliche Angaben bezogen auf ein Jahr und auf US-$-Basis). Ein amerikanischer Investor plant nun, gleichzeitig in den USA und in Deutschland zu investieren. Dazu nimmt er die historischen Werte als Erwartungswerte, wobei das Wechselkursrisiko bereits in diesen Werten berücksichtigt ist. Zusätzlich hat er die Möglichkeit, Kapital in US-$ risikolos zu einem Zinssatz von 6 % p.a. anzulegen bzw. auszuleihen.

(a) *Ermitteln Sie das Tobin'sche Tangentialportefeuille, für das sich der Investor für seine riskante Veranlagung entscheiden wird.*

(b) *Der Investor ist bereit, ein Risiko von $\sigma(r_P) = 0{,}1621$ einzugehen. Welche Rendite wird er*

　　– bei gleichzeitiger Investition in den USA und in Deutschland

　　– bei ausschließlicher Investition in den USA

　　erwarten?

(c) *Der Investor möchte eine Rendite von $E(r_P) = 9{,}93$ % p.a. erwarten können. Welches Risiko muß er dann*

---

[3] Die lineare Interpolation kann in diesem Beispiel entfallen, weil die d_i-Werte direkt in der Tabelle der Verteilungsfunktion der Standardnormalverteilung enthalten sind.

   – *bei gleichzeitiger Investition in den USA und in Deutschland*

   – *bei ausschließlicher Investition in den USA*

in Kauf nehmen?

Lösung, Teilaufgabe (a)

Die Kovarianz zwischen den erwarteten Renditen der Wertpapiermärkte A und D ergibt sich aus:

$$
\begin{aligned}
Cov(r_A, r_D) &= \varrho(r_A, r_D) \cdot \sigma(r_A) \cdot \sigma(r_D) \\
&= 0,34 \cdot 0,1621 \cdot 0,2067 \\
&= 0,0113921
\end{aligned}
$$

Durch Lösen des linearen Gleichungssystems zur Bestimmung des Tangentialportefeuilles ergibt sich zunächst:

$$
y_A = \frac{E(r_A) - r - Cov(r_A, r_D) \cdot y_D}{\sigma^2(r_A)}
$$

$$
y_D = \frac{\sigma^2(r_A) \cdot [E(r_D) - r] - Cov(r_A, r_D) \cdot [E(r_A) - r]}{\sigma^2(r_A) \cdot \sigma^2(r_D) - Cov(r_A, r_D)^2}
$$

Setzt man in die Gleichungen ein, so erhält man:

$$
\begin{aligned}
y_D &= \frac{0,1621^2 \cdot [0,1434 - 0,06] - 0,0113921 \cdot [0,0993 - 0,06]}{0,1621^2 \cdot 0,2067^2 - 0,0113921^2} \\
&= 1,7562532
\end{aligned}
$$

$$
\begin{aligned}
y_A &= \frac{0,0993 - 0,06 - 0,0113921 \cdot 1,7562532}{0,0936^2} \\
&= 0,7342195
\end{aligned}
$$

Die Anteile der Wertpapiere A und D im Tangentialportefeuille ergeben sich dann aus:

$$
\begin{aligned}
x_A^M &= \frac{y_A}{y_A + y_D} \\
&= \frac{0,7342195}{0,7342195 + 1,7562532} \\
&= 29,48\ \%
\end{aligned}
$$

$$
\begin{aligned}
x_D^M &= \frac{y_D}{y_A + y_D} \\
&= \frac{1,7562532}{0,7342195 + 1,7562532} \\
&= 70,52\ \%
\end{aligned}
$$

Die erwartete Rendite des Tangentialportefeuilles beträgt:

$$
\begin{aligned}
E(r_M) &= x_A^M \cdot E(r_A) + x_D^M \cdot E(r_D) \\
&= 0,2948 \cdot 0,0993 + 0,7052 \cdot 0,7052 \\
&= 13,04\ \%\ \text{p.a.}
\end{aligned}
$$

Die Varianz des Tangentialportefeuilles beträgt:

$$
\begin{aligned}
\sigma^2(r_M) &= (x_A^M)^2 \cdot \sigma^2(r_A) + (x_D^M)^2 \cdot \sigma^2(r_D) + 2 \cdot x_A^M \cdot x_D^M \cdot Cov(r_A, r_D) \\
&= 0,2948^2 \cdot 0,1621^2 + 0,7052^2 \cdot 0,2067^2 \\
&\quad + 2 \cdot 0,2948 \cdot 0,7052 \cdot 0,0113921 \\
&= 0,02826726
\end{aligned}
$$

Das Risiko des Tangentialportefeuilles beträgt:

$$
\begin{aligned}
\sigma(r_M) &= \sqrt{\sigma^2(r_M)} \\
&= \sqrt{0,02826726} \\
&= 16,81 \ \% \ \text{p.a.}
\end{aligned}
$$

Lösung, Teilaufgabe (b)

Bei gleichzeitiger Investition in USA und Deutschland kann der Investor die folgende Rendite erwarten:

$$
\begin{aligned}
E(r_P) &= r + \frac{E(r_M) - r}{\sigma(r_M)} \cdot \sigma(r_P) \\
&= 0,06 + \frac{0,1304 - 0,06}{0,1681} \cdot 0,1621 \\
&= 12,79 \ \% \ \text{p.a.}
\end{aligned}
$$

Bei ausschließlicher Investition in den USA wird der Investor sein Vermögen in das amerikanische Marktportefeuille investieren. Damit erwartet er eine Rendite von

$$
E(r_P) = E(r_A) = 9,93 \ \% \ \text{p.a.}
$$

Lösung, Teilaufgabe (c)

Bei gleichzeitiger Investition in den USA und in Deutschland muß der Investor das folgende Risiko tragen:

$$
\begin{aligned}
\sigma(r_P) &= \frac{E(r_P) - r}{E(r_M) - r} \cdot \sigma(r_M) \\
&= \frac{0,0993 - 0,06}{0,1304 - 0,06} \cdot 0,1681 \\
&= 9,38 \ \% \ \text{p.a.}
\end{aligned}
$$

Bei ausschließlicher Investition in den USA wird der Investor sein Vermögen in das amerikanische Marktportefeuille investieren. Damit trägt er ein Risiko von

$$
\sigma(r_P) = \sigma(r_A) = 16,21 \ \% \ \text{p.a.}
$$

Aufgabe 6

Gegeben seien die Daten von zwei riskanten Wertpapieren A und B:

j	A	B
$E(r_j)$ (in % p.a.)	15,00	8,00
$\sigma(r_j)$ (in % p.a.)	20,00	12,00

Die Kovarianz zwischen den erwarteten Renditen der Wertpapiere A und B beträgt 0, 024.

(a) Berechnen Sie die Korrelation zwischen den erwarteten Renditen der beiden Wertpapiere.

(b) Skizzieren Sie die Effizienzkurve nach Markowitz für den Fall, daß Leerverkäufe ausgeschlossen werden.

(c) Nehmen Sie an, die Rendite des risikolosen Finanzierungstitels r sei größer als $E(r_B)$. Geben Sie die Tobin–Effizienzlinie durch Spezifikation des Tangentialportefeuilles für den Fall an, daß Leerverkäufe ausgeschlossen werden.

(d) Geben Sie den (theoretischen) Bereich für die Rendite des risikolosen Finanzierungstitels an, für den das Tangentialportefeuille aus (c) Gültigkeit besitzt.

Lösung, Teilaufgabe (a)

Für die Korrelation zwischen den erwarteten Renditen der beiden Wertpapiere ergibt sich:

$$\rho(r_A, r_B) = \frac{Cov(r_A, r_B)}{\sigma(r_A) \cdot \sigma(r_B)}$$
$$= \frac{0,024}{0,2 \cdot 0,12}$$
$$= 1$$

Lösung, Teilaufgabe (b)

Für den Fall, daß Leerverkäufe ausgeschlossen sind, ergibt sich folgende Effizienkurve nach Markowitz bzw. Tobin:

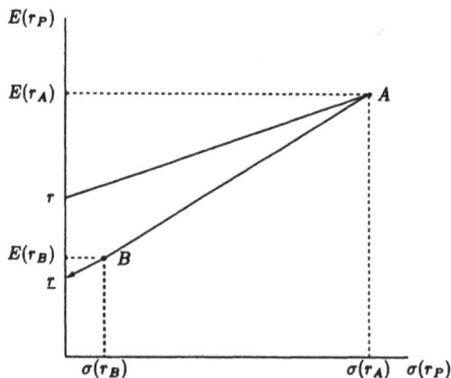

Lösung, Teilaufgabe (c)

Das Tangentialportefeuille besteht zur Gänze aus der Aktie A, und für die Tobin–Effizienlinie ergibt sich:

$$E(r_P) = \alpha \cdot r + (1 - \alpha) \cdot E(r_A)$$

Lösung, Teilaufgabe (d)

Für die miminale Höhe des riskolosen Finanzierungstitels gilt:

$$r \geq \underline{r}$$

$$\underline{r} = E(r_B) - \sigma(r_B) \cdot \left(\frac{E(r_A) - E(r_B)}{\sigma(r_A) - \sigma(r_B)} \right)$$

Die maximale Höhe des riskolosen Finanzierungstitels ist mit

$$r < E(r_A)$$

beschränkt.

Aufgabe 7

Gegeben seien die Daten von zwei riskanten Wertpapieren A und B:

j	A	B
$E(r_j)$ (in % p.a.)	15,00	8,00
$\sigma(r_j)$ (in % p.a.)	20,00	12,00

Die Kovarianz zwischen den Renditen der Wertpapiere A und B beträgt $-0,024$.

(a) *Berechnen Sie die Zusammensetzung, die erwartete Rendite, die Varianz und das Risiko des Minimum–Varianz–Portefeuilles (in % p.a.).*

(b) *Ein ausschließlich riskant veranlagender Investor R hat 1,425 Mio. in das Wertpapier A und 1,075 Mio. in das Wertpapier B investiert. Berechnen Sie für den Investor die anteilsmäßige Zusammensetzung, die erwartete Rendite, die Varianz und das Risiko des Portefeuilles (jeweils in % p.a.).*

(c) *Ein Investor S hat 1,050 Mio. in das Wertpapier A und 0,450 Mio. in das Wertpapier B investiert. Darüber hinaus hat er risikolos 1,000 Mio. zu einem Zinssatz von 10,625 % p.a. angelegt. Berechnen Sie für den Investor S die anteilsmäßige Zusammensetzung, die erwartete Rendite, die Varianz und das Risiko des Portefeuilles (in % p.a.).*

(d) *Vergleichen Sie die Ergebnisse aus (b) und (c) und geben Sie an, wodurch diese zustande kommen.*

Lösung, Teilaufgabe (a)

Im Zwei-Wertpapierfall ergeben sich die wertmäßigen Anteile der Wertpapiere im Minimum-Varianz-Portefeuille aus:

$$
\begin{aligned}
x_A^{MVP} &= \frac{\sigma^2(r_B) - Cov(r_A, r_B)}{\sigma^2(r_A) + \sigma^2(r_B) - 2 \cdot Cov(r_A, r_B)} \\
&= \frac{0,12^2 + 0,024}{0,2^2 + 0,12^2 - 2 \cdot 0,024} \\
&= 37,5\,\%
\end{aligned}
$$

$$
\begin{aligned}
x_B^{MVP} &= 1 - x_A^{MVP} \\
&= 1 - 0,375 \\
&= 62,5\,\%
\end{aligned}
$$

Die erwartete Rendite des Minimum-Varianz-Portefeuilles beträgt:

$$
\begin{aligned}
E(r_{MVP}) &= x_A^{MVP} \cdot E(r_A) + x_B^{MVP} \cdot E(r_B) \\
&= 0,375 \cdot 0,15 + 0,625 \cdot 0,08 \\
&= 10,625\,\% \text{ p.a.}
\end{aligned}
$$

Die Varianz des Minimum-Varianz-Portefeuilles beträgt:

$$
\begin{aligned}
\sigma^2(r_{MVP}) &= (x_A^{MVP})^2 \cdot \sigma^2(r_A) + (x_B^{MVP})^2 \cdot \sigma^2(r_B) + 2 \cdot x_A^{MVP} \cdot x_B^{MVP} \cdot Cov(r_A, r_B) \\
&= 0,375^2 \cdot 0,2^2 + 0,625^2 \cdot 0,12^2 \\
&\quad + 2 \cdot 0,375 \cdot 0,625 \cdot (-0,024) \\
&= 0
\end{aligned}
$$

Das Risiko des Minimum-Varianz-Portefeuilles beträgt:

$$
\begin{aligned}
\sigma(r_{MVP}) &= \sqrt{\sigma^2(r_{MVP})} \\
&= \sqrt{0} \\
&= 0\,\% \text{ p.a.}
\end{aligned}
$$

Lösung, Teilaufgabe (b)

Die anteilsmäßige Zusammensetzung des Portefeuilles R beträgt:

$$
\begin{aligned}
x_A^R &= \frac{\text{Aktienvermögen der Aktie A}}{\text{Gesamtes Aktienvermögen}} \\
&= \frac{1.425.000}{1.425.000 + 1.075.000} \\
&= 57\,\%
\end{aligned}
$$

$$
\begin{aligned}
x_B^R &= \frac{\text{Aktienvermögen der Aktie B}}{\text{Gesamtes Aktienvermögen}} \\
&= \frac{1.075.000}{1.425.000 + 1.075.000} \\
&= 43\,\%
\end{aligned}
$$

Die erwartete Rendite des Portefeuilles beträgt:

$$E(r_R) = x_A^R \cdot E(r_A) + x_B^R \cdot E(r_B)$$
$$= 0,57 \cdot 0,15 + 0,43 \cdot 0,08$$
$$= 11,99 \text{ \% p.a.}$$

Die Varianz des Portefeuilles beträgt:

$$\sigma^2(r_R) = (x_A^R)^2 \cdot \sigma^2(r_A) + (x_B^R)^2 \cdot \sigma^2(r_B) + 2 \cdot x_A^R \cdot x_B^R \cdot Cov(r_A, r_B)$$
$$= 0,57^2 \cdot 0,2^2 + 0,43^2 \cdot 0,12^2$$
$$+2 \cdot 0,57 \cdot 0,43 \cdot (-0,024)$$
$$= 0,0038937$$

Das Risiko des Portefeuilles beträgt:

$$\sigma(r_R) = \sqrt{\sigma^2(r_R)}$$
$$= \sqrt{0,0038937}$$
$$= 6,24 \text{ \% p.a.}$$

Lösung, Teilaufgabe (c)

Die anteilsmäßige Zusammensetzung des Portefeuilles S beträgt:

$$x_A^S = \frac{\text{Aktienvermögen der Aktie A}}{\text{Gesamtes Vermögen}}$$
$$= \frac{1.050.000}{1.050.000 + 450.000 + 1.000.000}$$
$$= 42 \text{ \%}$$

$$x_B^S = \frac{\text{Aktienvermögen der Aktie B}}{\text{Gesamtes Vermögen}}$$
$$= \frac{450.000}{1.050.000 + 450.000 + 1.000.000}$$
$$= 18 \text{ \%}$$

$$\alpha^S = \frac{\text{risikolose Veranlagung}}{\text{Gesamtes Vermögen}}$$
$$= \frac{1.000.000}{1.050.000 + 450.000 + 1.000.000}$$
$$= 40 \text{ \%}$$

Die erwartete Rendite des Portefeuilles beträgt:

$$E(r_S) = x_A^S \cdot E(r_A) + x_B^S \cdot E(r_B) + \alpha^S \cdot r$$
$$= 0,42 \cdot 0,15 + 0,18 \cdot 0,08 + 0,4 \cdot 0,10625$$
$$= 11,99 \text{ \% p.a.}$$

Die Varianz des Portefeuilles beträgt:

$$\sigma^2(r_S) = (x_A^S)^2 \cdot \sigma^2(r_A) + (x_B^S)^2 \cdot \sigma^2(r_B) + 2 \cdot x_A^S \cdot x_B^S \cdot Cov(r_A, r_B)$$
$$= 0,42^2 \cdot 0,2^2 + 0,18^2 \cdot 0,12^2$$
$$+2 \cdot 0,42 \cdot 0,18 \cdot (-0,024)$$
$$= 0,0038937$$

Das Risiko des Portefeuilles beträgt:

$$\sigma(r_S) = \sqrt{\sigma^2(r_S)}$$
$$= \sqrt{0,0038937}$$
$$= 6,24 \text{ \% p.a.}$$

Lösung, Teilaufgabe (d)

Die erwarteten Renditen und Risiken der Portefeuilles R und S sind identisch, obwohl unterschiedliche Anteile riskant veranlagt werden. Der Grund liegt darin, daß die Renditen der beiden Wertpapiere perfekt negativ korrelieren,

$$\varrho(r_A, r_B) = \frac{Cov(r_A, r_B)}{\sigma(r_A) \cdot \sigma(r_B)}$$
$$= \frac{-0,024}{0,2 \cdot 0,12}$$
$$= -1$$

und die Höhe des risikolosen Finanzierungstitels mit der erwarteten Rendite des Minimum–Varianz–Portefeuilles exakt übereinstimmt.

3 Moderne Kapitalmarkttheorie

Aufgabe 1

Der vollkommene Kapitalmarkt von Trans–Danubien bestehe ausschließlich aus den Aktien der rein eigenfinanzierten Unternehmungen FW–II–AG und FIWI–AG sowie aus einem risikolosen Finanzierungstitel. Die FW–II–AG hat 100.000 Aktien, die FIWI–AG 150.000 Aktien emittiert und die aktuellen Aktienkurse sind:

j	FW–II–AG	FIWI–AG
P_{0j}	100,–	200,–

Der risikolose Zinssatz beträgt 5,468 % p.a. Die Investoren von Trans–Danubien sind risiko-avers, rational, haben homogene Erwartungen und erwarten folgende Aktienrenditen für das kommende Jahr (in % p.a.):

j	FW–II–AG	FIWI–AG
$E(r_j)$	8	15

Die annualisierte Standardabweichung wurde bei den FW–II–Aktien mit 0,1, bei den FIWI–Aktien mit 0,2 geschätzt. Die erwartete Rendite von der FW–II–Aktie korreliert mit jener von der FIWI–Aktie im Ausmaß von 0,4.

Überprüfen Sie, ob sich der Kapitalmarkt von Trans–Danubien im Gleichgewicht befindet.

Lösung

Die FW–II–AG wird im folgenden mit A, die FIWI–AG mit B bezeichnet. Das gesamte Aktienvermögen auf dem Kapitalmarkt beträgt:

Aktie	$P_{0j} \cdot n_j$		
A	$100 \cdot 100.000$	=	10.000.000
B	$200 \cdot 150.000$	=	30.000.000
Summe			40.000.000

Die wertmäßigen Anteile der einzelnen Aktien am Marktportefeuille betragen:

$$
\begin{aligned}
x_A^M &= \frac{\text{Aktienvermögen der Aktie } A}{\text{Gesamtes Aktienvermögen}} \\
&= \frac{10.000.000}{40.000.000} \\
&= 25 \ \%
\end{aligned}
$$

$$x_B^M = \frac{\text{Aktienvermögen der Aktie } B}{\text{Gesamtes Aktienvermögen}}$$

$$= \frac{30.000.000}{40.000.000}$$

$$= 75 \%$$

Die erwartete Kapitalmarktrendite beträgt:

$$E(r_M) = x_A^M \cdot E(r_A) + x_B^M \cdot E(r_B)$$

$$= 0,25 \cdot 0,08 + 0,75 \cdot 0,15$$

$$= 13,25 \% \text{ p.a.}$$

Die Kovarianz zwischen den erwarteten Renditen der Wertpapiere A und B ergibt sich aus:

$$Cov(r_A, r_B) = \varrho(r_A, r_B) \cdot \sigma(r_A) \cdot \sigma(r_B)$$

$$= 0,04 \cdot 0,1 \cdot 0,2$$

$$= 0,008$$

Die Varianz des Marktportefeuilles beträgt:

$$\sigma^2(r_M) = (x_A^M)^2 \cdot \sigma^2(r_A) + (x_B^M)^2 \cdot \sigma^2(r_B) + 2 \cdot x_A^M \cdot x_B^M \cdot Cov(r_A, r_B)$$

$$= 0,25^2 \cdot 0,1^2 + 0,75^2 \cdot 0,2^2$$

$$+ 2 \cdot 0,25 \cdot 0,75 \cdot 0,008$$

$$= 0,026125$$

Das Marktrisiko ergibt sich aus:

$$\sigma(r_M) = \sqrt{\sigma^2(r_M)}$$

$$= \sqrt{0,026125}$$

$$= 16,16 \% \text{ p.a.}$$

Die Kovarianzen zwischen den Renditen der Aktien A und B und der Marktrendite betragen:

$$Cov(r_A, r_M) = \sigma^2(r_A) \cdot x_A^M + Cov(r_A, r_B) \cdot x_B^M$$

$$= 0,1^2 \cdot 0,25 + 0,008 \cdot 0,75$$

$$= 0,0085$$

$$Cov(r_B, r_M) = \sigma^2(r_B) \cdot x_B^M + Cov(r_A, r_B) \cdot x_A^M$$

$$= 0,2^2 \cdot 0,75 + 0,008 \cdot 0,25$$

$$= 0,032$$

Nach dem CAPM erhält man:

$$E(r_A) = r + \frac{E(r_M) - r}{\sigma^2(r_M)} \cdot Cov(r_A, r_M)$$

$$= 0,05468 + \frac{0,1325 - 0,05468}{0,1616^2} \cdot 0,0085$$

$$= 8 \% \text{ p.a.}$$

$$E(r_B) = r + \frac{E(r_M) - r}{\sigma^2(r_M)} \cdot Cov(r_B, r_M)$$

$$= 0,05468 + \frac{0,1325 - 0,05468}{0,1616^2} \cdot 0,0032$$

$$= 15 \% \text{ p.a.}$$

Daraus folgt, daß sich der Kapitalmarkt von Trans–Danubien im Gleichgewicht befindet.

Aufgabe 2

Der vollkommene Kapitalmarkt von "Floridsland" bestehe ausschließlich aus den Aktien der rein eigenfinanzierten Unternehmungen A, B und C sowie einem risikolosen Finanzierungstitel. Das Emissionsvolumen und die aktuellen Aktienkurse betragen:

j	A	B	C
P_{0j}	229,29	208,08	666,67
Stück	200.000	100.000	50.000

In "Floridsland" gibt es nur die drei Kapitalmarktteilnehmer I, II und III. Alle drei Investoren sind risikoavers, haben homogene Erwartungen und erwarten die folgenden Aktienrenditen für das kommende Jahr:

j	A	B	C
$E(r_j)$ in % p.a.	9	15	12

Die geschätzten Varianzen und Kovarianzen der normalverteilten Aktienrenditen betragen

$$Cov(r_j, r_k) = \begin{pmatrix} 0,1^2 & 0,008 & 0,003 \\ & 0,2^2 & 0,018 \\ & & 0,15^2 \end{pmatrix} ; \quad j,k \in \{A,B,C\}.$$

Bestimmen Sie

(a) *die erwartete Rendite und das Risiko des Kapitalmarktes und*

(b) *die Höhe des risikolosen Finanzierungstitels (in % p.a.), bei der sich der Kapitalmarkt im Gleichgewicht befindet.*

Das am Kapitalmarkt investierte Reinvermögen der Investoren I und II ist gleich groß, jenes von Investor II ist so groß wie das von den Investoren I und II gemeinsam. Weiters ist bekannt, daß Investor I bereit ist, ein Risiko in Höhe von 9 % p.a. zu tragen und daß Investor II eine erwartete Rendite in der Höhe von 10 % p.a. erzielen möchte.

(c) *Wieviele Aktien der drei Unternehmungen besitzt jeder der drei Investoren im Gleichgewicht und wieviel Kapital wird zum risikolosen Zinssatz gehandelt?*

Lösung, Teilaufgabe (a)

Das gesamte Aktienvermögen auf dem Kapitalmarkt beträgt:

Aktie	$P_{0j} \cdot n_j$		
A	$229,29 \cdot 200.000$	=	45.858.000
B	$208,08 \cdot 100.000$	=	20.808.000
C	$666,67 \cdot 50.000$	=	33.333.500
Summe			99.999.500

Die wertmäßigen Anteile der einzelnen Aktien am Marktportefeuille betragen:

$$
\begin{aligned}
x_A^M &= \frac{\text{Aktienvermögen der Aktie } A}{\text{Gesamtes Aktienvermögen}} \\
&= \frac{45.858.000}{99.999.500} \\
&= 45,86\,\%
\end{aligned}
$$

$$
\begin{aligned}
x_B^M &= \frac{\text{Aktienvermögen der Aktie } B}{\text{Gesamtes Aktienvermögen}} \\
&= \frac{20.808.000}{99.999.500} \\
&= 20,81\,\%
\end{aligned}
$$

$$
\begin{aligned}
x_C^M &= \frac{\text{Aktienvermögen der Aktie } C}{\text{Gesamtes Aktienvermögen}} \\
&= \frac{33.333.500}{99.999.500} \\
&= 33,33\,\%
\end{aligned}
$$

Die erwartete Kapitalmarktrendite beträgt:

$$
\begin{aligned}
E(r_M) &= x_A^M \cdot E(r_A) + x_B^M \cdot E(r_B) + x_C^M \cdot E(r_C) \\
&= 0,4586 \cdot 0,09 + 0,2081 \cdot 0,15 + 0,3333 \cdot 0,12 \\
&= 11,25\,\% \text{ p.a.}
\end{aligned}
$$

Die Varianz des Marktportefeuilles beträgt:

$$
\begin{aligned}
\sigma^2(r_M) &= \sum_{i=1}^{N}\sum_{j=1}^{N} x_i^M \cdot x_j^M \cdot Cov(r_i, r_j) \\
&= 0,4586^2 \cdot 0,1^2 + 0,2081^2 \cdot 0,2^2 + 0,3333^2 \cdot 0,15^2 \\
&\quad + 2 \cdot 0,4586 \cdot 0,2081 \cdot 0,008 \\
&\quad + 2 \cdot 0,4586 \cdot 0,3333 \cdot 0,003 \\
&\quad + 2 \cdot 0,3333 \cdot 0,2081 \cdot 0,018 \\
&= 0,0112759
\end{aligned}
$$

Das Marktrisiko ergibt sich aus:

$$
\begin{aligned}
\sigma(r_M) &= \sqrt{\sigma^2(r_M)} \\
&= \sqrt{0,0112759} \\
&= 10,62\,\% \text{ p.a.}
\end{aligned}
$$

Lösung, Teilaufgabe (b)

Die Kovarianzen zwischen den Renditen der Aktien A, B und C und der Marktrendite betragen:

$$
\begin{aligned}
Cov(r_A, r_M) &= \sum_{i=1}^{N} x_i^M \cdot Cov(r_A, r_j) \\
&= 0,4586 \cdot 0,1^2 + 0,2081 \cdot 0,008 + 0,3333 \cdot 0,003 \\
&= 0,00725
\end{aligned}
$$

$$Cov(r_B, r_M) = \sum_{i=1}^{N} x_i^M \cdot Cov(r_B, r_j)$$
$$= 0,4586 \cdot 0,008 + 0,2081 \cdot 0,2^2 + 0,3333 \cdot 0,018$$
$$= 0,01799$$

$$Cov(r_C, r_M) = \sum_{i=1}^{N} x_i^M \cdot Cov(r_C, r_j)$$
$$= 0,4586 \cdot 0,003 + 0,2081 \cdot 0,018 + 0,3333 \cdot 0,15^2$$
$$= 0,01262$$

Damit ergeben sich die folgenden Aktien–Betas:

$$\beta_A = \frac{Cov(r_A, r_M)}{\sigma^2(r_M)}$$
$$= \frac{0,00725}{0,1062^2}$$
$$= 0,6430$$

$$\beta_B = \frac{Cov(r_B, r_M)}{\sigma^2(r_M)}$$
$$= \frac{0,01799}{0,1062^2}$$
$$= 1,5956$$

$$\beta_C = \frac{Cov(r_C, r_M)}{\sigma^2(r_M)}$$
$$= \frac{0,01262}{0,1062^2}$$
$$= 1,1193$$

Durch Auflösen der Beziehung (CAPM)

$$E(r_j) = r + [E(r_M) - r] \cdot \beta_j$$

nach r erhält man

$$r = \frac{E(r_M) \cdot \beta_j - E(r_j)}{\beta_j - 1},$$

und es ergibt sich z.B. über $E(r_A)$ und β_A:

$$r = \frac{E(r_M) \cdot \beta_A - E(r_A)}{\beta_A - 1}$$
$$= \frac{0,1125 \cdot 0,6430 - 0,09}{0,6430 - 1}$$
$$= 4,95 \ \% \ \text{p.a.}$$

Über die entsprechenden Parameter der Aktien B und C ergibt sich:

$$r = \frac{E(r_M) \cdot \beta_B - E(r_B)}{\beta_B - 1}$$
$$= \frac{0,1125 \cdot 1,5956 - 0,15}{1,5956 - 1}$$

$$= 4,95 \% \text{ p.a.}$$

$$r = \frac{E(r_M) \cdot \beta_C - E(r_C)}{\beta_C - 1}$$
$$= \frac{0,1125 \cdot 1,1193 - 0,12}{1,1193 - 1}$$
$$= 4,95 \% \text{ p.a.}$$

Damit folgt, daß sich der Kapitalmarkt im Gleichgewicht befindet, und die Höhe des risikolosen Finanzierungstitels beträgt $r = 4,95 \%$ p.a.

Lösung, Teilaufgabe (c)

Verteilung des gesamten Vermögens auf die Investoren:

Investor i	I	II	III
Anteil $= w_i$	25 %	25 %	50 %

- Für den Investor I folgt:

$$\alpha^I = 1 - \frac{\sigma(r_P)}{\sigma(r_M)}$$
$$= 1 - \frac{0,09}{0,1062}$$
$$= 15,24 \%$$

Bei einem Reinvermögen von

$$V_0^I = 99.999.500 \cdot 0,25 = 24.999.875$$

veranlangt der Investor

$$24.999.875 \cdot 0,1524 = 3.811.120,05$$

risikolos. Das Reinvermögen wird zu den folgenden Anteilen in die drei Aktien investiert:

$$x_A^I = (1 - \alpha^I) \cdot x_A^M$$
$$= (1 - 0,1524) \cdot 0,4586$$
$$= 38,87 \%$$

$$x_B^I = (1 - \alpha^I) \cdot x_B^M$$
$$= (1 - 0,1524) \cdot 0,2081$$
$$= 17,64 \%$$

$$x_C^I = (1 - \alpha^I) \cdot x_C^M$$
$$= (1 - 0,1524) \cdot 0,3333$$
$$= 28,25 \%$$

Von den Aktien werden die folgenden Stückzahlen (n_i^I) erworben:

$$n_A^I = \frac{x_A^I \cdot V_0^I}{P_{0,A}}$$

$$= \frac{0,3887 \cdot 24.999.875}{229,29}$$
$$= 42.377,72$$

$$n_B^I = \frac{x_B^I \cdot V_0^I}{P_{0,B}}$$
$$= \frac{0,1764 \cdot 24.999.875}{208,08}$$
$$= 21.188,86$$

$$n_C^I = \frac{x_C^I \cdot V_0^I}{P_{0,C}}$$
$$= \frac{0,2825 \cdot 24.999.875}{666,67}$$
$$= 10.594,43$$

• Für den Investor II folgt:

$$\alpha^{II} = \frac{E(r_P^{II}) - E(r_M)}{r - E(r_M)}$$
$$= \frac{0,1 - 0,1125}{0,0495 - 0,1125}$$
$$= 19,82\,\%$$

Bei einem Reinvermögen von

$$V_0^{II} = 99.999.500 \cdot 0,25 = 24.999.875$$

veranlangt der Investor

$$24.999.875 \cdot 0,1982 = 4.955.531,48$$

risikolos. Das Reinvermögen wird zu den folgenden Anteilen in die drei Aktien investiert:

$$x_A^{II} = (1 - \alpha^{II}) \cdot x_A^M$$
$$= (1 - 0,1982) \cdot 0,4586$$
$$= 36,77\,\%$$

$$x_B^{II} = (1 - \alpha^{II}) \cdot x_B^M$$
$$= (1 - 0,1982) \cdot 0,2081$$
$$= 16,68\,\%$$

$$x_C^{II} = (1 - \alpha^{II}) \cdot x_C^M$$
$$= (1 - 0,1982) \cdot 0,3333$$
$$= 26,73\,\%$$

Von den Aktien werden die folgenden Stückzahlen (n_i^{II}) erworben:

$$n_A^{II} = \frac{x_A^{II} \cdot V_0^{II}}{P_{0,A}}$$
$$= \frac{0,3677 \cdot 24.999.875}{229,29}$$
$$= 40.088,89$$

$$n_B^{II} = \frac{x_B^{II} \cdot V_0^{II}}{P_{0,B}}$$

$$= \frac{0,1668 \cdot 24.999.875}{208,08}$$

$$= 20.044,44$$

$$n_C^{II} = \frac{x_C^{II} \cdot V_0^{II}}{P_{0,C}}$$

$$= \frac{0,2673 \cdot 24.999.875}{666,67}$$

$$= 10.022,22$$

- Investor III besitzt ein Reinvermögen von

$$V_0^{III} = 99.999.500 \cdot 0,5 = 49.999.750, -.$$

Das von den Investoren I und II risikolos veranlagte Vermögen von insgesamt

$$3.811.120,05 + 4.955.531,48 = 8.766.651,53$$

borgt sich Investor III als risikolosen Kredit, und damit folgt für Investor III:

$$\alpha^{III} = -\frac{\alpha^I \cdot V_0^I + \alpha^{II} \cdot V_0^{II}}{V_0^{III}}$$

$$\frac{8.766.651,53}{49.999.750}$$

$$= -17,53\,\%$$

Die wertmäßigen Anteile an den Aktien A, B und C betragen:

$$x_A^{III} = (1 - \alpha^{III}) \cdot x_A^M$$

$$= (1 + 0,1753) \cdot 0,4586$$

$$= 53,90\,\%$$

$$x_B^{III} = (1 - \alpha^{III}) \cdot x_B^M$$

$$= (1 + 0,1753) \cdot 0,2081$$

$$= 24,46\,\%$$

$$x_C^{III} = (1 - \alpha^{III}) \cdot x_C^M$$

$$= (1 + 0,1753) \cdot 0,3333$$

$$= 39,18\,\%$$

Von den Aktien werden die folgenden Stückzahlen (n_i^{III}) erworben:

$$n_A^{III} = \frac{x_A^{III} \cdot V_0^{III}}{P_{0,A}}$$

$$= \frac{0,5390 \cdot 24.999.875}{229,29}$$

$$= 117.533,39$$

$$n_B^{III} = \frac{x_B^{III} \cdot V_0^{III}}{P_{0,B}}$$

$$= \frac{0,2446 \cdot 24.999.875}{208,08}$$
$$= 58.766,70$$

$$n_C^{III} = \frac{x_C^{III} \cdot V_0^{III}}{P_{0,C}}$$
$$= \frac{0,3918 \cdot 24.999.875}{666,67}$$
$$= 29.383,35$$

Aufgabe 3

Der vollkommene Kapitalmarkt von "Humperdinck" bestehe ausschließlich aus den Aktien der rein eigenfinanzierten Unternehmungen A und B sowie aus einem risikolosen Finanzierungstitel. In "Humperdinck" gibt es nur die beiden Kapitalmarktteilnehmer "Hänsel" und "Gretel". Beide Investoren sind risikoavers, rational, haben homogene Erwartungen und vermuten zu $t = 0$ für den Zeitpunkt $t = 1$ die folgenden Eintrittswahrscheinlichkeiten und zustandsabhängigen Renditen des gesamten Kapitalmarktes:

i	$p(z_i)$	$r_M(z_i)$
1	0,2	−5 %
2	0,5	10 %
3	0,3	15 %

Die geschätzte β–Werte für die beiden Aktien sind

β_A	β_B
0,4	1,2

der risikolose Zinssatz beträgt 5 % p.a.

(a) Berechnen Sie die erwartete Rendite und das Risiko des Marktportefeuilles.

(b) Berechnen Sie die erwartete Rendite der Aktie A und der Aktie B für den Fall, daß sich der Kapitalmarkt im Gleichgewicht befindet.

(c) Berechnen Sie die anteilsmäßige Zusammensetzung des Marktportefeuilles.

Von "Hänsel" ist bekannt, daß sein investiertes Reinvermögen am Kapitalmarkt 1 Mio. beträgt und daß er bereit ist, ein Risiko in der Höhe von 10 % p.a. zu tragen. Das von "Gretel" am Kapitalmarkt investierte Reinvermögen beträgt 1,5 Mio.

(d) Berechnen Sie die wertmäßige Zusammensetzung und die erwartete Rendite des Portefeuilles, das "Hänsel" im Gleichgewicht hält.

(e) Berechnen Sie die wertmäßige Zusammensetzung, die erwartete Rendite und das Risiko des Portefeuilles, das "Gretel" im Gleichgewicht hält.

Lösung, Teilaufgabe (a)

Die erwartete Rendite des Marktportefeuilles beträgt:

$$
\begin{aligned}
E(r_M) &= \sum_{i=1}^{3} r_M(z_i) \cdot p(z_i) \\
&= (-0,05) \cdot 0,2 + 0,1 \cdot 0,5 + 0,15 \cdot 0,3 \\
&= 8,5 \ \% \ \text{p.a.}
\end{aligned}
$$

Das erwartete Risiko des Marktportefeuilles ergibt sich aus:

$$
\begin{aligned}
\sigma(r_M) &= \sqrt{\sum_{i=1}^{3} r_M^2(z_i) \cdot p(z_i) - E^2(r_M)} \\
&= \sqrt{(-0,05)^2 \cdot 0,2 + 0,1^2 \cdot 0,5 + 0,15^2 \cdot 0,3 - 0,085^2} \\
&= 7,09 \ \% \ \text{p.a.}
\end{aligned}
$$

Lösung, Teilaufgabe (b)

Nach dem CAPM ergeben sich:

$$
\begin{aligned}
E(r_A) &= r + [E(r_M) - r] \cdot \beta_A \\
&= 0,05 + [0,085 - 0,05] \cdot 0,4 \\
&= 6,4 \ \% \ \text{p.a.}
\end{aligned}
$$

$$
\begin{aligned}
E(r_B) &= r + [E(r_M) - r] \cdot \beta_B \\
&= 0,05 + [0,085 - 0,05] \cdot 1,2 \\
&= 9,2 \ \% \ \text{p.a.}
\end{aligned}
$$

Lösung, Teilaufgabe (c)

Ausgehend von den Beziehungen

$$
\beta_M = \sum_{i=1}^{N} x_i^M \cdot \beta_i = 1
$$

und

$$
\sum_{i=1}^{N} x_i^M = 1
$$

ergibt sich für die vorliegende Aufgabenstellung

$$
\beta_M = x_A^M \cdot \beta_A + x_B^M \cdot \beta_B = 1
$$

und

$$
x_A^M + x_B^M = 1.
$$

Setzt man $x_A^M + x_B^M = 1$ in der Form

$$
x_B^M = 1 - x_A^M
$$

in die Bestimmungsgleichung für das Beta des Marktportefeuilles ein,

$$
x_A^M \cdot \beta_A + (1 - x_A^M) \cdot \beta_B = 1,
$$

und löst man diese Gleichung nach x_A^M auf, so ergibt sich:

$$
\begin{aligned}
x_A^M &= \frac{1 - \beta_B}{\beta_A - \beta_B} \\
&= \frac{1 - 1,2}{0,4 - 1,2} \\
&= 25\,\%
\end{aligned}
$$

$$
\begin{aligned}
x_B^M &= 1 - x_A^M \\
&= 1 - 0,25 \\
&= 75\,\%
\end{aligned}
$$

Lösung, Teilaufgabe (d)

Die erwartete Rendite von *Hänsel* beträgt:

$$
\begin{aligned}
E(r_P^H) &= r + \frac{E(r_M) - r}{\sigma(r_M)} \cdot \sigma(r_P^H) \\
&= 0,05 + \frac{0,085 - 0,05}{0,0709} \cdot 0,1 \\
&= 9,94\,\% \text{ p.a.}
\end{aligned}
$$

Der wertmäßige Anteil des Vermögens, das *Hänsel* risikolos investiert, beträgt:

$$
\begin{aligned}
\alpha^H &= 1 - \frac{\sigma(r_P^H)}{\sigma(r_M)} \\
&= 1 - \frac{0,1}{0,0709} \\
&= -41,07\,\%
\end{aligned}
$$

Die wertmäßigen Anteile an den Aktien A und B betragen:

$$
\begin{aligned}
x_A^H &= (1 - \alpha^H) \cdot x_A^M \\
&= (1 + 0,4107) \cdot 0,25 \\
&= 35,27\,\%
\end{aligned}
$$

$$
\begin{aligned}
x_B^H &= (1 - \alpha^H) \cdot x_B^M \\
&= (1 + 0,4107) \cdot 0,75 \\
&= 105,80\,\%
\end{aligned}
$$

Die wertmäßige Zusammensetzung des Portefeuilles von *Hänsel* lautet:

Risikolos	$\alpha^H \cdot V_0^H$	$=$	$-0,4107 \cdot 1.000.000$	$=$	-410.700
Aktie A	$x_A^H \cdot V_0^H$	$=$	$0,3527 \cdot 1.000.000$	$=$	352.700
Aktie B	$x_B^H \cdot V_0^H$	$=$	$0,1058 \cdot 1.000.000$	$=$	$1.058.000$

Lösung, Teilaufgabe (e)

Der risikolose Kredit von *Hänsel* ist die risikolose Veranlagung von *Gretel*, und es ergibt sich:

$$
\alpha^G = -\frac{\alpha^H \cdot V_0^H}{V_0^G}
$$

$$= \frac{410.700}{1.500.000}$$
$$= 27,38\,\%$$

Der wertmäßige Anteil an den Aktien A und B beträgt:

$$
\begin{aligned}
x_A^G &= (1 - \alpha^G) \cdot x_A^M \\
&= (1 - 0,2738) \cdot 0,25 \\
&= 18,16\,\%
\end{aligned}
$$

$$
\begin{aligned}
x_B^G &= (1 - \alpha^G) \cdot x_B^M \\
&= (1 - 0,2738) \cdot 0,75 \\
&= 54,46\,\%
\end{aligned}
$$

Die wertmäßige Zusammensetzung des Portefeuilles von *Gretel* lautet:

Risikolos	$\alpha^G \cdot V_0^G$	=	$0,2738 \cdot 1.500.000$	=	410.700
Aktie A	$x_A^G \cdot V_0^G$	=	$0,1816 \cdot 1.500.000$	=	272.400
Aktie B	$x_B^G \cdot V_0^G$	=	$0,5446 \cdot 1.500.000$	=	816.900

Für die erwartete Rendite der Portefeuilles von *Gretel* erhält man:

$$
\begin{aligned}
E(r_P^G) &= \alpha \cdot r + (1 - \alpha) \cdot E(r_M) \\
&= 0,2738 \cdot 0,05 + (1 - 0,2738) \cdot 0,085 \\
&= 7,54\,\% \text{ p.a.}
\end{aligned}
$$

Das Riskio des Portefeuilles von *Gretel* beträgt:

$$
\begin{aligned}
\sigma(r_P^G) &= (1 - \alpha) \cdot \sigma(r_M) \\
&= (1 - 0,2738) \cdot 0,0709 \\
&= 5,15\,\% \text{ p.a.}
\end{aligned}
$$

Aufgabe 4

Der vollkommene Kapitalmarkt von "Verona" befindet sich im Gleichgewicht und besteht ausschließlich aus den Aktien der rein eigenfinanzierten Unternehmungen A und B sowie aus einem risikolosen Finanzierungstitel. In "Verona" gibt es nur die beiden Kapitalmarktteilnehmer "Romeo" und "Julia". Beide Investoren sind risikoavers, rational und haben homogene Erwartungen. Von "Romeo" und "Julia" sind die folgenden Informationen bekannt:

	"Romeo"	"Julia"
Investiertes Reinvermögen am Kapitalmarkt	1 Mio.	1,5 Mio.
Erwartete Rendite des investierten Vermögens	12,00 %	9,00 %
Erwartetes Risiko des investierten Vermögens	18,$\dot{6}$ %	7,0 %

Von "Julia" ist weiters bekannt, daß sie 40 % ihres Vermögens in den risikolosen Finanzierungstitel investiert. Die geschätzten β–Werte für die beiden Aktien sind:

β_A	β_B
0,4	1,2

(a) *Berechnen Sie die Höhe des risikolosen Finanzierungstitels im Gleichgewicht (in % p.a.).*

(b) *Berechnen Sie das erwartete Risiko und die erwartete Rendite des Kapitalmarkts (in % p.a.) sowie die erwartete Rendite der Aktie A und B (in % p.a.) im Gleichgewicht.*

(c) *Berechnen Sie die anteilsmäßige Zusammensetzung des Marktportefeuilles.*

(d) *Berechnen Sie die wertmäßige Zusammensetzung des Portefeuilles, das "Julia" im Gleichgewicht hält.*

(e) *Berechnen Sie die wertmäßige Zusammensetzung des Portefeuilles, das "Romeo" im Gleichgewicht hält.*

Lösung, Teilaufgabe (a)

Auf der Kapitalmarktlinie sind zwei Portefeuilles bekannt. *Julia's* Portefeuille ist durch die erwartete Portefeuillerendite $E(r_J)$ und das Portefeuillerisiko $\sigma(r_J)$ und *Romeo's* Portefeuille durch die erwartete Portefeuillerendite $E(r_R)$ und das Portefeuillerisiko $\sigma(r_R)$ beschrieben. Demnach läßt sich die *Steigung* der Kapitalmarktlinie durch

$$\frac{E(r_R) - E(r_J)}{\sigma(r_R) - \sigma(r_J)}$$

beschreiben. Die Steigung kann aber auch unter Zuhilfenahme eines beliebigen anderen Portefeuilles P, mit einer erwarteten Rendite von $E(r_P)$ und dem Risiko $\sigma(r_P)$, durch

$$\frac{E(r_P) - E(r_J)}{\sigma(r_P) - \sigma(r_J)}$$

beschrieben werden. Da die Steigung der Kapitalmarktlinie in beiden Fällen gleich groß ist, ergibt sich

$$\frac{E(r_R) - E(r_J)}{\sigma(r_R) - \sigma(r_J)} = \frac{E(r_P) - E(r_J)}{\sigma(r_P) - \sigma(r_J)}.$$

Wird diese Gleichung nach $E(r_P)$ aufgelöst, so erhält man:

$$
\begin{aligned}
E(r_P) &= \frac{E(r_R) - E(r_J)}{\sigma(r_R) - \sigma(r_J)} \cdot \sigma(r_P) - \frac{E(r_R) - E(r_J)}{\sigma(r_R) - \sigma(r_J)} \cdot \sigma(r_J) + E(r_J) \\
&= \underbrace{\frac{0,12 - 0,09}{0,18\dot{6} - 0,07}}_{\frac{E(r_M) - r}{\sigma(r_M)}} \cdot \sigma(r_P) - \underbrace{\frac{0,12 - 0,09}{0,18\dot{6} - 0,07} \cdot 0,07 + 0,09}_{r} \\
&= 0,257144 \cdot \sigma(r_P) + 0,072
\end{aligned}
$$

Demnach beträgt die Höhe des risikolosen Finanzierungstitels:

$$r = 7,2\,\% \text{ p.a.}$$

Lösung, Teilaufgabe (b)

Das erwartete Risiko des Kapitalmarkts beträgt:

$$\sigma(r_M) = \frac{\sigma(r_J)}{1 - \alpha^J}$$
$$= \frac{0,07}{1 - 0,4}$$
$$= 11,6\dot{6} \ \% \ \text{p.a.}$$

Geht man von der in (a) enthaltenen Beziehung

$$\frac{E(r_M) - r}{\sigma(r_M)} = 0,257144$$

aus und löst man diese Gleichung nach $E(r_M)$ auf, so erhält man:

$$E(r_M) = 0,257144 \cdot \sigma(r_M) + r$$
$$= 0,257144 \cdot 0,116\dot{6} + 0,072$$
$$= 10,2 \ \% \ \text{p.a.}$$

Die erwarteten Renditen für die Wertpapiere A und B ergeben sich dann aus:

$$E(r_A) = r + [E(r_M) - r] \cdot \beta_A$$
$$= 0,072 + [0,102 - 0,072] \cdot 0,4$$
$$= 8,4 \ \% \ \text{p.a.}$$

$$E(r_B) = r + [E(r_M) - r] \cdot \beta_B$$
$$= 0,072 + [0,102 - 0,072] \cdot 1,2$$
$$= 10,8 \ \% \ \text{p.a.}$$

Lösung, Teilaufgabe (c)

Die wertmäßigen Anteile der Wertpapiere A und B im Marktportefeuille ergeben sich aus:

$$x_A^M = \frac{E(r_M) - E(r_B)}{E(r_A) - E(r_B)}$$
$$= \frac{0,102 - 0,108}{0,084 - 0,108}$$
$$= 25 \ \%$$

$$x_B^M = 1 - x_A^M$$
$$= 1 - 0,25$$
$$= 75 \ \%$$

Lösung, Teilaufgabe (d)

Die anteilsmäßige Zusammensetzung des Portefeuilles von *Julia* erhält man durch:

$$\alpha^J = 40 \ \%$$

$$x_A^J = (1 - \alpha^J) \cdot x_A^M$$
$$= (1 - 0,4) \cdot 0,25$$
$$= 15\,\%$$

$$x_B^J = (1 - \alpha^J) \cdot x_B^M$$
$$= (1 - 0,4) \cdot 0,75$$
$$= 45\,\%$$

Julia investiert somit:

Risikolos	$\alpha^J \cdot V_0^J$	$=$	$0,4 \cdot 1.500.000$	$= 600.000$
Aktie A	$x_A^J \cdot V_0^J$	$=$	$0,15 \cdot 1.500.000$	$= 225.000$
Aktie B	$x_B^J \cdot V_0^J$	$=$	$0,45 \cdot 1.500.000$	$= 675.000$

Lösung, Teilaufgabe (e)

Die risikolose Veranlagung von *Julia* bedeutet gleichzeitig, daß *Romeo* einen risikolosen Kredit in dieser Höhe aufnimmt, und es ergibt sich:

$$\alpha^R = -\frac{\alpha^J \cdot V_0^J}{V_0^R}$$
$$= \frac{600.000}{1.000.000}$$
$$= -60\,\%$$

Die anteilsmäßige Zusammensetzung des Portefeuilles von *Romeo* erhält man durch:

$$x_A^R = (1 - \alpha^R) \cdot x_A^M$$
$$= (1 + 0,6) \cdot 0,25$$
$$= 40\,\%$$

$$x_B^R = (1 - \alpha^R) \cdot x_B^M$$
$$= (1 + 0,6) \cdot 0,75$$
$$= 120\,\%$$

Romeo investiert somit:

Risikolos	$\alpha^R \cdot V_0^R$	$=$	$-0,6 \cdot 1.000.000$	$= -600.000$
Aktie A	$x_A \cdot V_0^R$	$=$	$0,40 \cdot 1.000.000$	$= 400.000$
Aktie B	$x_B \cdot V_0^R$	$=$	$1,2 \cdot 1.000.000$	$= 1.200.000$

Aufgabe 5

Der vollkommene Kapitalmarkt von "Isney–Land" befindet sich im Gleichgewicht und besteht ausschließlich aus den Aktien der rein eigenfinanzierten Unternehmungen A, B und C sowie aus einem risikolosen Finanzierungstitel. In "Isney–Land" gibt es nur die beiden Kapitalmarkt-teilnehmer "Dagobert" und "Goofy". Beide Investoren sind risikoavers, rational und haben homogene Erwartungen. Das von "Goofy" investierte Reinvermögen am Kapitalmarkt beträgt 20 Mio., und von "Dagobert" sind die folgenden Informationen bekannt:

	"Dagobert"
Investiertes Reinvermögen am Kapitalmarkt	20 Mio.
Erwartete Rendite des investierten Vermögens	9,00 %
Erwartetes Risiko des investierten Vermögens	7,0 %

Für den Kapitalmarkt wird eine Rendite von 11 % p.a. erwartet und das erwartete Risiko beträgt 11,66 % p.a. Das Emissionsvolumen und die aktuellen Aktienkurse betragen

j	A	B	C
P_{0j}	160,–	200,–	120,–
Stück	50.000	100.000	100.000

Der geschätzte Beta–Wert der Aktie A beträgt 0,5, der der Aktie B 1,2.

(a) *Berechnen Sie die Höhe des risikolosen Finanzierungstitels im Gleichgewicht (in % p.a.).*

(b) *Berechnen Sie die anteilsmäßige Zusammensetzung des Marktportefeuilles.*

(c) *Berechnen Sie die erwartete Rendite der Aktie A, B und C (in % p.a.) im Gleichgewicht.*

(d) *Berechnen Sie die wertmäßige Zusammensetzung des Portefeuilles, das "Dagobert" im Gleichgewicht hält.*

(e) *Berechnen Sie die wertmäßige Zusammensetzung sowie die erwartete Rendite und das Risiko des Portefeuilles, das "Goofy" im Gleichgewicht hält.*

Lösung, Teilaufgabe (a)

Da neben der erwarteten Kapitalmarktrendite und dem Kapitalmarktrisiko von *Dagobert* die erwartete Rendite $E(r_D)$ und das erwartete Risiko $\sigma(r_D)$ bekannt sind, kann man die Höhe des risikolosen Finanzierungstitels aus

$$E(r_D) = r + \frac{E(r_M) - r}{\sigma(r_M)} \cdot \sigma(r_D)$$

berechnen, indem man diese Beziehung nach r auflöst:

$$\begin{aligned} r &= \frac{\sigma(r_M) \cdot E(r_M) - \sigma(r_D) \cdot E(r_M)}{\sigma(r_M) - \sigma(r_D)} \\ &= \frac{0,116\dot{6} \cdot 0,11 - 0,11 \cdot 0,07}{0,116\dot{6} - 0,07} \\ &= 6 \text{ \% p.a.} \end{aligned}$$

Lösung, Teilaufgabe (b)

Das gesamte Aktienvermögen auf dem Kapitalmarkt beträgt:

Aktie	$P_{0j} \cdot n_j$		
A	$160 \cdot 50.000$	=	8.000.000
B	$200 \cdot 100.000$	=	20.000.000
C	$120 \cdot 100.000$	=	12.000.000
Summe			40.000.000

Die wertmäßigen Anteile der einzelnen Aktien am Marktportefeuille betragen:

$$x_A^M = \frac{\text{Aktienvermögen der Aktie } A}{\text{Gesamtes Aktienvermögen}}$$
$$= \frac{8.000.000}{40.000.000}$$
$$= 20\,\%$$

$$x_B^M = \frac{\text{Aktienvermögen der Aktie } B}{\text{Gesamtes Aktienvermögen}}$$
$$= \frac{20.000.000}{40.000.000}$$
$$= 50\,\%$$

$$x_C^M = \frac{\text{Aktienvermögen der Aktie } C}{\text{Gesamtes Aktienvermögen}}$$
$$= \frac{12.000.000}{40.000.000}$$
$$= 30\,\%$$

Lösung, Teilaufgabe (c)

Die erwarteten Renditen der Aktien A und B erhält man über das CAPM:

$$E(r_A) = r + [E(r_M) - r] \cdot \beta_A$$
$$= 0,06 + [0,11 - 0,06] \cdot 0,5$$
$$= 8,5\,\% \text{ p.a.}$$

$$E(r_B) = r + [E(r_M) - r] \cdot \beta_B$$
$$= 0,06 + [0,11 - 0,06] \cdot 1,2$$
$$= 12\,\% \text{ p.a.}$$

Zur Berechnung der erwarteten Rendite der Aktien C benötigt man das Beta dieser Aktie. Zu diesem Zweck geht man vom Beta des Marktportefeuilles

$$\beta_M = x_A^M \cdot \beta_A + x_B^M \cdot \beta_B + x_C^M \cdot \beta_C = 1$$

aus und setzt in diese Beziehung die Restriktion

$$x_A^M + x_B^M + x_C^M = 1$$

in der Form

$$x_C^M = 1 - x_A^M - x_B^M$$

ein:

$$x_A^M \cdot \beta_A + x_B^M \cdot \beta_B + (1 - x_A^M - x_B^M) \cdot \beta_C = 1$$

Löst man diese Gleichung nach der nunmehr einzigen Unbekannten, β_C, auf,

$$\beta_C = \frac{1 - (x_A^M \cdot \beta_A + x_B^M \cdot \beta_B)}{x_C^M},$$

und setzt man für die Parameter die entsprechenden Werte ein, so ergibt sich:

$$\beta_C = \frac{1 - (0,2 \cdot 0,5 + 0,5 \cdot 1,2)}{0,3}$$
$$= 1$$

Damit ergibt sich für die Aktie C:

$$
\begin{aligned}
E(r_C) &= r + [E(r_M) - r] \cdot \beta_C \\
&= 0,06 + [0,11 - 0,06] \cdot 1 \\
&= 11 \% \text{ p.a.}
\end{aligned}
$$

Lösung, Teilaufgabe (d)

Die anteilsmäßige Zusammensetzung des Portefeuilles von *Dagobert* erhält man durch:

$$
\begin{aligned}
\alpha^D &= 1 - \frac{\sigma(r_D)}{\sigma(r_M)} \\
&= 1 - \frac{0,07}{0,1166} \\
&= 40 \%
\end{aligned}
$$

$$
\begin{aligned}
x_A^D &= (1 - \alpha^D) \cdot x_A^M \\
&= (1 - 0,4) \cdot 0,2 \\
&= 12 \%
\end{aligned}
$$

$$
\begin{aligned}
x_B^D &= (1 - \alpha^D) \cdot x_B^M \\
&= (1 - 0,4) \cdot 0,5 \\
&= 30 \%
\end{aligned}
$$

$$
\begin{aligned}
x_C^D &= (1 - \alpha^D) \cdot x_C^M \\
&= (1 - 0,4) \cdot 0,3 \\
&= 18 \%
\end{aligned}
$$

Dagobert investiert somit:

Risikolos	$\alpha^D \cdot V_0^D$	=	$0,40 \cdot 20.000.000$	= 8.000.000
Aktie A	$x_A^D \cdot V_0^D$	=	$0,12 \cdot 20.000.000$	= 2.400.000
Aktie B	$x_B^D \cdot V_0^D$	=	$0,30 \cdot 20.000.000$	= 6.000.000
Aktie C	$x_C^D \cdot V_0^D$	=	$0,18 \cdot 20.000.000$	= 3.600.000

Lösung, Teilaufgabe (e)

Die risikolose Veranlagung von *Dagobert* bedeutet gleichzeitig, daß *Goofy* einen risikolosen Kredit in dieser Höhe aufnimmt, und es ergibt sich:

$$
\begin{aligned}
\alpha^G &= -\frac{\alpha^D \cdot V_0^D}{V_0^G} \\
&= -\frac{8.000.000}{20.000.000} \\
&= -40 \%
\end{aligned}
$$

Die anteilsmäßige Zusammensetzung des Portefeuilles von *Goofy* erhält man durch:

$$
\begin{aligned}
x_A^G &= (1 - \alpha^G) \cdot x_A^M \\
&= (1 + 0,4) \cdot 0,2
\end{aligned}
$$

$$= 28\,\%$$

$$\begin{aligned}
x_B^G &= (1 - \alpha^G) \cdot x_B^M \\
&= (1 + 0,4) \cdot 0,5 \\
&= 70\,\%
\end{aligned}$$

$$\begin{aligned}
x_C^G &= (1 - \alpha^G) \cdot x_C^M \\
&= (1 + 0,4) \cdot 0,3 \\
&= 42\,\%
\end{aligned}$$

Goofy investiert somit:

Risikolos	$\alpha^G \cdot V_0^G$	$= -0,4 \cdot 20.000.000$	$=$	$-8.000.000$
Aktie A	$x_A^G \cdot V_0^G$	$= 0,28 \cdot 20.000.000$	$=$	$5.600.000$
Aktie B	$x_B^G \cdot V_0^G$	$= 0,7 \cdot 20.000.000$	$=$	$14.000.000$
Aktie C	$x_C^G \cdot V_0^G$	$= 0,42 \cdot 20.000.000$	$=$	$8.400.000$

Aufgabe 6

Der vollkommene Kapitalmarkt von "Busch" befindet sich im Gleichgewicht und besteht ausschließlich aus den Aktien der rein eigenfinanzierten Unternehmungen A, B und C sowie aus einem risikolosen Finanzierungstitel. In "Busch" gibt es nur die beiden Kapitalmarktteilnehmer "Max" und "Moritz". Beide Investoren sind risikoavers, rational und haben homogene Erwartungen. Von "Max" und "Moritz" sind die folgenden Informationen bekannt:

	"Max"	"Moritz"
Aktienvermögen (Aktie A)	2,4 Mio.	5,6 Mio.
Aktienvermögen (Aktie B)	6,0 Mio.	14,0 Mio.
Aktienvermögen (Aktie C)	3,6 Mio.	8,4 Mio.
Forderungen (=risikolos investiert)	8,0 Mio.	
Erwartetes Risiko des Vermögens (p.a.)	7 %	

Von den Aktien A und B sind bekannt:

	A	B
Erwartete Rendite (in % p.a.)	8,5 %	12 %
Beta	0,5	1,2

(a) Berechnen Sie die Höhe des risikolosen Finanzierungstitels im Gleichgewicht (in % p.a.).

(b) Berechnen Sie die anteilsmäßige Zusammensetzung des Marktportefeuilles, die erwartete Marktrendite und das Marktrisiko (in % p.a.).

(c) Berechnen Sie das Beta und die erwartete Rendite (in % p.a.) der Aktie C im Gleichgewicht.

(d) Berechnen Sie die erwartete Rendite und das Risiko des Portefeuilles, das "Moritz" im Gleichgewicht hält.

(e) Berechnen Sie die erwartete Rendite des Portefeuilles, das "Max" im Gleichgewicht hält.

Lösung, Teilaufgabe (a)

Über die Wertpapiermarktlinie

$$E(r_j) = r + [E(r_M) - r] \cdot \beta_j$$

erhält man

$$E(r_M) = \frac{E(r_j) - r}{\beta_j} + r.$$

Setzt man für die Aktien A und B ein, so ergibt sich

$$\frac{E(r_A) - r}{\beta_A} + r = \frac{E(r_B) - r}{\beta_B} + r,$$

und nach Auflösen dieser Gleichung nach r erhält man für den risikolosen Finanzierungstitel:

$$
\begin{aligned}
r &= \frac{\beta_A \cdot E(r_B) - \beta_B \cdot E(r_A)}{\beta_A - \beta_B} \\
&= \frac{0,5 \cdot 0,12 - 1,2 \cdot 0,085}{0,5 - 1,2} \\
&= 6 \text{ \% p.a.}
\end{aligned}
$$

Lösung, Teilaufgabe (b)

Setzt man das Ergebnis aus (a) in die (umgeformte) Wertpapiermarktlinie (z.B. für die Aktie A) ein, so erhält man:

$$
\begin{aligned}
E(r_M) &= \frac{E(r_A) - r}{\beta_A} + r \\
&= \frac{0,085 - 0,06}{0,5} + 0,06 \\
&= 11 \text{ \% p.a.}
\end{aligned}
$$

Das gesamte Aktienvermögen auf dem Kapitalmarkt beträgt:

	Max		Moritz		
Aktie A	2.400.000	+	5.600.000	=	8.000.000
Aktie B	6.000.000	+	14.000.000	=	20.000.000
Aktie C	3.600.000	+	8.400.000	=	12.000.000
Gesamt	12.000.000	+	28.000.000	=	40.000.000

Die wertmäßigen Anteile der einzelnen Aktien am Marktportefeuille betragen:

$$
\begin{aligned}
x_A^M &= \frac{\text{Aktienvermögen der Aktie } A}{\text{Gesamtes Aktienvermögen}} \\
&= \frac{8.000.000}{40.000.000} \\
&= 20 \text{ \%}
\end{aligned}
$$

$$
\begin{aligned}
x_B^M &= \frac{\text{Aktienvermögen der Aktie } B}{\text{Gesamtes Aktienvermögen}} \\
&= \frac{20.000.000}{40.000.000}
\end{aligned}
$$

$$= 50\,\%$$

$$x_C^M = \frac{\text{Aktienvermögen der Aktie } C}{\text{Gesamtes Aktienvermögen}}$$
$$= \frac{12.000.000}{40.000.000}$$
$$= 30\,\%$$

Der Anteil α^X, der von *Max* risikolos investiert wird, beträgt:

$$\alpha^X = \frac{8.000.000}{8.000.000 + 12.000.000}$$
$$= 40\,\%$$

Geht man von der Beziehung

$$\sigma(r_X) = (1 - \alpha^X) \cdot \sigma(r_M)$$

aus und löst man diese Gleichung nach $\sigma(r_M)$ auf, so kann man das erwartete Kapitalmarkt-risiko berechnen:

$$\sigma(r_M) = \frac{\sigma(r_X)}{1 - \alpha^X}$$
$$= \frac{0,07}{1 - 0,4}$$
$$= 11,6\dot{6}\,\% \text{ p.a.}$$

Lösung, Teilaufgabe (c)

Das Beta der Aktie C wird unter Berücksichtigung von

$$x_C^M = 1 - x_A^M - x_B^M$$

über das Marktportefeuille–Beta

$$\beta_M = x_A^M \cdot \beta_A + x_B^M \cdot \beta_B + (1 - x_A^M - x_B^M) \cdot \beta_C = 1$$

durch Auflösen nach β_C berechnet:

$$\beta_C = \frac{1 - (\beta_A \cdot x_A^M + \beta_B \cdot x_B^M)}{x_C^M}$$
$$= \frac{1 - (0,5 \cdot 0,2 + 1,2 \cdot 0,5)}{0,3}$$
$$= 1$$

Damit erhält man die erwartete Rendite der Aktie C über die Wertpapiermarktlinie:

$$E(r_C) = r + [E(r_M) - r] \cdot \beta_C$$
$$= 0,06 + [0,11 - 0,06] \cdot 1$$
$$= 11\,\% \text{ p.a.}$$

Lösung, Teilaufgabe (d)

Die risikolose Veranlagung von *Max* bedeutet gleichzeitig, daß *Moritz* einen risikolosen Kredit in dieser Höhe aufnimmt, und es ergibt sich:

$$\alpha^O = -\frac{\alpha^X \cdot V_0^X}{\text{Aktienvermögen}^O - \alpha^X \cdot V_0^X}$$

$$= -\frac{8.000.000}{28.000.000 - 8.000.000}$$
$$= -40\,\%$$

Die erwartete Portefeuillerendite und das erwartete Portefeuillerisiko von *Moritz* ergibt sich dann aus:

$$
\begin{aligned}
E(r_O) &= \alpha^O \cdot r + (1 - \alpha^O) \cdot E(r_M) \\
&= -0,4 \cdot 0,06 + (1 + 0,4) \cdot 0,11 \\
&= 13\,\%\ \text{p.a.}
\end{aligned}
$$

$$
\begin{aligned}
\sigma(r_O) &= (1 - \alpha^O) \cdot \sigma(r_M) \\
&= (1 + 0,4) \cdot 0,116\dot{6} \\
&= 16,3\dot{3}\,\%\ \text{p.a.}
\end{aligned}
$$

Lösung, Teilaufgabe (e)

Die erwartete Portefeuillerendite von *Max* ergibt sich aus:

$$
\begin{aligned}
E(r_X) &= \alpha^X \cdot r + (1 - \alpha^X) \cdot E(r_M) \\
&= 0,4 \cdot 0,06 + (1 - 0,4) \cdot 0,11 \\
&= 9\,\%\ \text{p.a.}
\end{aligned}
$$

Aufgabe 7

An der neu eröffneten Börse von Floridsdorf notieren drei Aktien, von denen folgende Daten bekannt sind:

Aktie i	$\sigma(r_i)$	β_i	$\rho(r_i, r_M)$	$E(r_i)$	Anteil am Markt x_i^M
AUA	10,00 %	0,339	0,477	9 %	
LEN		1,356	0,953		
STE	15,00 %		0,794		0,333
Markt				12,9 %	

Gehen Sie davon aus, daß sich der Kapitalmarkt von Floridsdorf im Gleichgewicht befindet.

(a) Ermitteln Sie für obige Tabelle die fehlenden Werte.

(b) Ermitteln Sie die Höhe des risikolosen Zinssatzes.

(c) Vom Kapitalmarkt ist bekannt, daß es nur zwei Marktteilnehmer (Florian und Florida) gibt. Florian besitzt ein Reinvermögen von 20.000.000,– und ist bereit, ein Risiko von 10 % zu tragen. Bestimmen Sie die wertmäßige Zusammensetzung seines Portefeuilles. Welches Reinvermögen wird Florian nach einem Jahr erwarten?

(d) *Floridas Reinvermögen beträgt 10.000.000,-. Bestimmen Sie die Kurse der drei Aktien, wenn von jeder Gesellschaft genau 100.000 Aktien notieren.*

Lösung, Teilaufgabe (a) und (b)

Den risikolosen Zinssatz erhält man über die Wertpapiermarktlinie der AUA–Aktien:

$$E(r_{AUA}) = r + [E(r_M) - r] \cdot \beta_{AUA}$$

Löst man diese Gleichung nach r auf, so ergibt sich:

$$\begin{aligned}
r &= \frac{E(r_{AUA}) - E(r_M) \cdot \beta_{AUA}}{1 - \beta_{AUA}} \\
&= \frac{0,09 - 0,129 \cdot 0,339}{1 - 0,339} \\
&= 7\ \%\ \text{p.a.}
\end{aligned}$$

Damit kann man mit der Wertpapiermarktlinie die erwartete Rendite der LEN–Aktien berechnen:

$$\begin{aligned}
E(r_{LEN}) &= r + [E(r_M) - r] \cdot \beta_{LEN} \\
&= 0,07 + [0,129 - 0,07] \cdot 1,356 \\
&= 15\ \%\ \text{p.a.}
\end{aligned}$$

Über die Beziehung

$$\beta_{AUA} = \frac{Cov(r_{AUA}, r_M)}{\sigma^2(r_M)} = \frac{\varrho(r_{AUA}, r_M) \cdot \sigma(r_{AUA}) \cdot \sigma(r_M)}{\sigma^2(r_M)}$$

erhält man:

$$\begin{aligned}
\sigma(r_M) &= \frac{\varrho(r_{AUA}, r_M) \cdot \sigma(r_{AUA})}{\beta_{AUA}} \\
&= \frac{0,477 \cdot 0,1}{0,339} \\
&= 14,07\ \%\ \text{p.a.}
\end{aligned}$$

Mit diesen Daten kann man das Beta der STE–Aktien berechnen:

$$\begin{aligned}
\beta_{STE} &= \frac{Cov(r_{STE}, r_M)}{\sigma^2(r_M)} \\
&= \frac{\varrho(r_{STE}, r_M) \cdot \sigma(r_{STE}) \cdot \sigma(r_M)}{\sigma^2(r_M)} \\
&= \frac{0,794 \cdot 0,15 \cdot 0,1407}{0,1407^2} \\
&= 0,8464
\end{aligned}$$

Die erwartet Rendite der STE–Aktien ergibt sich somit aus:

$$\begin{aligned}
E(r_{STE}) &= r + [E(r_M) - r] \cdot \beta_{STE} \\
&= 0,07 + [0,129 - 0,07] \cdot 0,8464 \\
&= 12\ \%\ \text{p.a.}
\end{aligned}$$

Aus den Beziehungen

$$\beta_M = x_{AUA}^M \cdot \beta_{AUA} + x_{LEN}^M \cdot \beta_{LEN} + x_{STE}^M \cdot \beta_{STE} = 1$$

und

$$x_{LEN}^M = 1 - x_{AUA}^M - x_{STE}^M$$

folgt:

$$
\begin{aligned}
x_{AUA}^M &= \frac{1 - \beta_{LEN} + x_{STE}^M \cdot \beta_{LEN} - x_{STE}^M \cdot \beta_{STE}}{\beta_{AUA} - \beta_{LEN}} \\
&= \frac{1 - 1,356 + 0,333 \cdot 1,356 - 0,333 \cdot 0,8464}{0,339 - 1,356} \\
&= 18,31\ \%
\end{aligned}
$$

Damit ergibt sich:

$$
\begin{aligned}
x_{LEN}^M &= 1 - x_{AUA}^M - x_{STE}^M \\
&= 1 - 0,1831 - 0,333 \\
&= 48,39\ \%
\end{aligned}
$$

Das erwartete Risiko der LEN–Aktien ergibt sich durch Umformung der Beziehung

$$\beta_{LEN} = \frac{Cov(r_{LEN}, r_M)}{\sigma^2(r_M)} = \frac{\varrho(r_{LEN}, r_M) \cdot \sigma(r_{LEN})}{\sigma(r_M)}$$

aus:

$$
\begin{aligned}
\sigma(r_{LEN}) &= \frac{\beta_{LEN} \cdot \sigma(r_M)}{\varrho(r_{LEN}, r_M)} \\
&= \frac{1,356 \cdot 0,1407}{0,953} \\
&= 20,02\ \%\ \text{p.a.}
\end{aligned}
$$

Lösung, Teilaufgabe (c)

Da *Florian* (im folgenden mit I bezeichnet) bereit ist, ein Risiko zu tragen, das kleiner ist als das Kapitalmarktrisiko, investiert er risikolos, und es ergibt sich:

$$
\begin{aligned}
\alpha^I &= 1 - \frac{\sigma(r_I)}{\sigma(r_M)} \\
&= \frac{0,1}{0,1407} \\
&= 28,93\ \%
\end{aligned}
$$

Die erwartete Rendite von *Florian* beträgt:

$$
\begin{aligned}
E(r_I) &= \alpha^I \cdot r + (1 - \alpha^I) \cdot E(r_M) \\
&= 0,2893 \cdot 0,07 + (1 - 0,2893) \cdot 0,129 \\
&= 11,19\ \%\ \text{p.a.}
\end{aligned}
$$

Die anteilsmäßige Zusammensetzung des Portefeuilles von *Florian* erhält man durch:

$$
\begin{aligned}
x_{AUA}^I &= (1 - \alpha^I) \cdot x_{AUA}^M \\
&= (1 - 0,2893) \cdot 0,1831 \\
&= 13,01\ \%
\end{aligned}
$$

$$
\begin{aligned}
x_{LEN}^I &= (1 - \alpha^I) \cdot x_{LEN}^M \\
&= (1 - 0,2893) \cdot 0,4839 \\
&= 34,39\ \%
\end{aligned}
$$

$$
\begin{aligned}
x_{STE}^I &= (1 - \alpha^I) \cdot x_{STE}^M \\
&= (1 - 0,2893) \cdot 0,333 \\
&= 23,67\ \%
\end{aligned}
$$

Florian investiert somit:

Risikolos	$\alpha^I \cdot V_0^I$	$= 0,2893 \cdot 20.000.000$	$= 5.786.000$
Aktie *AUA*	$x_{AUA}^I \cdot V_0^I$	$= 0,1301 \cdot 20.000.000$	$= 2.602.000$
Aktie *LEN*	$x_{LEN}^I \cdot V_0^I$	$= 0,3439 \cdot 20.000.000$	$= 6.878.000$
Aktie *STE*	$x_{STE}^I \cdot V_0^I$	$= 0,2367 \cdot 20.000.000$	$= 4.734.000$

Das erwartete Endvermögen ergibt sich aus:

$$
\begin{aligned}
E(V_1^I) &= V_0^I \cdot [1 + E(r_I)] \\
&= 22.000.000 \cdot [1 + 0,1119] \\
&= 22.380.000, -
\end{aligned}
$$

Lösung, Teilaufgabe (d)

Bezeichnet man das Reinvermögen von *Florida* mit V_0^{II}, dann beträgt das gesamte Aktienvermögen am Kapitalmarkt

$$
\begin{aligned}
V_0 &= V_0^I + V_0^{II}, \\
&= 20.000.000 + 10.000.000, \\
&= 30.000.000, -,
\end{aligned}
$$

und es teilt sich wertmäßig wie folgt auf die drei Aktien auf:

Aktie *AUA*	$x_{AUA}^M \cdot V_0$	$= 0,1831 \cdot 30.000.000$	$= 5.493.000$
Aktie *LEN*	$x_{LEN}^M \cdot V_0$	$= 0,4839 \cdot 30.000.000$	$= 14.517.000$
Aktie *STE*	$x_{STE}^M \cdot V_0$	$= 0,333 \cdot 30.000.000$	$= 9.990.000$

Bezeichnet man die ausgegebenen Aktien mit n_j, dann betragen die Kurse im Zeitpunkt $t = 0$:

$$
\begin{aligned}
P_{0,AUA} &= \frac{x_{AUA}^M \cdot V_0}{n_{AUA}} \\
&= \frac{5.493.000}{100.000} \\
&= 54,93
\end{aligned}
$$

$$
P_{0,LEN} = \frac{x_{LEN}^M \cdot V_0}{n_{LEN}}
$$

$$= \frac{14.517.000}{100.000}$$
$$= 145,17$$

$$P_{0,STE} = \frac{x_{STE}^{M} \cdot V_0}{n_{STE}}$$
$$= \frac{9.990.000}{100.000}$$
$$= 99,90$$

Aufgabe 8

Der Aktienmarkt von Meidling besteht aus zwei Aktien, von denen folgende Daten bekannt sind:

WP–Kürzel (j)	Stück	$E(P_{1,j})$	$E(r_j)$ p.a.	$\sigma(r_j)$ p.a.	β_j
LEN	100.000	300,–	20 %	0,30	2,00
VER	500.000		8 %		

Bis zum Zeitpunkt $t = 1$ kommt es zu keinerlei Kursabschlägen. Der Meidlinger Aktienmarkt befindet sich im Gleichgewicht, und die Teilnehmer an diesem Markt erwarten eine Marktrendite von 12 % p.a. bei einer Volatilität von 20 % p.a.

(a) *Bestimmen Sie die Gleichgewichtskurse der beiden Wertpapiere für den Zeitpunkt $t = 0$ sowie das Beta von VER.*

(b) *Bestimmen Sie die Höhe des risikolosen Zinssatzes.*

(c) *Wie soll ein Investor sein Vermögen von 1.000.000,– anlegen, falls er ein Risiko von 0,15 übernehmen möchte?*

Lösung, Teilaufgabe (a)

Den Gleichgewichtskurs der LEN–Aktien erhält man durch:

$$P_{0,LEN} = \frac{E(P_{1,LEN})}{1 + E(r_{LEN})}$$
$$= \frac{300}{1 + 0,2}$$
$$= 250,-$$

Die wertmäßigen Anteile der Aktien im Marktportefeuille werden über

$$E(r_M) = x_{LEN}^{M} \cdot E(r_{LEN}) + x_{VER}^{M} \cdot E(r_{VER})$$

durch Auflösen nach x_{LEN}^M berechnet und betragen:

$$
\begin{aligned}
x_{LEN}^M &= \frac{E(r_M) - E(r_{VER})}{E(r_{LEN}) - E(r_{VER})} \\
&= \frac{0,12 - 0,08}{0,2 - 0,08} \\
&= 33,3\dot{3}\,\%
\end{aligned}
$$

Für den wertmäßigen Anteil der VER–Aktie am Marktportefeuille ergibt sich:

$$
\begin{aligned}
x_{VER}^M &= 1 - x_{LEN}^M \\
&= 1 - 0,333\dot{3} \\
&= 66,6\dot{6}\,\%
\end{aligned}
$$

Aus der Definitionsbeziehung für den wertmäßigen Anteil der LEN–Aktie

$$
x_{LEN}^M = \frac{n_{LEN} \cdot P_{0,LEN}}{\text{Gesamtes Aktienvermögen}}
$$

erhält man:

$$
\begin{aligned}
\text{Gesamtes Aktienvermögen} &= \frac{n_{LEN} \cdot P_{0,LEN}}{x_{LEN}^M} \\
&= \frac{100.000 \cdot 250}{0,333\dot{3}} \\
&= 75.000.000,-
\end{aligned}
$$

Setzt man diese Werte in die Definitionsbeziehung für den wertmäßigen Anteil der VER–Aktien ein, dann ergibt sich:

$$
\begin{aligned}
P_{0,VER} &= \frac{\text{Gesamtes Aktienvermögen} \cdot x_{VER}^M}{n_{VER}} \\
&= \frac{75.000.000 \cdot 0,666\dot{6}}{500.000} \\
&= 100,-
\end{aligned}
$$

Das Beta der VER–Aktie erhält man, indem man die Gleichung

$$
x_{LEN}^M \cdot \beta_{LEN} + x_{VER}^M \cdot \beta_{VER} = 1
$$

nach β_{VER} auflöst:

$$
\begin{aligned}
\beta_{VER} &= \frac{1 - x_{LEN}^M \cdot \beta_{LEN}}{x_{VER}^M} \\
&= \frac{1 - 0,333\dot{3} \cdot 2}{0,666\dot{6}} \\
&= 0,5
\end{aligned}
$$

Lösung, Teilaufgabe (b)

Die Höhe des risikolosen Zinssatzes erhält man über die Wertpapiermarktlinie (z.B. der LEN–Aktie)

$$
E(r_{LEN}) = r + [E(r_M) - r] \cdot \beta_{LEN}.
$$

Löst man diese Beziehung nach r auf, so ergibt sich:

$$
\begin{aligned}
r &= \frac{E(r_{LEN}) - E(r_M) \cdot \beta_{LEN}}{1 - \beta_{LEN}} \\
&= \frac{0,2 - 0,12 \cdot 2}{1 - 2} \\
&= 4 \% \text{ p.a.}
\end{aligned}
$$

Lösung, Teilaufgabe (c)

Der wertmäßige Anteil, den der Investor risikolos investieren muß, beträgt:

$$
\begin{aligned}
\alpha &= 1 - \frac{\sigma(r_P)}{\sigma(r_M)} \\
&= 1 - \frac{0,15}{0,2} \\
&= 25 \%
\end{aligned}
$$

Die wertmäßigen Anteile an den beiden Aktien ergeben sich aus:

$$
\begin{aligned}
x_{LEN} &= (1 - \alpha) \cdot x_{LEN}^M \\
&= (1 - 0,25) \cdot 0,333\dot{3} \\
&= 25 \%
\end{aligned}
$$

$$
\begin{aligned}
x_{VER} &= (1 - \alpha) \cdot x_{VER}^M \\
&= (1 - 0,25) \cdot 0,666\dot{6} \\
&= 50 \%
\end{aligned}
$$

Aufgabe 9

Der vollkommene Kapitalmarkt von Trans–Danubien bestehe ausschließlich aus den Aktien der rein eigenfinanzierten Unternehmungen A und B sowie aus einem risikolosen Finanzierungstitel. Die A–AG hat 100.000 Aktien, die B–AG 150.000 Aktien emittiert und die aktuellen Aktienkurse sind:

j	A	B
P_{0j}	100,–	200,–

Der risikolose Zinssatz beträgt 5,468 % p.a. In Trans–Danubien gibt es nur die Investoren I und II. Sie sind risikoavers, rational, haben homogene Erwartungen und erwarten folgende Aktienrenditen für das kommende Jahr (in % p.a.):

j	A	B
$E(r_j)$	8	15

Die annualisierte Standardabweichung wurde bei den A–Aktien mit 0,1, bei den B–Aktien mit 0,2 geschätzt. Die Rendite von der A–Aktie korreliert mit jener von der B–Aktie im Ausmaß von 0,4.

(a) Zeigen Sie, daß sich der Kapitalmarkt von Trans-Danubien im Gleichgewicht befindet.

Das am Kapitalmarkt investierte Reinvermögen der beiden Investoren ist gleich groß. Von Investor I ist bekannt, daß er eine Portefeuillerendite in der Höhe von 15 % p.a. erwartet.

(b) Wieviele Aktien besitzt jeder der beiden Investoren im Gleichgewicht und wieviel Kapital wird zum risikolosen Zinssatz gehandelt?

(c) Welche Portefeuillerendite erwartet Investor II im Gleichgewicht?

(d) Welches Risiko weisen die Portefeuilles der beiden Investoren im Gleichgewicht auf?

Lösung, Teilaufgabe (a)

Das gesamte Aktienvermögen auf dem Kapitalmarkt beträgt:

Aktie	$P_{oj} \cdot n_j$		
A	$100 \cdot 100.000$	=	10.000.000
B	$200 \cdot 150.000$	=	30.000.000
Summe			40.000.000

Die wertmäßigen Anteile der einzelnen Aktien am Marktportefeuille betragen:

$$x_A^M = \frac{\text{Aktienvermögen der Aktie } A}{\text{Gesamtes Aktienvermögen}}$$
$$= \frac{10.000.000}{40.000.000}$$
$$= 25\,\%$$

$$x_B^M = \frac{\text{Aktienvermögen der Aktie } B}{\text{Gesamtes Aktienvermögen}}$$
$$= \frac{30.000.000}{40.000.000}$$
$$= 75\,\%$$

Die erwartete Kapitalmarktrendite beträgt:

$$E(r_M) = x_A^M \cdot E(r_A) + x_B^M \cdot E(r_B)$$
$$= 0,25 \cdot 0,08 + 0,75 \cdot 0,15$$
$$= 13,25\,\% \text{ p.a.}$$

Die Varianz des Marktportefeuilles beträgt:

$$\sigma^2(r_M) = (x_A^M)^2 \cdot \sigma_A^2 + (x_B^M)^2 \cdot \sigma_B^2 + 2 \cdot x_A^M \cdot x_B^M \cdot Cov(r_A, r_B)$$
$$= 0,25^2 \cdot 0,1^2 + 0,75^2 \cdot 0,2^2$$
$$ + 2 \cdot 0,25 \cdot 0,75 \cdot 0,008$$
$$= 0,026125$$

Das Marktrisiko ergibt sich aus:

$$\sigma(r_M) = \sqrt{\sigma^2(r_M)}$$
$$= \sqrt{0,026125}$$
$$= 16,16 \% \text{ p.a.}$$

Die Kovarianzen zwischen den Renditen der Aktien A und B und der Marktrendite betragen:

$$Cov(r_A, r_M) = \sum_{i=1}^{N} x_i^M \cdot Cov(r_A, r_j)$$
$$= 0,25 \cdot 0,1^2 + 0,75 \cdot 0,008$$
$$= 0,0085$$

$$Cov(r_B, r_M) = \sum_{i=1}^{N} x_i^M \cdot Cov(r_B, r_j)$$
$$= 0,25 \cdot 0,008 + 0,75 \cdot 0,2^2$$
$$= 0,0320$$

Damit ergeben sich die folgenden Aktien–Betas:

$$\beta_A = \frac{Cov(r_A, r_M)}{\sigma^2(r_M)}$$
$$= \frac{0,0085}{0,1616^2}$$
$$= 0,3254$$

$$\beta_B = \frac{Cov(r_B, r_M)}{\sigma^2(r_M)}$$
$$= \frac{0,0320}{0,1616^2}$$
$$= 1,2249$$

Nach dem CAPM

$$E(r_j) = r + [E(r_M) - r] \cdot \beta_j$$

erhält man durch Auflösen nach r

$$r = \frac{E(r_M) \cdot \beta_j - E(r_j)}{\beta_j - 1},$$

und es ergibt sich z.B. über $E(r_A)$ und β_A:

$$r = \frac{E(r_M) \cdot \beta_A - E(r_A)}{\beta_A - 1}$$
$$= \frac{0,1325 \cdot 0,3254 - 0,08}{0,3254 - 1}$$
$$= 5,468 \% \text{ p.a.}$$

Über die entsprechenden Parameter der Aktien B ergibt sich:

$$r = \frac{E(r_M) \cdot \beta_B - E(r_B)}{\beta_B - 1}$$
$$= \frac{0,1325 \cdot 1,2249 - 0,15}{1,2249 - 1}$$
$$= 5,468 \% \text{ p.a.}$$

Damit folgt, daß sich der Kapitalmarkt im Gleichgewicht befindet.

Lösung, Teilaufgabe (b)

Verteilung des gesamten Vermögens auf die Investoren:

Investor i	I	II
Anteil $= w_i$	50 %	50 %

- Für den Investor I folgt:

$$
\begin{aligned}
\alpha^I &= \frac{E(r_P^I) - E(r_M)}{r - E(r_M)} \\
&= \frac{0,15 - 0,1325}{0,05468 - 0,1325} \\
&= -22,49\,\%
\end{aligned}
$$

Bei einem Reinvermögen von

$$
V_0^I = 40.000.000 \cdot 0,5 = 20.000.000
$$

nimmt der Investor einen risikolosen Kredit in Höhe von

$$
20.000.000 \cdot 0,2249 = 4.497.558
$$

auf. Das Reinvermögen wird zu den folgenden Anteilen in die zwei Aktien investiert:

$$
\begin{aligned}
x_A^I &= (1 - \alpha^I) \cdot x_A^M \\
&= (1 + 0,2249) \cdot 0,25 \\
&= 30,62\,\%
\end{aligned}
$$

$$
\begin{aligned}
x_B^I &= (1 - \alpha^I) \cdot x_B^M \\
&= (1 - 0,2249) \cdot 0,75 \\
&= 91,87\,\%
\end{aligned}
$$

Von den Aktien werden die folgenden Stückzahlen (n_i) erworben:

$$
\begin{aligned}
n_A^I &= \frac{x_A \cdot V_0^I}{P_{0,A}} \\
&= \frac{0,3062 \cdot 20.000.000}{100} \\
&= 61.243,90
\end{aligned}
$$

$$
\begin{aligned}
n_B^I &= \frac{x_B \cdot V_0^I}{P_{0,B}} \\
&= \frac{0,9187 \cdot 20.000.000}{200} \\
&= 91.865,84
\end{aligned}
$$

- Der Investor II hält die restlichen Aktien und veranlagt den von I als Kredit aufgenommenen Betrag risikolos.

$$n_A^{II} = n_A - n_A^I$$
$$= 100.000 - 61.243,90$$
$$= 38.756,10$$

$$n_B^{II} = n_B - n_B^I$$
$$= 150.000 - 91.865,84$$
$$= 58.134,16$$

Investor II besitzt ein Reinvermögen von

$$V_0^{II} = 40.000.000 \cdot 0,5 = 20.000.000.$$

Den von Investor I als Kredit aufgenommenen Betrag

$$4.497.558$$

veranlagt der Investor II risikolos, und damit folgt für Investor II:

$$\alpha^{II} = \frac{4.497.558}{20.000.000}$$
$$= 22,49\,\%$$

Lösung, Teilaufgabe (c)

Die erwartete Portefeuillerendite von Investor II ergibt sich aus:

$$E(r_P^{II}) = \alpha^{II} \cdot r + (1 - \alpha^{II}) \cdot E(r_M)$$
$$= 0,2249 \cdot 0,05468 + (1 - 0,2249) \cdot 0,1325$$
$$= 11,50\,\% \text{ p.a.}$$

Lösung, Teilaufgabe (d)

Das Risiko eines Portefeuilles im Gleichgewicht ergibt sich aus:

$$\sigma(r_P) = (1 - \alpha) \cdot \sigma(r_M)$$

Damit folgt für die Portefeuilles der beiden Investoren:

$$\sigma(r_P^{I}) = (1 + 0,2249) \cdot 0,1616$$
$$= 19,80\,\% \text{ p.a.}$$

$$\sigma(r_P^{II}) = (1 - 0,2249) \cdot 0,1616$$
$$= 12,53\,\% \text{ p.a.}$$

Aufgabe 10

Zu $t = 0$ vermuten alle Investoren für den Zeitpunkt $t = 1$ folgende Eintrittswahrscheinlichkeiten, zustandsabhängige (bereinigte) Kurse für die Aktien A und B und zustandsabhängige Renditen des gesamten Kapitalmarktes:

i	$p(z_i)$	$P_{1A}(z_i)$	$P_{1B}(z_i)$	$r_M(z_i)$
1	0,3	110	120	30 %
2	0,4	115	110	10 %
3	0,3	90	100	−5 %

Der risikolose Zinssatz beträgt 5 % p.a.

(a) *Bestimmen Sie*

- *die Gleichgewichtskurse für die Aktien zum Zeitpunkt t = 0,*

- *die erwarteten Aktienrenditen,*

- *das gesamte, das systematische und das unsystematische Risiko der beiden Aktien.*

(b) *Ein Investor verfügt zu t = 0 über ein Aktienportefeuille, das aus 100 Aktien A und 50 Aktien B besteht.*

Bestimmen Sie die erwartete Portefeuillerendite, das gesamte Portefeuillerisiko und den Beta–Faktor des Portefeuilles.

Lösung, Teilaufgabe (a)

Für die Wertpapiere A und B ergeben sich folgende erwartete Preise und Standardabweichungen:

$$
\begin{aligned}
E(P_{1A}) &= \sum_{i=1}^{3} p(z_i) \cdot P_{1A}(z_i) \\
&= 0,3 \cdot 110 + 0,4 \cdot 115 + 0,3 \cdot 90 \\
&= 106,-
\end{aligned}
$$

$$
\begin{aligned}
E(P_{1B}) &= \sum_{i=1}^{3} p(z_i) \cdot P_{1B}(z_i) \\
&= 0,3 \cdot 120 + 0,4 \cdot 110 + 0,3 \cdot 100 \\
&= 110,-
\end{aligned}
$$

$$
\begin{aligned}
Var(P_{1A}) &= \sum_{i=1}^{3} p(z_i) \cdot P_{1A}^2(z_i) - E^2(P_{1A}) \\
&= 0,3 \cdot 110^2 + 0,4 \cdot 115^2 + 0,3 \cdot 90^2 - 106^2 \\
&= 114
\end{aligned}
$$

$$
\begin{aligned}
\sigma(P_{1A}) &= \sqrt{Var(P_{1A})} \\
&= \sqrt{114} \\
&= 10,677078
\end{aligned}
$$

$$Var(P_{1B}) = \sum_{i=1}^{3} p(z_i) \cdot P_{1B}^2(z_i) - E^2(P_{1B})$$
$$= 0,3 \cdot 120^2 + 0,4 \cdot 110^2 + 0,3 \cdot 100^2 - 110^2$$
$$= 60$$

$$\sigma(P_{1B}) = \sqrt{Var(P_{1B})}$$
$$= \sqrt{60}$$
$$= 7,745967$$

Für den gesamten Kapitalmarkt ergeben sich als erwartete Rendite und Standardabweichung:

$$E(r_M) = \sum_{i=1}^{3} p(z_i) \cdot r_M(z_i)$$
$$= 0,3 \cdot 0,30 + 0,4 \cdot 0,10 - 0,3 \cdot 0,05$$
$$= 11,5\ \%\ \text{p.a.}$$

$$Var(r_M) = \sum_{i=1}^{3} p(z_i) \cdot r_M^2(z_i) - E^2(r_M)$$
$$= 0,3 \cdot 0,30^2 + 0,4 \cdot 0,10^2 + 0,3 \cdot (-0,05)^2 - 0,115^2$$
$$= 0,018525$$

$$\sigma(r_M) = \sqrt{Var(r_M)}$$
$$= \sqrt{0,018525}$$
$$= 13,6107\ \%\ \text{p.a.}$$

Für die Kovarianz und die Korrelation der Preise mit der Marktrendite folgt:

$$Cov(P_{1A}, r_M) = E(P_{1A} \cdot r_M) - E(P_{1A}) \cdot E(r_M)$$
$$= 0,3 \cdot 110 \cdot 0,30 + 0,4 \cdot 115 \cdot 0,10 + 0,3 \cdot 90 \cdot (-0,05) - 106 \cdot 0,115$$
$$= 0,96$$

$$\varrho(P_{1A}, r_M) = \frac{Cov(P_{1A}, r_M)}{\sigma(P_{1A}) \cdot \sigma(r_M)}$$
$$= \frac{0,96}{10,677078 \cdot 0,136107}$$
$$= 0,660602$$

$$Cov(P_{1B}, r_M) = E(P_{1B} \cdot r_M) - E(P_{1B}) \cdot E(r_M)$$
$$= 0,3 \cdot 120 \cdot 0,30 + 0,4 \cdot 110 \cdot 0,10 + 0,3 \cdot 100 \cdot (-0,05) - 110 \cdot 0,115$$
$$= 1,05$$

$$\varrho(P_{1B}, r_M) = \frac{Cov(P_{1B}, r_M)}{\sigma(P_{1B}) \cdot \sigma(r_M)}$$
$$= \frac{1,05}{7,745967 \cdot 0,136107}$$
$$= 0,995943$$

Die Berechnung der Gleichgewichtskurse der Aktien zu $t = 0$ erfolgt mit einem Risikoabschlag vom erwarteten Preis

$$P_{0j} = \frac{CE[E(P_{1j})]}{1 + r}$$

mit dem Sicherheitsäquivalent:

$$CE[E(P_{1j})] = E(P_{1j}) - [E(r_M) - r] \cdot \frac{Cov(P_{1j}, r_M)}{\sigma^2(r_M)}$$

Es ergibt sich:

$$P_{0A} = \frac{106 - [0,115 - 0,05] \cdot \frac{0,96}{0,018525}}{1,05}$$

$$= 97,744361$$

$$P_{0B} = \frac{110 - [0,115 - 0,05] \cdot \frac{1,05}{0,018525}}{1,05}$$

$$= 101,253133$$

Die erwarteten Aktienrenditen ergeben sich über die Beziehung

$$E(r_j) = \frac{P_{1j}}{P_{0j}} - 1,$$

und für die beiden Aktien ergeben sich im Gleichgewicht folgende erwartete Renditen:

$$E(r_A) = \frac{106}{97,744361} - 1$$

$$= 8,45 \ \% \ \text{p.a.}$$

$$E(r_B) = \frac{101,253133}{110} - 1$$

$$= 8,64 \ \% \ \text{p.a.}$$

Gesamtes, systematisches und unsystematisches Risiko der Aktien:

Für die Aktien ergibt sich aus

$$\sigma(r_j) = \sqrt{\frac{\sigma^2(P_{1j})}{P_{0j}^2}}$$

folgendes gesamtes Risiko:

$$\sigma(r_A) = \sqrt{\frac{114}{97,744361^2}}$$

$$= 10,92 \ \% \ \text{p.a.}$$

$$\sigma(r_B) = \sqrt{\frac{60}{101,253133^2}}$$

$$= 7,65 \ \% \ \text{p.a.}$$

Das systematische und das normierte systematische Risiko erhält man aus:

$$\beta_j \sigma(r_M) = \varrho(r_j, r_M) \cdot \sigma(r_j)$$

mit

$$\varrho(r_j, r_M) \;=\; \varrho(P_{1j}, r_M).$$

Es ergibt sich:

$$\begin{aligned}
\beta_A \sigma(r_M) &= 0,660602 \cdot 0,109235 \\
&= 7,2161 \text{ \% p.a.}
\end{aligned}$$

$$\begin{aligned}
\beta_A &= \frac{0,660602 \cdot 0,109235}{0,136107} \\
&= 0,530178
\end{aligned}$$

$$\begin{aligned}
\beta_B \sigma(r_M) &= 0,995943 \cdot 0,076501 \\
&= 7,6191 \text{ \% p.a.}
\end{aligned}$$

$$\begin{aligned}
\beta_B &= \frac{0,995943 \cdot 0,076501}{0,136107} \\
&= 0,559787
\end{aligned}$$

Das unsystematische Risiko erhält man aus:

$$\sigma(r_j) \cdot \sqrt{1 - \varrho^2(r_j, r_M)}$$

Somit beträgt das unsystematische Risiko für die Aktie A:

$$\begin{aligned}
\sigma(r_A) \cdot \sqrt{1 - \varrho^2(r_A, r_M)} &= 0,109235 \cdot \sqrt{1 - 0,660602^2} \\
&= 8,20 \text{ \% p.a.}
\end{aligned}$$

Für die Aktie B erhält man:

$$\begin{aligned}
\sigma(r_B) \cdot \sqrt{1 - \varrho^2(r_B, r_M)} &= 0,076501 \cdot \sqrt{1 - 0,995943^2} \\
&= 0,69 \text{ \% p.a.}
\end{aligned}$$

Lösung, Teilaufgabe (b)

Für das Aktienportefeuille erhält man:

$$\begin{aligned}
x_A &= \frac{\text{Aktienvermögen der Aktie A}}{\text{Gesamtvermögen}} \\
&= \frac{100 \cdot 97,744361}{100 \cdot 97,744361 + 50 \cdot 101,253133} \\
&= 65,88 \text{ \%}
\end{aligned}$$

$$\begin{aligned}
x_B &= 1 - x_A \\
&= 34,12 \text{ \%}
\end{aligned}$$

Die erwartete Portefeuillerendite ergibt sich aus:

$$\begin{aligned}
E(r_P) &= x_A \cdot E(r_A) + x_B \cdot E(r_B) \\
&= 0,6588 \cdot 0,084462 + 0,3412 \cdot 0,086386 \\
&= 8,51 \text{ \% p.a.}
\end{aligned}$$

Für den Beta–Faktor des Portefeuilles erhält man:

$$\begin{aligned} \beta_P &= x_A \cdot \beta_A + x_B \cdot \beta_B \\ &= 0,6588 \cdot 0,530178 + 0,3412 \cdot 0,559787 \\ &= 0,540281 \end{aligned}$$

Zur Berechnung des gesamten Risikos muß die Kovarianz zwischen den Renditen der beiden Aktien berechnet werden. Zu diesem Zweck ermittelt man zunächst über

$$r_j(z_i) = \frac{P_{1j}(z_i)}{P_{0j}} - 1$$

die zustandsabhängigen Renditen der Aktien A und B:

i	$p(z_i)$	$r_A(z_i)$	$r_B(z_i)$
1	0,3	0,1254	0,1851
2	0,4	0,1765	0,0864
3	0,3	−0,0792	−0,0124

Somit erhält man für die Kovarianz zwischen den Renditen der beiden Aktien:

$$\begin{aligned} Cov(r_A, r_B) &= 0,3 \cdot 0,1254 \cdot 0,1851 + 0,4 \cdot 0,1765 \cdot 0,0864 \\ &\quad + 0,3 \cdot (-0,0792) \cdot (-0,0124) - 0,0845 \cdot 0,0864 \\ &= 0,00606249 \end{aligned}$$

Das gesamte Risiko des Aktienportefeuilles erhält man dann aus:

$$\begin{aligned} \sigma(r_M) &= \sqrt{x_A^2 \cdot \sigma^2(r_A) + x_B^2 \cdot \sigma^2(r_B) + 2 \cdot Cov(r_A, r_B)} \\ &= \sqrt{0,6588^2 \cdot 0,1092^2 + 0,3412^2 \cdot 0,0765^2 + 2 \cdot 0,00606249} \\ &= 9,27\ \% \text{ p.a.} \end{aligned}$$

Aufgabe 11

An der neu eröffneten Börse von Mistelbach notieren drei Aktien, von denen die folgenden Daten bekannt sind:

Aktie i	β_i	$E(r_i)$	x_i^M
A	1,2		0,10
B	0,8		
C	1,5		

Gehen Sie davon aus, daß sich der Kapitalmarkt von Mistelbach im Gleichgewicht befindet. Die erwartete Kapitalmarktrendite beträgt 9 % p.a., das Marktrisiko 20 % p.a. und der risikolose Zinssatz 6 % p.a.

(a) Ermitteln Sie für die obige Tabelle die fehlenden Werte.

Für die drei Aktien ist weiters bekannt:

Aktie i	A	B	C
$\sigma(r_i)$ (p.a.)	10 %	15 %	25 %

(b) Ermitteln Sie für jede Aktie die Kovarianz zwischen der erwarteten Rendite der jeweiligen Aktie und der Kapitalmarktrendite.

(c) Ermitteln Sie für die drei Aktien die Kovarianzmatrix.

Lösung, Teilaufgabe (a)

Über die Beziehung

$$E(r_i) = r + [E(r_M) - r] \cdot \beta_i$$

ergeben sich die folgenden erwarteten Renditen:

Aktie i	$E(r_i)$
A	$0,096$
B	$0,084$
C	$0,105$

Um die wertmäßigen Anteile der einzelnen Wertpapiere am Gesamtvermögen des Kapitalmarkts berechnen zu können, wird folgendes Gleichungssystem gelöst ($i \in \{A, B, C\}$):

$$\sum_i x_i^M \cdot E(r_i) = E(r_M)$$

$$\sum_i x_i^M = 1$$

$$0,1 \cdot 0,096 + 0,084 \cdot x_B^M + 0,105 \cdot x_C^M = 0,09$$
$$0,1 + x_B^M + x_C^M = 1$$

Als Lösung für dieses Gleichungssystem ergibt sich dann:

$$x_A^M = 10,00\,\%$$
$$x_B^M = 67,14\,\%$$
$$x_C^M = 22,86\,\%$$

Lösung, Teilaufgabe (b)

Über die Beziehung

$$\beta_j = \frac{Cov(r_j, r_M)}{\sigma^2(r_M)}$$
$$Cov(r_j, r_M) = \beta_j \cdot \sigma^2(r_M)$$

erhält man die folgenden Kovarianzen zwischen den erwarteten Renditen der einzelnen Aktien und der Kapitalmarktrendite:

$$Cov(r_A, r_M) = \beta_A \cdot \sigma^2(r_M)$$
$$= 1,2 \cdot 0,2^2$$
$$= 0,048$$

$$Cov(r_B, r_M) = \beta_B \cdot \sigma^2(r_M)$$
$$= 0,8 \cdot 0,2^2$$
$$= 0,032$$

$$Cov(r_C, r_M) = \beta_C \cdot \sigma^2(r_M)$$
$$= 1,5 \cdot 0,2^2$$
$$= 0,060$$

Lösung, Teilaufgabe (c)

Setzt man in das Gleichungssystem

$$Cov(r_A, r_M) = \sigma^2(r_A) \cdot x_A^M + Cov(r_A, r_B) \cdot x_B^M + Cov(r_A, r_C) \cdot x_C^M$$
$$Cov(r_B, r_M) = Cov(r_B, r_A) \cdot x_A^M + \sigma^2(r_B) \cdot x_B^M + Cov(r_B, r_C) \cdot x_C^M$$
$$Cov(r_B, r_M) = Cov(r_C, r_A) \cdot x_A^M + Cov(r_C, r_B) \cdot x_B^M + \sigma^2(r_C) \cdot x_C^M$$

die zuvor berechneten Werte ein, so erhält man:

$$0,048 - 0,10 \cdot 0,1000 = Cov(r_A, r_B) \cdot 0,6714 + Cov(r_A, r_C) \cdot 0,2286$$
$$0,032 - 0,15 \cdot 0,6714 = Cov(r_B, r_A) \cdot 0,1000 + Cov(r_B, r_C) \cdot 0,2286$$
$$0,060 - 0,25 \cdot 0,2286 = Cov(r_C, r_A) \cdot 0,1000 + Cov(r_C, r_B) \cdot 0,6714$$

Löst man dieses Gleichungssystem, dann kommt man zu folgender Kovarianzmatrix:

$$Cov(r_j, r_k) = \begin{pmatrix} 0,1^2 & 0,0417 & 0,0833 \\ & 0,15^2 & 0,0557 \\ & & 0,25^2 \end{pmatrix}; \quad j,k \in \{A, B, C\}$$

Aufgabe 12

An der neu eröffneten Börse von Mistelbach notieren ausschließlich Aktien von den zwei rein eigenfinanzierten Unternehmungen A und B. Insgesamt sind 180.000 Aktien im Umlauf, und das gesamte Aktienvermögen auf dem Kapitalmarkt beträgt 180 Mio. Die aktuellen Aktienkurse sind:

j	A	B
P_{0j}	800,–	2.000,–

(a) *Berechnen Sie die anteilsmäßige Zusammensetzung des Marktportefeuilles.*

(b) *In Mistelbach gibt es nur die zwei Kapitalmarktteilnehmer I und II. Beide Investoren sind risikoavers, rational, haben homogene Erwartungen und erwarten folgende bereinigte Kurse der beiden Aktien für das Ende des kommenden Jahres:*

j	A	B
$E(P_{1j})$	900,80	2.216,–

Berechnen Sie die erwarteten Renditen der beiden Aktien sowie die erwartete Kapitalmarktrendite in % p.a.

(c) Die Wahrscheinlichkeit, daß die Rendite des Marktportefeuilles unter 18,50 % p.a. liegt,
    beträgt 69,15 %. Berechnen Sie die Höhe des Marktrisikos in % p.a.

(d) Die Höhe des risikolosen Zinssatzes, bei dem sich der Kapitalmarkt im Gleichgewicht
    befindet, beträgt 6 % p.a. Der Investor I ist bereit ein Risiko in der Höhe von 10 %
    p.a. zu tragen. Berechnen Sie die anteilsmäßige Zusammensetzung des Portefeuilles von
    Investor I sowie die dabei erwartete Rendite in % p.a.

Lösung, Teilaufgabe (a)

Das gesamte Vermögen auf dem Kapitalmarkt M_0 beträgt

$$M_0 = P_{0A} \cdot n_A + P_{0B} \cdot n_B.$$

Da gilt

$$N = n_A + n_B,$$

erhält man:

$$M_0 = P_{0A} \cdot (N - n_B) + P_{0B} \cdot n_B$$

$$
\begin{aligned}
n_B &= \frac{-M_0 + P_{0A} \cdot N}{P_{0A} - P_{0B}} \\
&= \frac{-180.000.000 + 800 \cdot 180.000}{800 - 2.000} \\
&= 30.000 \text{ Stück}
\end{aligned}
$$

$$
\begin{aligned}
n_A &= N - n_B \\
&= 180.000 - 30.000 \\
&= 150.000 \text{ Stück}
\end{aligned}
$$

Die wertmäßigen Anteile der einzelnen Aktien am Marktportefeuille betragen:

$$
\begin{aligned}
x_A^M &= \frac{P_{0A} \cdot n_A}{M_0} \\
&= \frac{800 \cdot 150.000}{180.000.000} \\
&= 66,\dot{6}\ \%
\end{aligned}
$$

$$
\begin{aligned}
x_B^M &= \frac{P_{0B} \cdot n_B}{M_0} \\
&= \frac{2.000 \cdot 30.000}{180.000.000} \\
&= 33,\dot{3}\ \%
\end{aligned}
$$

Lösung, Teilaufgabe (b)

Die erwarteten Renditen für die beiden Wertpapier betragen:

$$
\begin{aligned}
E(r_A) &= \frac{E(P_{1A})}{P_{0A}} - 1 \\
&= \frac{900,80}{800} \\
&= 12,6\ \% \text{ p.a.}
\end{aligned}
$$

$$
\begin{aligned}
E(r_B) &= \frac{E(P_{1B})}{P_{0B}} - 1 \\
&= \frac{2.216}{2.000} \\
&= 10,8\ \% \text{ p.a.}
\end{aligned}
$$

Die erwartete Kapitalmarktrendite ergibt sich aus:

$$
\begin{aligned}
E(r_M) &= x_A^M \cdot E(r_A) + x_B^M \cdot E(r_B) \\
&= 0,\dot{6} \cdot 0,126 + 0,\dot{3} \cdot 0,108 \\
&= 12\ \% \text{ p.a.}
\end{aligned}
$$

Lösung, Teilaufgabe (c)

Aus der Angabe ergibt sich:

$$
\begin{aligned}
P(r_M < 0,1850) &= 0,6915 \\
&= \Phi\left(\frac{0,1850 - E(r_M)}{\sigma(r_M)}\right)
\end{aligned}
$$

Aus der Tabelle mit den Werten der Verteilungsfunktion der Standardnormalverteilung kann abgelesen werden, daß $\Phi(0,5) = 0,6915$ und es muß gelten:

$$
\begin{aligned}
0,6915 = \Phi(0,5) &= \Phi\left(\frac{0,1850 - 0,12}{\sigma(r_M)}\right) \\
0,5 &= \frac{0,1850 - 0,12}{\sigma(r_M)} \\
\sigma(r_M) &= \frac{0,1850 - 0,12}{0,5} \\
&= 13\ \% \text{ p.a.}
\end{aligned}
$$

Lösung, Teilaufgabe (d)

Ist der Investor bereit, ein Risiko von $\sigma(r_P)$ zu tragen, so kann er die folgende Rendite erwarten:

$$
\begin{aligned}
E(r_P) &= r + \frac{E(r_M) - r}{\sigma(r_M)} \cdot \sigma(r_P) \\
&= 0,06 + \frac{0,12 - 0,06}{0,13} \cdot 0,1 \\
&= 10,615\ \% \text{ p.a.}
\end{aligned}
$$

Der wertmäßige Anteil des risikolosen Finanzierungstitles α beträgt:

$$\begin{aligned} \alpha &= 1 - \frac{\sigma(r_P)}{\sigma(r_M)} \\ &= 1 - \frac{0,1}{0,13} \\ &= 23,077\,\% \end{aligned}$$

Die wertmäßigen Anteile an den Wertpapieren A und B ergeben sich aus:

$$\begin{aligned} x_A &= (1-\alpha)\cdot x_A^M \\ &= (1-0,23077)\cdot 0,\dot{6} \\ &= 51,28\,\% \end{aligned}$$

$$\begin{aligned} x_B &= (1-\alpha)\cdot x_B^M \\ &= (1-0,23077)\cdot 0,\dot{3} \\ &= 25,64\,\% \end{aligned}$$

Aufgabe 13

Der risikoaverse Investor W. Sharpe steht vor der Aufgabe, die erwartete Rendite der Aktie B für das kommende Jahr zu ermitteln. Dazu stehen ihm folgende Daten zur Verfügung:

Woche	Tag	Aktie B	Index
1	1.8.XX	102	355
2	8.8.XX	104	360
3	15.8.XX	103	361
4	22.8.XX	105	362
5	29.8.XX	103	359

Im Beobachtungszeitraum sind bei der Aktie B keine Kursabschläge aufgetreten. Black und Scholes, die besten Freunde unseres Investors, haben zufälligerweise eine ähnliche Untersuchung mit mehreren Wertpapieren bereits durchgeführt. Als sie unserem Investor Sharpe die Ergebnisse via Email übersenden, kommt es allerdings zu einem Übertragungsfehler und Sharpe erhält nur folgende Informationen:

Erwartete Rendite der Aktie C	$E(r_C) = 0,002864$ *pro Woche*
Beta der Aktie C	$\beta_C = 1,124426$
Standardabweichung der Marktrendite	$\sigma(r_M) = 0,00913353$ *pro Woche*
Korrelationskoeffizient	$\rho(r_C, r_M) = 0,791098$

Alle Teilnehmer am Kapitalmarkt sind risikoavers und haben homogene Erwartungen. Für das kommende Jahr vermuten alle Kapitalmarktteilnehmer folgende zustandsabhängige Kapitalmarktrenditen:

i	1	2	3	4
$p(z_i)$	0,08	0,12	0,08	0,72
$r_M(z_i)$	5 %	11 %	13 %	17 %

(a) *Berechnen Sie sowohl die arithmetische, durchschnittliche wöchentliche diskrete Rendite als auch das Risiko pro Woche für die Aktie B. Annualisieren Sie die Ergebnisse.*

(b) *Berechnen Sie das unsystematische, das systematische und das normierte systematische Risiko für die Aktie B p.a.*

(c) *Unterstellen Sie stabile β-Werte und ermitteln Sie über das CAPM die erwartete Rendite der Aktie B für das kommende Jahr.*

(d) *Wie lautet die Gleichung für die Kapitalmarktline und welches Risiko muß der Investor eingehen, wenn er eine erwartete Rendite von 12 % p.a. erzielen will? Unterstellen Sie dabei vereinfachend eine stabile Volatilität des Kapitalmarktes.*

Lösung, Teilaufgabe (a)

Aus der Angabe erhält man :

Woche	r_B	r_B^2	r_{Index}
1	0,019608	0,000384	0,014085
2	−0,009615	0,000092	0,002778
3	0,019417	0,000377	0,002770
4	−0,019048	0,000363	−0,008287
Summe	0,010362	0,001217	0,011345

Die wöchentliche Rendite erhält man aus:

$$E(r_j) = \frac{1}{n} \cdot \sum_{t=1}^{n} r_{jt}$$

$$E(r_B) = \frac{1}{4} \cdot 0,010362$$

$$= 0,2591 \text{ \% pro Woche}$$

Für das Risiko pro Woche ergibt sich:

$$\sigma(r_j) = \sqrt{\frac{1}{n-1}\left[\sum_{t=1}^{n} r_{jt}^2 - \frac{1}{n}\left(\sum_{t=1}^{n} r_{jt}\right)^2\right]}$$

$$\sigma(r_B) = \sqrt{\frac{1}{3}\left[0,001217 - \frac{1}{4}(0,010362)^2\right]}$$

$$= 1,9916 \text{ \% pro Woche}$$

Annualisiert man die wöchentliche Rendite mit $m = 52$ Wochen, so erhält man:

$$E(r_B) = (1 + 0,002591)^{52} - 1$$

$$= 14,4006 \text{ \% p.a.}$$

Für das annualisierte Risiko erhält man:

$$\sigma(r_B) = \sqrt{52} \cdot 0,019916$$

$$= 14,3616 \text{ \% p.a.}$$

Lösung, Teilaufgabe (b)

Zunächst muß die Kovarianz bzw. die Korrelation zwischen der Rendite der Aktie B und dem Index berechnet werden. Dazu benötigt man

$$
\begin{aligned}
\sum_{t=1}^{n} r_{Bt} \cdot r_{Mt} &= 0,019608 \cdot 0,014085 + (-0,009615) \cdot 0,002778 \\
&\quad + 0,019417 \cdot 0,002770 + (-0,019048) \cdot (-0,008287), \\
&= 0,0004611,
\end{aligned}
$$

und es ergibt sich:

$$
\begin{aligned}
Cov(r_B, r_M) &= \frac{1}{n-1} \left[\sum_{t=1}^{n} r_{Bt} \cdot r_{Mt} - \frac{1}{n} \sum_{t=1}^{n} r_{Bt} \cdot \sum_{t=1}^{n} r_{Mt} \right] \\
&= \frac{1}{3} \left[0,0004611 - \frac{1}{4} \cdot 0,010362 \cdot 0,011345 \right] \\
&= 0,0001439
\end{aligned}
$$

$$
\begin{aligned}
\rho(r_B, r_M) &= \frac{Cov(r_B, r_M)}{\sigma(r_B) \cdot \sigma(r_M)} \\
&= 0,791098
\end{aligned}
$$

Das unsystematische Risiko ergibt sich aus:

$$
\begin{aligned}
\sigma(r_B) \cdot \sqrt{1 - \rho^2(r_B, r_M)} &= 0,143616 \cdot \sqrt{1 - 0,791098^2} \\
&= 8,7848 \ \% \ \text{p.a.}
\end{aligned}
$$

Für das systematische und das normierte systematische Risiko erhält man:

$$
\begin{aligned}
\rho(r_B, r_M) \cdot \sigma(r_B) &= 0,791098 \cdot 0,143616 \\
&= 8,7848 \ \% \ \text{p.a.}
\end{aligned}
$$

$$
\begin{aligned}
\beta_B &= \frac{Cov(r_B, r_M)}{\sigma^2(r_M)} \\
&= \frac{0,0001439}{0,00913353^2} \\
&= 1,725010
\end{aligned}
$$

Lösung, Teilaufgabe (c)

Für die erwartete Marktrendite ergibt sich:

$$
\begin{aligned}
E(r_M) &= \sum_{i=1}^{4} p(z_i) \cdot r_M(z_i) \\
&= 0,08 \cdot 0,05 + 0,12 \cdot 0,11 + 0,08 \cdot 0,13 + 0,72 \cdot 0,17 \\
&= 15 \ \% \ \text{p.a.} \\
&= 0,2691 \ \% \ \text{pro Woche}
\end{aligned}
$$

Für die Bewertung der Aktie B muß noch aus den Daten der Aktie C der risikolose Zinssatz berechnet werden:

$$
E(r_j) = r + [E(r_M) - r] \cdot \beta_j
$$

$$r = \frac{E(r_j) - E(r_M) \cdot \beta_j}{1 - \beta_j}$$
$$= \frac{0,002864 - 0,2691 \cdot 1,124426}{1 - 1,124426}$$
$$= 0,1304 \text{ \% pro Woche}$$
$$= 7,0098 \text{ \% p.a.}$$

Nun kann man die erwartete Rendite der Aktie B berechnen:

$$E(r_B) = r + [E(r_M) - r] \cdot \beta_B$$
$$= 0,001304 + [0,002691 - 0,001304] \cdot 1,725010$$
$$= 0,3697 \text{ \% pro Woche}$$
$$= 21,1560 \text{ \% p.a.}$$

Lösung, Teilaufgabe (d)

Die Gleichung für die Kapitalmarktlinie lautet:

$$E(r_j) = r + [E(r_M) - r] \cdot \beta_j$$
$$= 0,070098 + [0,15 - 0,070098] \cdot \beta_j$$

Erwartet ein Investor eine Rendite von 12 % p.a., so muß er folgendes Risiko in Kauf nehmen:

$$\sigma(r_P) = \frac{E(r_P) - r}{(E(r_M) - r} \cdot \sigma(r_M)$$
$$= \frac{0,12 - 0,070098}{0,15 - 0,070098} \cdot 0,00913353 \cdot \sqrt{52}$$
$$= 4,1133 \text{ \% p.a.}$$

Aufgabe 14

An der neu eröffneten Börse von Floridsdorf notieren die drei Aktien der rein eigenfinanzierten Unternehmungen A, B und C, und es sind die folgenden Daten bekannt:

Aktie j	A	B	C	Markt M
Stück (n_j)	50.000	100.000	150.000	–
P_{0j}	1.100,–	550,–	100,–	–
β_j	1,2	0,5		
$E(r_j)$ p.a.				11 %
$Cov(r_j, r_M)$				–

In Floridsdorf beträgt der risikolose Zinssatz 7 % p.a., und das Kapitalmarktrisiko ist 16 % p.a. Desweiteren gibt es nur die drei Kapitalmarktteilnehmer X, Y und Z. Alle Investoren sind risikoavers, rational und haben homogene Erwartungen. Von den Kapitalmarktteilnehmern sind die folgenden Daten bekannt:

Investor	X	Y	Z
$E(r_P)$ p.a.	8,6 %		
$\sigma(r_P)$ p.a.			40 %
α			
x_A			
x_B			
x_C			
Reinvermögen $(t = 0)$		20 Mio.	
Erwartetes Endvermögen $(t = 1)$	108,6 Mio.		
Aktienvermögen A $(t = 0)$			
Aktienvermögen B $(t = 0)$			
Aktienvermögen C $(t = 0)$			
Risikolos investiertes Vermögen $(t = 0)$			

Gehen Sie davon aus, daß sich der Kapitalmarkt von Floridsdorf im Gleichgewicht befindet, und ermitteln Sie für die obigen Tabellen die fehlenden Werte.

Lösung

• Das gesamte Aktienvermögen auf dem Kapitalmarkt beträgt:

Aktie	$P_{0j} \cdot n_j$		
A	$1.100 \cdot 50.000$	=	55.000.000
B	$550 \cdot 100.000$	=	55.000.000
C	$100 \cdot 150.000$	=	15.000.000
Summe			125.000.000

Die wertmäßigen Anteile der einzelnen Aktien am Marktportefeuille betragen:

$$x_A^M = \frac{\text{Aktienvermögen der Aktie } A}{\text{Gesamtes Aktienvermögen}}$$
$$= \frac{55.000.000}{125.000.000}$$
$$= 44\ \%$$

$$x_B^M = \frac{\text{Aktienvermögen der Aktie } B}{\text{Gesamtes Aktienvermögen}}$$
$$= \frac{55.000.000}{125.000.000}$$
$$= 44\ \%$$

$$x_C^M = \frac{\text{Aktienvermögen der Aktie } C}{\text{Gesamtes Aktienvermögen}}$$

$$= \frac{15.000.000}{125.000.000}$$
$$= 12\,\%$$

- Das Beta der Aktie C ergibt sich über die Beziehung für das Beta des Marktportefeuilles

$$\sum_{i=1}^{3} \beta_j \cdot x_j^M = 1.$$

Löst man diese Gleichung nach β_C auf, so ergibt sich:

$$\beta_C = \frac{1 - \beta_A \cdot x_A^M - \beta_B \cdot x_B^M}{x_C^M}$$
$$= \frac{1 - 1,2 \cdot 0,44 - 0,5 \cdot 0,44}{0,12}$$
$$= 2,1$$

- Nach dem CAPM,

$$E(r_j) = r + [E(r_M) - r] \cdot \beta_j,$$

erhält man für die erwarteten Renditen der Aktien:

$$E(r_A) = 0,07 + [0,11 - 0,07] \cdot 1,2$$
$$= 11,8\,\%\ \text{p.a.}$$

$$E(r_B) = 0,07 + [0,11 - 0,07] \cdot 0,5$$
$$= 9,0\,\%\ \text{p.a.}$$

$$E(r_C) = 0,07 + [0,11 - 0,07] \cdot 2,1$$
$$= 15,4\,\%\ \text{p.a.}$$

- Für die Kovarianzen zwischen den erwarteten Renditen der einzelnen Wertpapiere und der erwarteten Kapitalmarktrendite ergibt sich:

$$Cov(r_j, r_M) = \beta_j \cdot \sigma^2(r_M)$$

$$Cov(r_A, r_M) = 1,2 \cdot 0,16^2$$
$$= 0,0307$$

$$Cov(r_B, r_M) = 0,5 \cdot 0,16^2$$
$$= 0,0128$$

$$Cov(r_C, r_M) = 2,1 \cdot 0,16^2$$
$$= 0,0538$$

- Für den Investor X folgt:

$$\alpha^X = \frac{E(r_P^X) - E(r_M)}{r - E(r_M)}$$
$$= \frac{0,086 - 0,11}{0,07 - 0,11}$$
$$= 60\,\%$$

Das Portefeuillesrisiko für den Investor X beträgt:

$$\sigma(r_P^X) = \frac{E(r_P^X) - r}{E(r_M) - r} \cdot \sigma(r_M)$$
$$= \frac{0,1 - 0,07}{0,11 - 0,07} \cdot 0,16$$
$$= 6,4\,\%\ \text{p.a.}$$

Bei einem Reinvermögen von

$$V_0^X = \frac{V_1^X}{1 + E(r_P^X)}$$
$$= \frac{180.600.000}{1 + 0,086}$$
$$= 100.000.000,-$$

veranlagt der Investor
$$100.000.000 \cdot 0,6 = 60.000.000,-$$

risikolos. Das Reinvermögen wird wertmäßig zu folgenden Anteilen in die drei Aktien investiert:

$$x_A^X = (1 - \alpha^X) \cdot x_A^M$$
$$= (1 - 0,6) \cdot 0,44$$
$$= 17,6\,\%$$

$$x_B^X = (1 - \alpha^X) \cdot x_B^M$$
$$= (1 - 0,6) \cdot 0,44$$
$$= 17,6\,\%$$

$$x_C^X = (1 - \alpha^X) \cdot x_C^M$$
$$= (1 - 0,6) \cdot 0,12$$
$$= 4,8\,\%$$

Die wertmäßige Zusammensetzung des Portefeuilles von Investor X lautet:

Risikolos	$\alpha^X \cdot V_0^X$	$=$	$0,6 \cdot 100.000.000$	$=$	$60.000.000$
Aktie A	$x_A^X \cdot V_0^X$	$=$	$0,176 \cdot 100.000.000$	$=$	$17.600.000$
Aktie B	$x_B^X \cdot V_0^X$	$=$	$0,176 \cdot 100.000.000$	$=$	$17.600.000$
Aktie C	$x_C^X \cdot V_0^X$	$=$	$0,048 \cdot 100.000.000$	$=$	$4.800.000$

- Für den Investor Z folgt:

$$
\begin{aligned}
\alpha^Z &= 1 - \frac{\sigma(r_P^Z)}{\sigma(r_M)} \\
&= 1 - \frac{0,40}{0,16} \\
&= -150\,\%
\end{aligned}
$$

Das Portefeuillerisiko für den Investor Z beträgt:

$$
\begin{aligned}
E(r_P^Z) &= r + \frac{E(r_M) - r}{\sigma(r_M)} \cdot \sigma(r_P^Z) \\
&= 0,07 + \frac{0,11 - 0,07}{0,16} \cdot 0,4 \\
&= 17\,\% \text{ p.a.}
\end{aligned}
$$

Bei einem Reinvermögen von

$$
\begin{aligned}
V_0^Z &= V_0 - V_0^X - V_0^Y \\
&= 125.000.000 - 100.000.000 - 20.000.000 \\
&= 5.000.000,-
\end{aligned}
$$

nimmt der Investor einen risikolosen Kredit in Höhe von

$$
5.000.000 \cdot 1,5 = 7.500.000,-
$$

auf. Das Reinvermögen wird wertmäßig zu folgenden Anteilen in die drei Aktien investiert:

$$
\begin{aligned}
x_A^Z &= (1 - \alpha^Z) \cdot x_A^M \\
&= (1 + 1,5) \cdot 0,44 \\
&= 110\,\%
\end{aligned}
$$

$$
\begin{aligned}
x_B^Z &= (1 - \alpha^Z) \cdot x_B^M \\
&= (1 + 1,5) \cdot 0,44 \\
&= 110\,\%
\end{aligned}
$$

$$
\begin{aligned}
x_C^Z &= (1 - \alpha^Z) \cdot x_C^M \\
&= (1 + 1,5) \cdot 0,12 \\
&= 30\,\%
\end{aligned}
$$

Die wertmäßige Zusammensetzung des Portefeuilles von Investor Z lautet:

Risikolos	$\alpha^Z \cdot V_0^Z$	$=$	$-1,5 \cdot 5.000.000$	$=$	$-7.500.000$
Aktie A	$x_A^Z \cdot V_0^Z$	$=$	$1,1 \cdot 5.000.000$	$=$	$5.500.000$
Aktie B	$x_B^Z \cdot V_0^Z$	$=$	$1,1 \cdot 5.000.000$	$=$	$5.500.000$
Aktie C	$x_C^Z \cdot V_0^Z$	$=$	$0,3 \cdot 5.000.000$	$=$	$1.500.000$

Die Höhe des erwarteten Endvermögens beträgt:

$$
\begin{aligned}
V_1^Z &\doteq V_0^Z \cdot [1 + E(r_P)] \\
&= 5.000.000 \cdot [1 + 0,215] \\
&= 5.850.000,-
\end{aligned}
$$

- Der Investor Y nimmt einen Kredit in Höhe des Unterschiedsbetrages zwischen dem von Investor X risiklos angelegten Betrag und dem von Investor Z aufgenommen Kredit auf. Es ergibt sich somit:

$$
\begin{aligned}
\alpha^Y &= \frac{\alpha^X \cdot V_0^X - \alpha^Z \cdot V_0^Z}{V_0^Y} \\
&= \frac{0,6 \cdot 100.000.000 - 1,5 \cdot 5.000.000}{20.000.000} \\
&= -2,625\,\%
\end{aligned}
$$

Dabei kann der Investor die folgende Rendite erwarten:

$$
\begin{aligned}
E(r_P^Y) &= (1 - \alpha^Y) \cdot E(r_M) + \alpha^Y \cdot r \\
&= (1 + 2,625) \cdot 0,11 - 2,625 \cdot 0,07 \\
&= 21,5\,\% \text{ p.a.}
\end{aligned}
$$

Das vom Investor zu tragende Risiko beträgt:

$$
\begin{aligned}
\sigma(r_P^Y) &= (1 - \alpha^Y) \cdot \sigma(r_M) \\
&= (1 + 2,625) \cdot 0,16 \\
&= 58\,\% \text{ p.a.}
\end{aligned}
$$

Das Reinvermögen wird wertmäßig zu folgenden Anteilen in die drei Aktien investiert:

$$
\begin{aligned}
x_A^Y &= (1 - \alpha^Y) \cdot x_A^M \\
&= (1 + 2,625) \cdot 0,44 \\
&= 159,5\,\%
\end{aligned}
$$

$$
\begin{aligned}
x_B^Y &= (1 - \alpha^Y) \cdot x_B^M \\
&= (1 + 2,625) \cdot 0,44 \\
&= 159,5\,\%
\end{aligned}
$$

$$
\begin{aligned}
x_C^Y &= (1 - \alpha^Y) \cdot x_C^M \\
&= (1 + 2,625) \cdot 0,12 \\
&= 43,5\,\%
\end{aligned}
$$

Die wertmäßige Zusammensetzung des Portefeuilles von Investor Y lautet:

Risikolos	$\alpha^Y \cdot V_0^Y$	$=$	$-2,625 \cdot 20.000.000$	$=$	$-52.500.000$
Aktie A	$x_A^Y \cdot V_0^Y$	$=$	$1,595 \cdot 20.000.000$	$=$	$31.900.000$
Aktie B	$x_B^Y \cdot V_0^Y$	$=$	$1,595 \cdot 20.000.000$	$=$	$31.900.000$
Aktie C	$x_C^Y \cdot V_0^Y$	$=$	$0,435 \cdot 20.000.000$	$=$	$8.700.000$

Die Höhe des erwarteten Endvermögens beträgt:

$$
\begin{aligned}
V_1^Y &= V_0^Y \cdot [1 + E(r_P)] \\
&= 20.000.000 \cdot [1 + 0,215] \\
&= 24.300.000,-
\end{aligned}
$$

4 Die relevanten Kalkulationszinsfüße in der Investitionsplanung

Aufgabe 1

Ein Industriebetrieb plant die sofortige Einführung eines neuen Produkts, für dessen Herstellung folgende Maschine benötigt wird:

Anschaffungsauszahlungen:	100.000,–
Geplante Nutzungsdauer:	5 Jahre
Erwarteter nomineller Restwert am Ende der Nutzung:	15.000,–

Die Marketingabteilung hält es für realistisch, daß von dem neuen Produkt folgende Mengen abgesetzt werden können:

Jahr der Nutzung	1	2	3	4	5
Absatzmenge	8.000	10.000	12.000	9.000	6.000

Der geplante Nettoverkaufspreis für das erste Jahr beträgt 12,– je Stück. Für die darauffolgenden Jahre soll der Nettoverkaufspreis an die Inflationsrate von 5 % p.a. angepaßt werden.

Die Kalkulationsabteilung ermittelt auf Preisbasis t=0 variable auszahlungswirksame Stückkosten für Roh–, Hilfs– und Betriebsstoffe und Löhne in der Höhe von 6,–. Diese Auszahlungen je Stück werden jährlich voraussichtlich um 4 % steigen. Die jährliche Produktionsmengen entsprechen den jährlichen Absatzmengen.

Die Fertigungsabteilung rechnet mit folgenden nominellen Zahlungen für die Instandhaltung der Maschine

Jahr der Nutzung	1	2	3	4	5
Instandhaltung	10.000,–	22.000,–	33.000,–	46.000,–	58.000,–

Die steuerliche Abschreibung erfolgt linear über vier Jahre und es soll ein Investitionsfreibetrag in der Höhe von 30 % in Anspruch genommen werden. Der Gewinnsteuersatz ist 40 % und die Unternehmung erwartet hinreichend große Gewinne aus den anderen Unternehmensbereichen. Verlustvorträge sind nicht vorhanden.

Es ist geplant, nach Beendigung des Investitionsprojekts keine Nachfolgeinvestitionen durchzuführen. Eine zeitliche Verschiebung der Investition wird als nicht sinnvoll erachtet.

Das systematische Risiko des Investitionsprojekts beträgt $\beta_{IP}=0{,}8$. Der nominelle risikolose Zinssatz beträgt 6 % p.a. und die Unternehmung rechnet mit einer erwarteten Kapitalmarktrendite von 12 % p.a.

Für das Investitionsprojekt wird bei Durchführung folgender Kredit aufgenommen:

Nominale:	*40.000,–*
Laufzeit:	*5 Jahre*
nomineller Zinssatz:	*6 % p.a.*
Zinszahlungen:	*einmal jährlich im nachhinein*
Tilgung:	*Annuitätentilgung*
kein Auszahlungsdisagio	
kein Rückzahlungsagio	

Soll der Industriebetrieb das Investitionsprojekt durchführen?

Lösung

Bei einer Annuität von

$$Ann = 40.000 \cdot \frac{0,06 \cdot (1+0,06)^5}{(1+0,06)^5 - 1}$$
$$= 9.495,86,$$

ergibt sich der folgende Zins– und Tilgungsplan:

t	1	2	3	4	5
Ausstehendes Nominale zu Periodenbeginn	40.000,00	32.904,14	25.382,54	17.409,63	8.958,35
Annuität	9.495,86	9.495,86	9.495,86	9.495,86	9.495,86
davon Zinsen	2.400,00	1.974,25	1.522,95	1.044,58	537,50
davon Tilgung	7.059,86	7.521,61	7.972,90	8.451,28	8.958,35

Die Höhe des Investitionsfreibetrags beträgt

$$IFB = 0,3 \cdot 100.000 = 30.000,-.$$

Die nominellen Cash-Flows ergeben sich aus:

t	$x \cdot (p_t - c_{v,t}) - C_{f,t}$	C_t
1	$8.000 \cdot (12 - 6,24) - 10.000$	36.080,00
2	$10.000 \cdot (12,6 - 6,49) - 22.000$	39.104,00
3	$12.000 \cdot (13,23 - 6,75) - 33.000$	44.769,79
4	$9.900 \cdot (13,89 - 7,02) - 46.000$	15.851,14
5	$6.000 \cdot (14,59 - 7,60) - 58.000$	$-14.283,05$

Die Steuern aus dem Investitionsprojekt bei reiner Eigenfinanzierung ergeben sich aus:

t	1	2	3	4	5
C_t	36.080	39.104	44.769,79	15.851,14	$-14.283,05$
$+ \; R_T$					15.000
$- \; AfA_t$	-25.000	-25.000	-25.000	-25.000	
$- \; IFB$	-30.000				
$= $ Gewinn	-18.920	14.104	19.769,79	$-9.148,86$	716,95
Steuern $(s = 40 \text{ %})$	-7.568	5.641,60	7.907,92	$-3.659,54$	286,78

Der Operating Cash Flow inklusive Restwert nach Steuern ergibt sich aus:

t	1	2	3	4	5
C_t	36.080	39.104	44.769,79	15.851,14	$-14.283,05$
$+\ R_T$					15.000,00
$-$ Steuern	7.568	$-5.641,60$	$-7.907,92$	3.659,54	$-286,78$
$=\ OCF_t$	43.648	33.462,40	36.861,88	19.510,68	430,17

Den Kalkulationszinfuß für alle Perioden bei reiner Eigenfinanzierung erhält man aus:

$$\begin{aligned}
\varrho &= r + [E(r_M) - r] \cdot \beta_{IP} \\
&= 0,06 + [0,12 - 0,06] \cdot 0,8 \\
&= 10,80 \text{ \% p.a.}
\end{aligned}$$

Somit kann man den Wert der unverschuldeten Unternehmung zu $t = 0$ berechnen

$$\begin{aligned}
U_0 &= \frac{43.648}{1,1080} + \frac{33.462,40}{1,1080^2} + \frac{36,861,88}{1,1080^3} + \frac{19.510,68}{1,1080^4} + \frac{430,17}{1,1080^5} \\
&= 106.952,71,
\end{aligned}$$

und nach der APV–Methode erhält man für den Kapitalwert:

$$\begin{aligned}
K_0 &= -A_0 + U_0 + s \cdot \sum_{t=1}^{T} \frac{Z_t'}{(1+r)^t} \\
&= -A_0 + U_0 + 0,4 \cdot \left(\frac{2.400}{1,06} + \frac{1.974,25}{1,06^2} \right. \\
&\quad + \left. \frac{1.522,95}{1,06^3} + \frac{1.044,58}{1,06^4} + \frac{537,50}{1,06^5} \right) \\
&= -100.000 + 106.952,71 + 0,4 \cdot 6.528,98 \\
&= 9.564,30
\end{aligned}$$

Der Industriebetrieb soll das Projekt durchführen, da es einen positiven Kapitalwert aufweist.

Aufgabe 2

Einem risikoaversen Jungunternehmer steht zur Gründung einer Kapitalgesellschaft folgendes Investitionsprojekt (Maschine) mit einjähriger geplanter Nutzungsdauer zur Auswahl

Anschaffungsauszahlungen:	*500,–*
Restwert:	*50,–*
Preis je Stück:	*1,–*
Variable Auszahlungen je Stück:	*0,50*
Fixe Auszahlungen:	*400,–*

Der Investor vermutet für das kommende Jahr folgende Umweltzustände z_i am Kapitalmarkt, subjektive Eintrittswahrscheinlichkeiten $p(z_i)$, zustandsabhängige Kapitalmarktrenditen $r_M(z_i)$ und zustandsabhängige Absatz- und Produktionsmengen $x(z_i)$ für das Investitionsprojekt:

Zustand z_i	$p(z_i)$	$r_M(z_i)$ in % p.a.	$x(z_i)$
Rezession	$\frac{1}{3}$	5	1.900
Normal	$\frac{1}{3}$	10	2.000
Boom	$\frac{1}{3}$	15	2.100

Der risikolose Zinssatz beträgt 10 % p.a. Der Körperschaftsteuersatz ist 40 % p.a. und die steuerliche Abschreibung erfolgt über die geplante Nutzungsdauer.

(a) *Ermitteln Sie für das Projekt den Kapitalwert mit expliziter Berücksichtigung der Steuern, falls bei Realisation des Projekts ein Kredit in der Höhe von 300,– aufgenommen werden soll.*

(b) *Welches Wertpapierportefeuille des Kapitalmarkts liefert eine erwartete Rendite in der Höhe des Kalkulationszinsfußes (a) und welches Risiko weist dieses Portefeuille auf?*

(c) *Ermitteln Sie*

  – *die Anfangsbilanz,*

  – *die erwartete Gewinn– und Verlustrechnung,*

  – *die erwarteten Cash Flows,*

  – *das erwartete Nettobetriebsergebnis*

und

  – *die erwartete Endbilanz.*

(d) *Bestimmen Sie aus den erwarteten Größen*

  – *den Return on Investment*

und

  – *den Return on Equity.*

Lösung, Teilaufgabe (a)

Für die erwartetete Rendite des Kapitalmarkts ergibt sich:

$$
\begin{aligned}
E(r_M) &= \sum_{i=1}^{3} p(z_i) \cdot r_M(z_i) \\
&= 0,\dot{3} \cdot 0,05 + 0,\dot{3} \cdot 0,1 + 0,\dot{3} \cdot 0,15 \\
&= 10 \text{ \% p.a.}
\end{aligned}
$$

Die erwartete Absatzmenge und den erwarteten Einzahlungsüberschuß inklusive Restwert vor Steuern zu $t = 1$ erhält man durch:

$$
\begin{aligned}
E(x) &= \sum_{i=1}^{3} p(z_i) \cdot x(z_i) \\
&= 0,\dot{3} \cdot 1.900 + 0,\dot{3} \cdot 2.000 + 0,\dot{3} \cdot 2.100 \\
&= 2.000
\end{aligned}
$$

$$
\begin{aligned}
E(C_1) &= E(x) \cdot (p - c_{v,1}) - C_{f,1} + R_1 \\
&= 2.000 \cdot (1 - 0,5) - 400 + 50 \\
&= 650
\end{aligned}
$$

Für den Kalkulationszinsfuß des Eigenkapitals bei teilweiser Fremdfinanzierung erhält man daraus:

$$
\begin{aligned}
k_E &= r + [E(r_M) - r] \cdot FL^{dyn} \cdot OL^{dyn} \cdot \beta_{VZ} \\
&= 0,1 + [0,1 - 0,1] \cdot FL^{dyn} \cdot OL^{dyn} \cdot \beta_{VZ} \\
&= 0,1
\end{aligned}
$$

Der zu $t = 0$ aufgenommen Kredit muß zu $t = 1$ zurückgezahlt werden. Die Verzinsung erfolgt zum risikolosen Zinssatz $r = i = 10$ % p.a. Daraus folgt für den Wert des Eigenkaptials:

$$
\begin{aligned}
E_0 &= \frac{E(NCF_1 - Y_1)}{1 + k_E} \\
&= \frac{E(C_1 - s \cdot (C_1 - AfA - Z') - Y_1)}{1 + k_E} \\
&= \frac{650 - 0,4 \cdot (650 - 500 - 30) - 330)}{1,1} \\
&= \frac{272}{1,1} \\
&= 247,\dot{2}\dot{7}
\end{aligned}
$$

Schließlich erhält man den Kapitalwert des Investitionsprojekt nach der Nettomethode aus:

$$
\begin{aligned}
K_0 &= -A_0 + Y_0 + E_0 \\
&= -500 + 300 + 247,\dot{2}\dot{7} \\
&= 47,\dot{2}\dot{7}
\end{aligned}
$$

Der Jungunternehmer soll das Investitionsprojekt durchführen, da es einen positiven Kapitalwert aufweist.

Lösung, Teilaufgabe (b)

Grundsätzlich liefert jedes beliebige Wertpapierportefeuille am Kapitalmarkt eine erwartete Rendite in Höhe von k_E. Weil es keine Risikoprämie gibt, werden risikoaverse Investoren ihr Vermögen nur risikolos veranlagen.

Lösung, Teilaufgabe (c)

Anfangsbilanz, erwartete Gewinn- und Verlustrechnung, erwartetes Nettobetriebsergebnis, erwartete Endbilanz:

	Anfangsbilanz		
Maschine	500	Eigenkapital	200
		Fremdkapital	300
	500		500

Erwartete GuV

	Umsatzerlöse	2.000
+	Veräußerungserlöse	50
−	Variabler Aufwand	−1.000
−	Abschreibung	−500
−	Sonstiger fixer Aufwand	−400
−	Zinsen	−30
=	Gewinn vor Steuern	120
−	Steuern	−48
=	Gewinn nach Steuern	72

Erwartete Cash Flows

	Umsatzeinzahlungen	2.000
+	Restwert	50
−	Variable Auszahlungen	−1.000
−	Fixe Auszahlungen	−400
=	Cash Flow vor Zinsen und Steuern	650
−	Zinsen	−30
−	Steuern	−48
=	Net Cash Flow	572
−	Tilgung	−300
=	Zahlungen an die EK-Geber	272

Erwartetes Nettobetriebsergebnis

	Umsatzerlöse	2.000
−	Variable Kosten	−1.000
=	Deckungsbeitrag	1.000
−	Kalkulatorische Zinsen	−50
−	Kalkulatorische Abschreibung	−450
−	Steuern	−48
+	Restwert	50
−	Sonstige fixe Kosten	−400
=	Nettobetriebsergebnis	102

Erwartete Endbilanz

Maschine	0	Eigenkapital	200
Kassa	272	Gewinn	72
		Fremdkapital	0
	272		272

Lösung, Teilaufgabe (d)

Return on Investment:

$$ROI = \frac{\text{Gewinn nach Steuern} + \text{Zinsen}}{\text{Buchwert des Gesamtkapitals}}$$

$$= \frac{72 + 30}{500}$$

$$= 20,4 \text{ \% p.a.}$$

Return on Equity:

$$ROE = \frac{\text{Gewinn nach Steuern}}{\text{Buchwert des Eigenkapitals}}$$

$$= \frac{72}{200}$$
$$= 36 \% \text{ p.a.}$$

Aufgabe 3

Einem risikoaversen Jungunternehmer steht zur Gründung einer Kapitalgesellschaft folgendes Investitionsprojekt (Maschine) mit zweijähriger geplanter Nutzungsdauer zur Auswahl

Anschaffungsauszahlungen:	*1.000,–*
Restwert:	*50,–*
Preis je Stück:	*1,–*
Variable Auszahlungen je Stück:	*0,50*
Fixe Auszahlungen:	*400,–*

Der Investor vermutet für die beiden kommenden Jahre in jedem Jahr folgende Umweltzustände z_i am Kapitalmarkt, subjektive Eintrittswahrscheinlichkeit $p(z_i)$, zustandsabhängige Kapitalmarktrenditen $r_M(z_i)$ und zustandsabhängige Absatz- und Produktionsmengen $x(z_i)$ für das Investitionsprojekt:

Zustand z_i	$p(z_i)$	$r_M(z_i)$ in % p.a.	$x(z_i)$
Rezession	$\frac{1}{3}$	5	*1.900*
Normal	$\frac{1}{3}$	10	*2.000*
Boom	$\frac{1}{3}$	15	*2.100*

Der risikolose Zinssatz beträgt 6 % p.a. Der Körperschaftsteuersatz ist 40 % p.a. und die steuerliche Abschreibung erfolgt linear über die geplante Nutzungsdauer.

(a) *Ermitteln Sie für das Projekt den Kapitalwert mit expliziter Berücksichtigung der Steuern, falls bei Realisation des Projekts ein risikoloser Kredit in der Höhe von 300,– mit Ratentilgung aufgenommen werden soll.*

(b) *Ermitteln Sie*

  – *die Anfangsbilanz,*

  – *die erwarteten Gewinn- und Verlustrechnungen*

und

  – *die erwarteten jährlichen Schlußbilanzen.*

Unterstellen Sie dabei, daß die jährlichen Ausschüttungen an den Jungunternehmer so groß wie möglich (lt. Aktienrecht) sind.

Lösung, Teilaufgabe (a)

Da alle Parameter in allen Perioden konstant bleiben und die Zufallsvariablen stationär sind, erhält man für jede der zwei Perioden

$$
\begin{aligned}
E(r_M) &= 10\ \%\ \text{p.a.}, \\
\sigma^2(r_M) &= 0,001\dot{6}, \\
E(p \cdot x) &= 2.000, \\
Cov(p \cdot x, r_M) &= 3,\dot{3}, \\
\gamma &= \frac{c_v}{p} = 0,5.
\end{aligned}
$$

Die Marktwerte der künftigen Umsatzerlöse ergeben sich aus:

$$
PV_t = \frac{E(p \cdot x) - \frac{E(r_M)-r}{\sigma^2(r_M)} \cdot Cov(p \cdot x, r_M) + PV_{t+1}}{1+r}
$$

Somit erhält man:

$$
\begin{aligned}
PV_1 &= \frac{2000 - \frac{0,1-0,06}{0,0016} \cdot 3,\dot{3}}{1,06} \\
&= 1.811,32
\end{aligned}
$$

$$
\begin{aligned}
PV_0 &= \frac{2000 - \frac{0,1-0,06}{0,0016} \cdot 3,\dot{3} + 1.811,32}{1,06} \\
&= 3.520,11
\end{aligned}
$$

Die Marktwerte der variablen Einzahlungsüberschüsse nach Steuern ergeben sich aus:

$$
PVZ_t = (1-s) \cdot (1-\gamma) \cdot PV_t
$$

Somit ergibt sich für die zwei Perioden:

$$
\begin{aligned}
PVZ_0 &= 0,6 \cdot 0,5 \cdot 3.520,11 \\
&= 1.056,03
\end{aligned}
$$

$$
\begin{aligned}
PVZ_1 &= 0,6 \cdot 0,5 \cdot 1.811,32 \\
&= 543,40
\end{aligned}
$$

Die Marktwerte der fixen Zahlungen sind periodenspezifisch zu behandeln. Bei der Berechnung für $t = 1$ ist der Restwert zu berücksichtigen:

$$
\begin{aligned}
PF_1 &= \frac{-(1-s) \cdot C_f + s \cdot AfA + (1-s) \cdot R_2}{1+r} \\
&= \frac{-0,6 \cdot 400 + 0,4 \cdot 500 + 0,6 \cdot 50}{1,06} \\
&= -9,43
\end{aligned}
$$

Die Berechnung für $t = 0$ erfolgt analog, allerdings ohne Restwert:

$$
\begin{aligned}
PF_0 &= \frac{-(1-s) \cdot C_f + s \cdot AfA + PF_1}{1+r} \\
&= \frac{-0,6 \cdot 400 + 0,4 \cdot 500 - 9,43}{1,06} \\
&= -46,64
\end{aligned}
$$

Um die Werte der Steuerersparnisse ermitteln zu können, müssen die Ergebnisse aus dem Zins– und Tilgungsplan herangezogen werden:

t	1	2
Ausstehendes Nominale zu Periodenbeginn	300	150
Zinsen	18	9
Tilgung	150	150

Der Marktwert des Gesamtkapitals ergibt sich aus:

$$V_t = PVZ_t + PF_t + s \cdot \sum_{\nu=t+1}^{T} \frac{E(Z_\nu)}{(1+k_D)^{\nu-t}}$$

Weil der Kredit risikolos ist, entspricht die Effektivverzinsung des Fremdkapitals dem konstanten, risikolosen Zinssatz. Somit erhält man:

$$\begin{aligned} V_1 &= 543,40 - 9,43 + \frac{0,4 \cdot 9}{1,06} \\ &= 537,36 \end{aligned}$$

$$\begin{aligned} V_0 &= 1.056,03 - 46,64 + \frac{0,4 \cdot 18}{1,06} + \frac{0,4 \cdot 9}{1,06^2} \\ &= 1.019,39 \end{aligned}$$

Der Kapitalwert des Projekts beträgt daher

$$\begin{aligned} K_0 &= V_0 - A_0 \\ &= 1.019,39 - 1.000 \\ &= 19,39. \end{aligned}$$

Auf Grund des positiven Kapitalwerts soll der Jungunternehmer das Projekt durchführen.

Lösung, Teilaufgabe (b)

Anfangsbilanz, erwartete Gewinn– und Verlustrechnung, erwartete Endbilanz:

Anfangsbilanz			
Maschine	1.000	Eigenkapital	700
		Fremdkapital	300
	1.000		1.000

Erwartete Gewinn- und Verlustrechnungen	$t = 1$	$t = 2$
Umsatzerlöse	2.000	2.000
+ Veräußerungserlöse		50
− Variabler Aufwand	−1.000	−1.000
− Abschreibung	−500	−500
− Sonstiger fixer Aufwand	−400	−400
− Zinsen	−18	−9
= Gewinn vor Steuern	82	141
− Steuern	−32,8	−56,4
= Gewinn nach Steuern	49,2	84,6

Erwartete Endbilanz der Periode $t = 1$:

In die gesetzliche Rücklage sind nach AktG solange 5 % des Jahresüberschusses einzustellen, bis 10 % des Grundkapitals erreicht sind. Im Falle des Jungunternehmers beträgt dieser Wert

$$0,1 \cdot 700 \;=\; 70.$$

Die mögliche Gewinnausschüttung beträgt

$$0,95 \cdot 49,2 \;=\; 46,74,$$

und der Kassabestand ergibt sich aus

$$1000 - 400 - 18 - 150 - 32,8 - 46,74 \;=\; 352,46.$$

	Endbilanz $t = 1$	
Maschine	500	Eigenkapital	700
Kassa	352,46	gebundene Rücklage	2,46
		Fremdkapital	150
	852,46		852,46

Erwartete Endbilanz der Periode $t = 2$:

Die gesetzliche Rücklage muß weiterhin dotiert werden, da das Ausmaß von 10 % des Grundkapitals noch nicht erreicht ist. Die mögliche Gewinnausschüttung beträgt

$$0,95 \cdot 84,6 \;=\; 80,37,$$

und der Kassabestand ergibt sich aus

$$352,46 + 1000 - 400 - 9 - 150 - 56,4 - 80,37 + 50 \;=\; 706,69.$$

Damit folgt für die Endbilanz:

	Endbilanz $t = 2$	
Maschine	0	Eigenkapital	700
Kassa	706,69	gebundene Rücklage	6,69
		Fremdkapital	0
	706,69		706,69

Aufgabe 4

Bei der Gründung einer Kapitalgesellschaft zur Herstellung von "Lollis" überlegt ein risikoaverser Jungunternehmer eine Maschine mit zweijähriger geplanter Nutzungsdauer zu kaufen:

Anschaffungsauszahlungen:	*3.000,-*
Verkaufspreis je Lolli in $t = 1, 2$:	*2,-*
Variable Auszahlungen je Lolli in $t = 1, 2$:	*0,50*
Fixe jährliche Auszahlungen:	*400,-*
Erwarteter Restwert R_T	*50,-*

Der Investor vermutet für die beiden kommenden Jahre folgende Umweltzustände $z_{t,i}$ am Kapitalmarkt, subjektive unbedingte Eintrittswahrscheinlichkeiten $p(z_{t,i})$, zustandsabhängige Kapitalmarktrenditen $r_M(z_{t,i})$ und zustandsabhängige Absatz- und Produktionsmengen $x(z_{t,i})$ für das Investitionsprojekt:

Zustand $z_{t,i}$	$t = 1$				Zustand $z_{t,i}$	$t = 2$		
	$p(z_{t,i})$	$r_M(z_{t,i})$ p.a.	$x(z_{t,i})$			$p(z_{t,i})$	$r_M(z_{t,i})$ p.a.	$x(z_{t,i})$
Rezession	0,20	5 %	1.850		Rezession	0,30	6 %	1.900
Normal	0,50	10 %	2.000		Normal	0,45	12 %	2.000
Boom	0,30	15 %	2.100		Boom	0,25	16 %	2.100

Der risikolose Zinssatz beträgt in jedem Jahr 7 % p.a. Der Körperschaftssteuersatz ist 40 % p.a. und die steuerliche Abschreibung der Maschine erfolgt linear über die geplante Nutzungsdauer. Ermitteln Sie für das Projekt den Kapitalwert mit expliziter Berücksichtigung der Steuern, falls bei Realisation des Projekts ein risikoloser endfälliger Kredit in der Höhe von 1.500,– aufgenommen werden soll.

Lösung

Aus der Angabe ergeben sich für die beiden Perioden folgende Werte:

t	1	2
$E(r_{M,t})$	10,5 % p.a.	11,2 % p.a.
$\sigma^2(r_{M,t})$	0,001225	0,001416
$E(p \cdot x_t)$	4.000	3.990
$Cov(p \cdot x_t, r_{M,t})$	6	5,52

$$\gamma = \frac{c_v}{p} = 0,25$$

Die Marktwerte der künftigen Umsatzerlöse ergeben sich aus:

$$PV_t = \frac{E(p \cdot x_{t+1}) - \frac{E(r_{M,t+1}) - r}{\sigma^2(r_{M,t+1})} \cdot Cov(p \cdot x_{t+1}, r_{M,t+1}) + PV_{t+1}}{1 + r}$$

Somit erhält man:

$$PV_1 = \frac{3.990 - \frac{0,112 - 0,07}{0,001416} \cdot 5,52}{1,07}$$
$$= 3.575,95$$

$$PV_0 = \frac{4.000 - \frac{0,105 - 0,07}{0,001225} \cdot 6 + 3.575,95}{1,07}$$
$$= 6.920,12$$

Die Marktwerte der variablen Einzahlungsüberschüsse nach Steuern ergeben sich aus:

$$PVZ_t = (1 - s) \cdot (1 - \gamma) \cdot PV_t$$

Somit ergibt sich für die zwei Perioden:

$$PVZ_0 = 0,6 \cdot 0,75 \cdot 6.920,12$$
$$= 3.114,05$$

$$PVZ_1 = 0,6 \cdot 0,75 \cdot 3757,95$$
$$= 1.609,18$$

Die Marktwerte der fixen Zahlungen sind periodenspezifisch zu behandeln. Bei der Berechnung für $t = 1$ ist der Restwert zu berücksichtigen:

$$
\begin{aligned}
PF_1 &= \frac{-(1-s) \cdot C_f + s \cdot AfA + (1-s) \cdot R_2}{1+r} \\
&= \frac{-0,6 \cdot 400 + 0,4 \cdot 1.500 + 0,6 \cdot 50}{1,07} \\
&= 364,49
\end{aligned}
$$

Die Berechnung für $t = 0$ erfolgt analog, allerdings ohne Restwert:

$$
\begin{aligned}
PF_0 &= \frac{-(1-s) \cdot C_f + s \cdot AfA + PF_1}{1+r} \\
&= \frac{-0,6 \cdot 400 + 0,4 \cdot 1.500 + 6}{1,07} \\
&= 677,09
\end{aligned}
$$

Um die Werte der Steuerersparnisse ermitteln zu können, müssen die Ergebnisse aus dem Zins- und Tilgungsplan herangezogen werden:

t	1	2
Ausstehendes Nominale zu Periodenbeginn	1.500	1.500
Zinsen	105	105
Tilgung	0	1.500

Der Marktwert des Gesamtkapitals ergibt sich aus:

$$
V_t = PVZ_t + PF_t + s \cdot \sum_{\nu=t+1}^{T} \frac{E(Z_\nu)}{(1+k_D)^{\nu-t}}
$$

Weil der Kredit risikolos ist, entspricht die Effektivverzinsung des Fremdkapitals dem konstanten, risikolosen Zinssatz. Somit erhält man:

$$
\begin{aligned}
V_1 &= 1.609,18 + 364,49 + \frac{0,4 \cdot 105}{1,07} \\
&= 2.012,92
\end{aligned}
$$

$$
\begin{aligned}
V_0 &= 3.114,05 + 677,09 + \frac{0,4 \cdot 105}{1,07} + \frac{0,4 \cdot 105}{1,07^2} \\
&= 3.867,08
\end{aligned}
$$

Der Kapitalwert des Projekts beträgt daher

$$
\begin{aligned}
K_0 &= V_0 - A_0 \\
&= 3.867,08 - 3.000 \\
&= 867,08.
\end{aligned}
$$

Aufgrund des positiven Kapitalwerts soll der Jungunternehmer das Projekt durchführen.

Aufgabe 5

Bei der Gründung einer Kapitalgesellschaft zur Herstellung von "Vit–Kapseln" überlegt ein risikoaverser Jungunternehmer eine Maschine mit zweijähriger geplanter Nutzungsdauer zu kaufen:

Anschaffungsauszahlungen:	4.000,–
Verkaufspreis je Vit–Kapsel in $t = 1, 2$:	2,–
Variable Auszahlungen je Vit–Kapsel in $t = 1, 2$:	0,50
Fixe jährliche Auszahlungen:	200,–
Erwarteter Restwert R_T	50,–

Der Investor vermutet für die beiden kommenden Jahre folgende Umweltzustände $z_{t,i}$ am Kapitalmarkt, subjektive unbedingte Eintrittswahrscheinlichkeiten $p(z_{t,i})$, zustandsabhängige Kapitalmarktrenditen $r_M(z_{t,i})$ und zustandsabhängige Absatz– und Produktionsmengen $x(z_{t,i})$ für das Investitionsprojekt:

<table>
<tr><th colspan="4">$t = 1$</th><th colspan="4">$t = 2$</th></tr>
<tr><th>Zustand $z_{t,i}$</th><th>$p(z_{t,i})$</th><th>$r_M(z_{t,i})$ p.a.</th><th>$x(z_{t,i})$</th><th>Zustand $z_{t,i}$</th><th>$p(z_{t,i})$</th><th>$r_M(z_{t,i})$ p.a.</th><th>$x(z_{t,i})$</th></tr>
<tr><td>Rezession</td><td>0,20</td><td>5 %</td><td>1.850</td><td>Rezession</td><td>0,30</td><td>6 %</td><td>1.900</td></tr>
<tr><td>Normal</td><td>0,50</td><td>10 %</td><td>2.000</td><td>Normal</td><td>0,45</td><td>12 %</td><td>2.000</td></tr>
<tr><td>Boom</td><td>0,30</td><td>15 %</td><td>2.100</td><td>Boom</td><td>0,25</td><td>16 %</td><td>2.100</td></tr>
</table>

Der risikolose Zinssatz beträgt in jedem Jahr 7 % p.a. Der Körperschaftssteuersatz ist 40 % p.a. und die steuerliche Abschreibung der Maschine erfolgt linear über die geplante Nutzungsdauer. Ermitteln Sie für das Projekt den Kapitalwert mit expliziter Berücksichtigung der Steuern, falls bei Realisation des Projekts ein risikoloser endfälliger Kredit in der Höhe von 700,– aufgenommen werden soll.

Lösung

Aus der Angabe ergeben sich für die beiden Perioden folgende Werte:

t	1	2
$E(r_{M,t})$	10, 5 % p.a.	11, 2 % p.a.
$\sigma^2(r_{M,t})$	0,001225	0,001416
$E(p \cdot x_t)$	4.000	3.990
$Cov(p \cdot x_t, r_{M,t})$	6	5, 52

$$\gamma = \frac{c_v}{p} = 0,25$$

Die Marktwerte der künftigen Umsatzerlöse ergeben sich aus:

$$PV_t = \frac{E(p \cdot x_{t+1}) - \frac{E(r_{M,t+1}) - r}{\sigma^2(r_{M,t+1})} \cdot Cov(p \cdot x_{t+1}, r_{M,t+1}) + PV_{t+1}}{1 + r}$$

Somit erhält man:

$$PV_1 = \frac{3.990 - \frac{0,112 - 0,07}{0,001416} \cdot 5, 52}{1,07}$$

$$= 3.575, 95$$

$$PV_0 = \frac{4.000 - \frac{0,105 - 0,07}{0,001225} \cdot 6 + 3.575, 95}{1,07}$$

$$= 6.920, 12$$

Die Marktwerte der variablen Einzahlungsüberschüsse nach Steuern ergeben sich aus:

$$PVZ_t = (1 - s) \cdot (1 - \gamma) \cdot PV_t$$

Somit ergibt sich für die zwei Perioden:

$$PVZ_0 = 0,6 \cdot 0,75 \cdot 6.920,12$$
$$= 3.114,05$$

$$PVZ_1 = 0,6 \cdot 0,75 \cdot 3575,95$$
$$= 1.609,18$$

Die Marktwerte der fixen Zahlungen sind periodenspezifisch zu behandeln. Bei der Berechnung für $t = 1$ ist der Restwert zu berücksichtigen:

$$PF_1 = \frac{-(1-s) \cdot C_f + s \cdot AfA + (1-s) \cdot R_2}{1+r}$$
$$= \frac{-0,6 \cdot 200 + 0,4 \cdot 2.000 + 0,6 \cdot 50}{1,07}$$
$$= 663,55$$

Die Berechnung für $t = 0$ erfolgt analog, allerdings ohne Restwert:

$$PF_0 = \frac{-(1-s) \cdot C_f + s \cdot AfA + PF_1}{1+r}$$
$$= \frac{-0,6 \cdot 200 + 0,4 \cdot 2.000 + 663,55}{1,07}$$
$$= 1.255,66$$

Um die Werte der Steuerersparnisse ermitteln zu können, müssen die Ergebnisse aus dem Zins- und Tilgungsplan herangezogen werden:

t	1	2
Ausstehendes Nominale zu Periodenbeginn	700	700
Zinsen	49	49
Tilgung	0	700

Der Marktwert des Gesamtkapitals ergibt sich aus:

$$V_t = PVZ_t + PF_t + s \cdot \sum_{\nu=t+1}^{T} \frac{E(Z_\nu)}{(1+k_D)^{\nu-t}}$$

Weil der Kredit risikolos ist, entspricht die Effektivverzinsung des Fremdkapitals dem konstanten, risikolosen Zinssatz. Somit erhält man:

$$V_1 = 1.609,18 + 663,55 + \frac{0,4 \cdot 49}{1,07}$$
$$= 2.291,05$$

$$V_0 = 3.114,05 + 1.255,66 + \frac{0,4 \cdot 49}{1,07} + \frac{0,4 \cdot 49}{1,07^2}$$
$$= 4.405,15$$

Der Kapitalwert des Projekts beträgt daher

$$K_0 = V_0 - A_0$$
$$= 4.405,15 - 4.000$$
$$= 405,15.$$

Aufgrund des positiven Kapitalwerts soll der Jungunternehmer das Projekt durchführen.

Aufgabe 6

Der Geschäftsführer einer Bäckerei S. Emmel möchte in den wachsenden Punschkrapfenmarkt einsteigen. Für das kommende Jahr vermutet der risikoaverse Geschäftsführer folgende Umweltzustände, subjektive Eintrittswahrscheinlichkeiten, zustandsabhängige Kapitalmarktrenditen und zustandsabhängige Umsatzmengen:

Zustand z_i	$p(z_i)$	$r_M(z_i)$ in % p.a.	Umsatzmenge
Rezession	0,2	6	3.500
Normal	0,5	10	4.000
Boom	0,3	15	5.500

Aus Effizienzgründen möchte der Jungunternehmer keine zusätzlichen Arbeitskräfte einstellen, sondern eine vollautomatische Punschkrapfenmaschine anschaffen. Über dieses Spezialaggregat mit einjähriger Nutzungsdauer konnte Emmel folgende Daten ermitteln:

Anschaffungsauszahlungen:	260,–
Restwert am Ende der Nutzungsdauer:	0,–
Fixe Auszahlungen:	200,–
Variable Zahlungen je Stück:	0,50

Bei Durchführung des Investitionsprojekts würde Emmel einen Kredit in der Höhe von 100,– aufnehmen. Es ist weder ein Rückzahlungsagio noch ein Auszahlungsdisagio zu berücksichtigen.

Soll sich Emmel für die Durchführung des Investitionsprojekts entscheiden, falls der risikolose Zinssatz 7 % p.a. beträgt, keine Steuern zu leisten sind und der Verkaufspreis pro Stück 1,– beträgt? Begründen Sie Ihre Entscheidung.

Lösung

Aus der Angabe erhält man:

$$E(r_M) = 10,7 \text{ \% p.a.}$$
$$\sigma^2(r_M) = 0,001021$$
$$E(p \cdot x) = 4.350$$
$$Cov(p \cdot x, r_M) = 24,05$$
$$\gamma = \frac{c_v}{p} = 0,5$$

Der Marktwert der künftigen Umsatzerlöse ergibt sich aus:

$$
\begin{aligned}
PV_0 &= \frac{E(p \cdot x) - \frac{E(r_M)-r}{\sigma^2(r_M)} \cdot Cov(p \cdot x, r_M)}{1+r} \\
&= \frac{4.350 - \frac{0,107-0,07}{0,001021} \cdot 24,05}{1,07} \\
&= 3.250,89
\end{aligned}
$$

Der Marktwert der variablen Einzahlungsüberschüsse ergibt sich aus:

$$PVZ_0 = (1 - \gamma) \cdot PV_t$$
$$= 0,5 \cdot 3.250$$
$$= 1.625,45$$

Bei der Berechnung des Marktwertes der fixen Zahlungen ist keine Abschreibung zu berücksichtigen, da keine Steuern zu leisten sind:

$$PF_0 = \frac{-C_f}{1+r}$$
$$= \frac{-200}{1,07}$$
$$= -186,92$$

Da keine Steuern zu leisten sind, können auch die zu leistenden Zinszahlungen nicht von der Steuer abgesetzt werden. Daher wird der Kredit bei der Berechnung des Marktwertes des Gesamtkapitals nicht berücksichtigt:

$$V_0 = 1.625,89 - 186,92$$
$$= 1.438,53$$

Der Kapitalwert des Projekts beträgt daher

$$K_0 = V_0 - A_0$$
$$= 1.438,53 - 260$$
$$= 1.178,53.$$

A Anhang: Verteilungstabellen

Werte der Verteilungsfunktion der Standardnormalverteilung

d	.,.0	.,.1	.,.2	.,.3	.,.4	.,.5	.,.6	.,.7	.,.8	.,.9
0,0	0,5000	0,5040	0,5080	0,5120	0,5160	0,5199	0,5239	0,5279	0,5319	0,5359
0,1	0,5398	0,5438	0,5478	0,5517	0,5557	0,5596	0,5636	0,5675	0,5714	0,5753
0,2	0,5793	0,5832	0,5871	0,5910	0,5948	0,5987	0,6026	0,6064	0,6103	0,6141
0,3	0,6179	0,6217	0,6255	0,6293	0,6331	0,6368	0,6406	0,6443	0,6480	0,6517
0,4	0,6554	0,6591	0,6627	0,6664	0,6700	0,6736	0,6772	0,6808	0,6844	0,6879
0,5	0,6915	0,6950	0,6985	0,7019	0,7054	0,7088	0,7123	0,7157	0,7190	0,7224
0,6	0,7257	0,7291	0,7324	0,7357	0,7389	0,7422	0,7454	0,7486	0,7517	0,7549
0,7	0,7580	0,7611	0,7642	0,7673	0,7703	0,7734	0,7764	0,7794	0,7823	0,7852
0,8	0,7881	0,7910	0,7939	0,7967	0,7995	0,8023	0,8051	0,8078	0,8106	0,8133
0,9	0,8159	0,8186	0,8212	0,8238	0,8264	0,8289	0,8315	0,8340	0,8365	0,8389
1,0	0,8413	0,8438	0,8461	0,8485	0,8508	0,8531	0,8554	0,8577	0,8599	0,8621
1,1	0,8643	0,8665	0,8686	0,8708	0,8729	0,8749	0,8770	0,8790	0,8810	0,8830
1,2	0,8849	0,8869	0,8888	0,8907	0,8925	0,8944	0,8962	0,8980	0,8997	0,9015
1,3	0,9032	0,9049	0,9066	0,9082	0,9099	0,9115	0,9131	0,9147	0,9162	0,9177
1,4	0,9192	0,9207	0,9222	0,9236	0,9251	0,9265	0,9279	0,9292	0,9306	0,9319
1,5	0,9332	0,9345	0,9357	0,9370	0,9382	0,9394	0,9406	0,9418	0,9429	0,9441
1,6	0,9452	0,9463	0,9474	0,94844	0,9495	0,9505	0,9515	0,9525	0,9535	0,9545
1,7	0,9554	0,9564	0,9573	0,9582	0,9591	0,9599	0,9608	0,9616	0,9625	0,9633
1,8	0,9641	0,9649	0,9656	0,9664	0,9671	0,9678	0,9686	0,9693	0,9699	0,9706
1,9	0,9713	0,9719	0,9726	0,9732	0,9738	0,9744	0,9750	0,9756	0,9761	0,9767
2,0	0,9772	0,9778	0,9783	0,9788	0,9793	0,9798	0,9803	0,9808	0,9812	0,9817
2,1	0,9821	0,9826	0,9830	0,9834	0,9838	0,9842	0,9846	0,9850	0,9854	0,9857
2,2	0,9861	0,9864	0,9868	0,9871	0,9875	0,9878	0,9881	0,9884	0,9887	0,9890
2,3	0,9893	0,9895	0,9898	0,9901	0,9904	0,9906	0,9909	0,9911	0,9913	0,9916
2,4	0,9918	0,9920	0,9922	0,9925	0,9927	0,9929	0,9931	0,9932	0,9934	0,9936
2,5	0,9938	0,9940	0,9941	0,9943	0,9945	0,9946	0,9948	0,9949	0,9951	0,9952
2,6	0,9953	0,9955	0,9956	0,9957	0,9959	0,9960	0,9961	0,9962	0,9963	0,9964
2,7	0,9965	0,9966	0,9967	0,9968	0,9969	0,9970	0,9971	0,9972	0,9973	0,9974
2,8	0,9974	0,9975	0,9976	0,9977	0,9977	0,9978	0,9979	0,9979	0,9980	0,9981
2,9	0,9981	0,9982	0,9982	0,9983	0,9984	0,9984	0,9985	0,9985	0,9986	0,9986
3,0	0,9986	0,9987	0,9987	0,9988	0,9988	0,9989	0,9989	0,9989	0,9990	0,9990
3,1	0,9990	0,9991	0,9991	0,9991	0,9992	0,9992	0,9992	0,9992	0,9993	0,9993
3,2	0,9993	0,9993	0,9994	0,9994	0,9994	0,9994	0,9994	0,9995	0,9995	0,9995
3,3	0,9995	0,9995	0,9995	0,9996	0,9996	0,9996	0,9996	0,9996	0,9996	0,9997
3,4	0,9997	0,9997	0,9997	0,9997	0,9997	0,9997	0,9997	0,9997	0,9997	0,9998
3,5	0,9998	0,9998	0,9998	0,9998	0,9998	0,9998	0,9998	0,9998	0,9998	0,9998
3,6	0,9998	0,9998	0,9999	0,9999	0,9999	0,9999	0,9999	0,9999	0,9999	0,9999
3,7	0,9999	0,9999	0,9999	0,9999	0,9999	0,9999	0,9999	0,9999	0,9999	0,9999
3,8	0,9999	0,9999	0,9999	0,9999	0,9999	0,9999	0,9999	0,9999	0,9999	0,9999

Für $d < 0$: $N(d) = 1 - N(-d)$

Standardisierung: $N(d) = N\left(\frac{r_P - E(r_P)}{\sigma(r_P)}\right)$

Lineare Interpolation: $N(d) = N(d_1) + \frac{N(d_2) - N(d_1)}{d_2 - d_1} \cdot (d - d_1)$

B Anhang: Formelsammlung

B.1 Kapitalwerte für Nutzungsdauer– und Ersatzentscheidungen[1]

B.1.1 Bruttomethode mit expliziter Berücksichtigung der Steuern

- **Reine Nutzungsdauerentscheidung:**

  - <u>Ex ante</u>:

$$\max_{\substack{T \in \mathbb{N} \\ T \leq T_{max}}} K_0(T) = -A_0 + \sum_{t=1}^{T} \frac{OCF_t}{(1+k_G)^t} + \frac{R_T - s(R_T - BW_T)}{(1+k_G)^T}$$

    mit: t ... Jahr der Nutzung

          T_{max} ... Maximale Nutzungsdauer

  - <u>Ex post</u>:

$$\max_{\substack{T \in \mathbb{N}_0 \\ T \leq T_{max}}} K_0(T) = \sum_{t=1}^{T} \frac{OCF_t}{(1+k_G)^t} + \frac{R_T - s(R_T - BW_T)}{(1+k_G)^T}$$

    mit: t ... Jahr der Restnutzung

          T_{max} ... Maximale Restnutzungsdauer

- **Ersatzentscheidung:**

  - <u>Ex ante</u>:

    * Allgemein: $m-$malige identische Reinvestition:

$$\max_{\substack{T_k \in \mathbb{N} \\ T_k \leq T_{max}}} KK_0(T_k, T_{k+1}^*, \ldots, T_{m+1}^*) = -A_0 + \sum_{t=1}^{T_k} \frac{OCF_t}{(1+k_G)^t}$$

$$+ \frac{R_{T_k} - s(R_{T_k} - BW_{T_k})}{(1+k_G)^{T_k}}$$

$$+ \frac{KK(T_{k+1}^*, \ldots, T_{m+1}^*)}{(1+k_G)^{T_k}}$$

---

[1] Es wird folgende Konvention verwendet:

$$\sum_{t=1}^{0} x_t = 0.$$

Es wird unterstellt, daß alle Ein– und Auszahlungen (real oder nominell) unabhängig vom Investitionszeitpunkt sind.

* Sonderfälle:
  · $m = 1$: Einmalige identische Reinvestition:

$$\max_{\substack{T_1 \in \mathbb{N} \\ T_1 \leq T_{\max}}} KK_0(T_1, T_2^*) = -A_0 + \sum_{t=1}^{T_1} \frac{OCF_t}{(1+k_G)^t} + \frac{R_{T_1} - s(R_{T_1} - BW_{T_1})}{(1+k_G)^{T_1}}$$
$$+ \frac{K(T_2^*)}{(1+k_G)^{T_1}}$$

  · $m \to \infty$: Unendliche identische Reinvestition:

$$\max_{\substack{T \in \mathbb{N} \\ T \leq T_{\max}}} KK_0(T) \quad \Leftrightarrow \quad \max_{\substack{T \in \mathbb{N} \\ T \leq T_{\max}}} Ann(T)$$

- Ex post:
  * Allgemein: m-malige identische Reinvestition des neuen Aggregats:

$$\max_{\substack{T_{alt} \in \mathbb{N}_0 \\ T_{alt} \leq T_{\max}}} KK_0(T_{alt}, T_{neu,1}^*, \ldots, T_{neu,m+1}^*) = \sum_{t=1}^{T_{alt}} \frac{OCF_t}{(1+k_G)^t}$$
$$+ \frac{R_{T_{alt}} - s(R_{T_{alt}} - BW_{T_{alt}})}{(1+k_G)^{T_{alt}}}$$
$$+ \frac{KK(T_{neu,1}^*, \ldots, T_{neu,m+1}^*)}{(1+k_G)^{T_{alt}}}$$

  * Sonderfälle:
    · $m = 0$: Einmalige identische Investition des neuen Aggregats:

$$\max_{\substack{T_{alt} \in \mathbb{N}_0 \\ T_{alt} \leq T_{\max}}} KK_0(T_{alt}, T_{neu}^*) = \sum_{t=1}^{T_{alt}} \frac{OCF_t}{(1+k_G)^t} + \frac{R_{T_{alt}} - s(R_{T_{alt}} - BW_{T_{alt}})}{(1+k_G)^{T_{alt}}}$$
$$+ \frac{K(T_{neu}^*)}{(1+k_G)^{T_{alt}}}$$

    · $m = 1$: Einmalige identische Reinvestition des neuen Aggregats:

$$\max_{\substack{T_{alt} \in \mathbb{N}_0 \\ T_{alt} \leq T_{\max}}} KK_0(T_{alt}, T_{neu,1}^*, T_{neu,2}^*) = \sum_{t=1}^{T_{alt}} \frac{OCF_t}{(1+k_G)^t}$$
$$+ \frac{R_{T_{alt}} - s(R_{T_{alt}} - BW_{T_{alt}})}{(1+k_G)^{T_{alt}}}$$
$$+ \frac{KK(T_{neu,1}^*, T_{neu,2}^*)}{(1+k_G)^{T_{alt}}}$$

    · $m \to \infty$: Unendliche identische Reinvestition des neuen Aggregats:

$$\max_{\substack{T_{alt} \in \mathbb{N}_0 \\ T_{alt} \leq T_{\max}}} KK_0(T_{alt}, T_{neu}^*) = \sum_{t=1}^{T_{alt}} \frac{OCF_t}{(1+k_G)^t} + \frac{R_{T_{alt}} - s(R_{T_{alt}} - BW_{T_{alt}})}{(1+k_G)^{T_{alt}}}$$
$$+ \frac{Ann(T_{neu}^*)}{k_G \cdot (1+k_G)^{T_{alt}}}$$

B.1.2   Nettomethode mit expliziter Berücksichtigung der Steuern[2]

● **Reine Nutzungsdauerentscheidung:**

  – <u>Ex ante</u>:

$$\max_{\substack{T \in \mathbb{N} \\ T \le T_{\max}}} K_0(T) \; = \; -A_0 + Y_0 + \sum_{t=1}^{T} \frac{NCF_t - Y_t}{(1 + k_E)^t} + \frac{R_T - s(R_T - BW_T)}{(1 + k_E)^T}$$

     mit: t ...   Jahr der Nutzung

           $T_{\max}$ ...   Maximale Nutzungsdauer

  – <u>Ex post</u>:

$$\max_{\substack{T \in \mathbb{N}_0 \\ T \le T_{\max}}} K_0(T) \; = \; \sum_{t=1}^{T} \frac{NCF_t - Y_t}{(1 + k_E)^t} + \frac{R_T - s(R_T - BW_T)}{(1 + k_E)^T} - \frac{\sum_{t=T+1}^{T_{\max}} Y_t + Y_T^{So}}{(1 + k_E)^T}$$

     mit: t ...   Jahr der Restnutzung

           $T_{\max}$ ...   Maximale Restnutzungsdauer

           Y_T^{So} ...   Einmalige Sonderzahlung bei vorzeitiger Kreditrückzahlung

● **Ersatzentscheidung:**

  – <u>Ex ante</u>:

     ∗ Allgemein: $m-$malige identische Reinvestition:

$$\max_{\substack{T_k \in \mathbb{N} \\ T_k \le T_{\max}}} KK_0(T_k, T_{k+1}^*, \ldots, T_{m+1}^*) \; = \; -A_0 + Y_0 + \sum_{t=1}^{T_k} \frac{NCF_t - Y_t}{(1 + k_E)^t}$$
$$+ \frac{R_{T_k} - s(R_{T_k} - BW_{T_k})}{(1 + k_E)^{T_k}}$$
$$+ \frac{KK(T_{k+1}^*, \ldots, T_{m+1}^*)}{(1 + k_E)^{T_k}}$$

     ∗ Sonderfälle:

       · $m = 1$: Einmalige identische Reinvestition:

$$\max_{\substack{T_1 \in \mathbb{N} \\ T_1 \le T_{\max}}} KK_0(T_1, T_2^*) \; = \; -A_0 + Y_0 + \sum_{t=1}^{T_1} \frac{NCF_t - Y_0}{(1 + k_E)^t}$$
$$+ \frac{R_{T_1} - s(R_{T_1} - BW_{T_1})}{(1 + k_E)^{T_1}} + \frac{K(T_2^*)}{(1 + k_E)^{T_1}}$$

       · $m \to \infty$: Unendliche identische Reinvestition:

$$\max_{\substack{T \in \mathbb{N} \\ T \le T_{\max}}} KK_0(T) \quad \Leftrightarrow \quad \max_{\substack{T \in \mathbb{N} \\ T \le T_{\max}}} Ann(T)$$

---

[2] Es gilt, neben denselben Konventionen wie bei der Bruttomethode mit expliziter Berücksichtigung der Steuern (siehe Fußnote 1), auch noch folgende Konvention:

$$\sum_{t=T+1}^{T_{\max}} x_t \; = \; 0 \quad \text{für } T = T_{\max}.$$

Voraussetzung ist, daß ein aufgenommener Kredit von der Unternehmung gekündigt werden kann und daß die Unternehmung bei Beendigung der Nutzung des Aggregats auch die Inanspruchnahme des Kredits beendet.

– Ex post:

* Allgemein: $m-$malige identische Reinvestition des neuen Aggregats:

$$\max_{\substack{T_{alt} \in N_0 \\ T_{alt} \leq T_{max}}} KK_0(T_{alt}, T^{*}_{neu,1}, \ldots, T^{*}_{neu,m+1}) = \sum_{t=1}^{T_{alt}} \frac{NCF_t - Y_t}{(1+k_E)^t}$$

$$+ \frac{R_{T_{alt}} - s(R_{T_{alt}} - BW_{T_{alt}})}{(1+k_E)^{T_{alt}}}$$

$$- \frac{\sum_{t=T+1}^{T_{max}} Y_t + Y_T^{So}}{(1+k_E)^T}$$

$$+ \frac{KK(T^{*}_{neu,1}, \ldots, T^{*}_{neu,m+1})}{(1+k_E)^{T_{alt}}}$$

* Sonderfälle:

· $m = 0$: Einmalige identische Investition des neuen Aggregats:

$$\max_{\substack{T_{alt} \in N_0 \\ T_{alt} \leq T_{max}}} KK_0(T_{alt}, T^{*}_{neu}) = \sum_{t=1}^{T_{alt}} \frac{NCF_t - Y_t}{(1+k_E)^t} + \frac{R_{T_{alt}} - s(R_{T_{alt}} - BW_{T_{alt}})}{(1+k_E)^{T_{alt}}}$$

$$- \frac{\sum_{t=T+1}^{T_{max}} Y_t + Y_T^{So}}{(1+k_E)^T} + \frac{K(T^{*}_{neu})}{(1+k_E)^{T_{alt}}}$$

· $m = 1$: Einmalige identische Reinvestition des neuen Aggregats:

$$\max_{\substack{T_{alt} \in N_0 \\ T_{alt} \leq T_{max}}} KK_0(T_{alt}, T^{*}_{neu,1}, T^{*}_{neu,2}) = \sum_{t=1}^{T_{alt}} \frac{NCF_t - Y_t}{(1+k_E)^t}$$

$$+ \frac{R_{T_{alt}} - s(R_{T_{alt}} - BW_{T_{alt}})}{(1+k_E)^{T_{alt}}}$$

$$- \frac{\sum_{t=T+1}^{T_{max}} Y_t + Y_T^{So}}{(1+k_E)^T} + \frac{KK(T^{*}_{neu,1}, T^{*}_{neu,2})}{(1+k_E)^{T_{alt}}}$$

· $m \to \infty$: Unendliche identische Reinvestition des neuen Aggregats:

$$\max_{\substack{T_{alt} \in N_0 \\ T_{alt} \leq T_{max}}} KK_0(T_{alt}, T^{*}_{neu}) = \sum_{t=1}^{T_{alt}} \frac{NCF_t - Y_t}{(1+k_E)^t} + \frac{R_{T_{alt}} - s(R_{T_{alt}} - BW_{T_{alt}})}{(1+k_E)^{T_{alt}}}$$

$$- \frac{\sum_{t=T+1}^{T_{max}} Y_t + Y_T^{So}}{(1+k_E)^T} + \frac{Ann(T^{*}_{neu})}{k_E \cdot (1+k_E)^{T_{alt}}}$$

B.2 Kriterien für den zeitbezogenen Grenzgewinn[3]

- **Berechnung des zeitbezogenen Grenzgewinns:**

$$GG_T = (1-s) \cdot \left\{ C_T - (R_{T-1} - R_T) - \frac{k_G}{1-s} \cdot [R_{T-1} - s \cdot (R_{T-1} - BW_{T-1})] \right\}$$

- **Reine Nutzungsdauerentscheidung:**

  - Ex ante:[4]

$$GG_{T^*} \geq 0$$
$$GG_{T^*+1} < 0$$

  - Ex post:[5]

$$GG_{T^*_{alt}} \geq 0$$
$$GG_{T^*_{alt}+1} < 0$$

  - Ex post und unterstellte fallende Grenzgewinne:

$$\text{Sofortige Einstellung} \Leftrightarrow GG_1 < 0$$

- **Ersatzentscheidung:**

  - Ex ante:[6]

    * Allgemein: m–malige identische Reinvestition:

$$GG_{T^*_k} \geq k_G \cdot KK(T^*_{k+1}, T^*_{k+2}, \ldots, T^*_{m+1})$$
$$GG_{T^*_k+1} < k_G \cdot KK(T^*_{k+1}, T^*_{k+2}, \ldots, T^*_{m+1})$$

    * Sonderfälle:
      · $m = 1$: Einmalige identische Reinvestition:

$$GG_{T^*_1} \geq k_G \cdot K(T^*_2)$$
$$GG_{T^*_1+1} < k_G \cdot K(T^*_2)$$

      · $m \to \infty$: Unendliche identische Reinvestition:

$$GG_{T^*} \geq Ann(T^*)$$
$$GG_{T^*+1} < Ann(T^* + 1)$$

---

[3] Für die Bruttomethode mit expliziter Berücksichtigung der Steuern.
Die dargestellten Kriterien dienen zur Feststellung von lokalen Maxima und von Randlösungen. Die Ermittlung des globalen Maximums ist im Text behandelt worden.
[4] Für eine Randlösung an der Stelle $T^*_k = T_{max}$ braucht nur jeweils die erste Bedingung erfüllt sein.
[5] Für eine Randlösung an der Stelle $T^*_{alt} = 0$ braucht nur jeweils die zweite Bedingung erfüllt sein.
[6] vgl. Fußnote 4.

– Ex post:[7]

* Allgemein: m–malige identische Reinvestition des neuen Aggregats:

$$GG_{T_{alt}^*} \geq k_G \cdot KK(T_{neu,1}^*, T_{neu,2}^*, \ldots, T_{neu,m+1}^*)$$
$$GG_{T_{alt}^*+1} < k_G \cdot KK(T_{neu,1}^*, T_{neu,2}^*, \ldots, T_{neu,m+1}^*)$$

* Sonderfälle:
  · $m = 0$: Einmalige Investition des neuen Aggrgats:

$$GG_{T_{alt}^*} \geq k_G \cdot K(T_{neu}^*)$$
$$GG_{T_{alt}^*+1} < k_G \cdot K(T_{neu}^*)$$

  · $m = 1$: Einmalige identische Reinvestition des neuen Aggregats:

$$GG_{T_{alt}^*} \geq k_G \cdot KK(T_{neu,1}^*, T_{neu,2}^*)$$
$$GG_{T_{alt}^*+1} < k_G \cdot KK(T_{neu,1}^*, T_{neu,2}^*)$$

  · $m \to \infty$: Unendliche identische Reinvestition des neuen Aggregats:

$$GG_{T_{alt}^*} \geq Ann(T_{neu}^*)$$
$$GG_{T_{alt}^*+1} < Ann(T_{neu}^*)$$

– Ex post und unterstellte fallende Grenzgewinne des alten Aggregats:

Sofortiger Ersatz $\Leftrightarrow$ $GG_1^{alt} < k_G \cdot KK(T_{neu,1}^*, T_{neu,2}^*, \ldots, T_{neu,m+1}^*)$

B.3   Statistische Grundlagen

B.3.1   Ex ante

• **Erwartungswert und Risiko:**

  – Erwartungswert:

$$E(r_j) = \sum_i r_j(z_i) \cdot p(z_i)$$

  – Risiko (Standardabweichung):

$$\sigma(r_j) = \sqrt{Var(r_j)}$$
$$= \sqrt{E(r_j^2) - E(r_j)^2}$$

  mit: $E(r_j^2) = \sum_i r_j^2(z_i) \cdot p(z_i)$

---

[7] vgl. Fußnote 4 und 5.

- **Korrelation zweier Zufallsvariablen:**
Der Korrelationskoeffizient $\varrho(r_A, r_B)$ gibt an, wie stark zwei Zufallsvariablen linear zusammenhängen.

$$\varrho(r_A, r_B) = \frac{Cov(r_A, r_B)}{\sigma(r_A) \cdot \sigma(r_B)}$$

mit: $\quad Cov(r_A, r_B) = E(r_A \cdot r_B) - E(r_A) \cdot E(r_B)$
$\qquad\quad E(r_A \cdot r_B) = \sum_i r_A(z_i) \cdot r_B(z_i) \cdot p(z_i)$

$$-1 \leq \varrho(r_A, r_B) \leq 1$$

- **Linearkombination von N Zufallsvariablen** r_j, $j = 1, \ldots, N$:

  - <u>Allgemein:</u> Für $r_P = \sum\limits_{j=1}^{N} r_j x_j$ mit $\sum\limits_{j=1}^{N} x_j = 1$:

  $$E(r_P) = \sum_{j=1}^{N} E(r_j) x_j$$

  $$Var(r_P) = \sum_{j=1}^{N} \sum_{k=1}^{N} Cov(r_j, r_k) x_j x_k$$

  $$Cov(r_j, r_P) = \sum_{k=1}^{N} Cov(r_j, r_k) x_k \text{ für } j = 1, \ldots, N$$

  mit: $\quad Cov(r_j, r_k) = Cov(r_k, r_j)$
  $\qquad\quad Cov(r_j, r_j) = Var(r_j) \quad = \sigma^2(r_j)$
  - <u>Spezialfall:</u> $N = 2$:

  $$E(r_P) = x_A E(r_A) + x_B E(r_B)$$
  $$Var(r_P) = x_A^2 Var(r_A) + x_B^2 Var(r_B) + 2x_A x_B Cov(r_A, r_B)$$
  $$Cov(r_A, r_P) = x_A Var(r_A) + x_B Cov(r_A, r_B)$$
  $$Cov(r_B, r_P) = x_B Var(r_B) + x_A Cov(r_A, r_B)$$

B.3.2 Ex post

- **Mittelwerte und Standardabweichungen:**

  - <u>Arithmetisches Mittel $\bar{r}_j$ und Standardabweichung:</u>

  $$\bar{r}_j = \frac{1}{n} \cdot \sum_{t=1}^{n} r_{jt}$$

  $$\sigma(r_j) = \sqrt{\frac{1}{n-1} \left[\sum_{t=1}^{n} r_{jt}^2 - \frac{1}{n} \left(\sum_{t=1}^{n} r_{jt} \right)^2 \right]}$$

  - <u>Geometrisches Mittel:</u>

  $$\text{geom. } \varnothing\text{-Rendite} = \sqrt[n]{\prod_{t=1}^{n}(1 + r_{jt})} - 1$$

  mit: $\quad n \quad \ldots \quad$ Stichprobenumfang (Anzahl der beobachteten Renditen von Perioden mit gleicher Länge)

- **Korrelation zweier Zeitreihen:**

$$\varrho(r_{At}, r_{Bt}) = \frac{Cov(r_{At}, r_{Bt})}{\sigma(r_A) \cdot \sigma(r_B)}$$

mit: $Cov(r_{At}, r_{Bt}) = \frac{1}{n-1}\left[\sum_{t=1}^{n} r_{At} \cdot r_{Bt} - \frac{1}{n}\sum_{t=1}^{n} r_{At} \cdot \sum_{t=1}^{n} r_{Bt}\right]$

- **Autokorrelation (serielle Korrelation) k–ter Ordnung[8]:**

$$\varrho(r_{j,t}, r_{j,t-k}) = \frac{\sum\limits_{t=1+k}^{n}(r_{j,t} - \bar{r}_j)(r_{j,t-k} - \bar{r}_j)}{\sum\limits_{t=1}^{n}(r_{j,t} - \bar{r}_j)^2}$$

- **Annualisierung von unterjährigen Renditen und Risiken:**

  - in eine Jahresrendite (ohne Zinseszinsen):

$$r_j = m \cdot \text{arithm. Ø–Rendite}$$

  mit: m ... Anzahl der Subperioden pro Jahr
  - in eine konforme Jahresrendite[9]:

$$r_j^* = (1 + \text{Ø–Rendite})^m - 1$$

  - in ein Jahresrisiko:

$$\sigma(r_j) \text{ p.a.} = \sqrt{m} \cdot \sigma_m(r_j)$$

B.4 Portfoliotheorie

B.4.1 Problemstellung und Annahmen

- **Problemstellung:**

Wie soll ein privater Investor sein Anfangsvermögen W_0 für eine Periode

  - in N riskante Wertpapiere (Markowitz)
  - in N riskante Wertpapiere und einen risikolosen Finanzierungstitel (Tobin)

veranlagen?

- **Annahmen:**

  - Kapitalmarkt:
    * Keine Steuern und keine Transaktionskosten
    * Wertpapiere sind beliebig teilbar
    * Leerverkäufe sind zugelassen
    * Normalverteilte Renditen der riskanten Wertpapiere[10]

---

[8] vgl. Pindyck/Rubinfeld (1981), S. 499f.
[9] Diese Form der Annualisierung ist für beide Ø–Renditen möglich.
[10] *oder* quadratische Nutzenfunktion des Investors *oder* Erwartungswert–Varianz–Entscheidungsregel.

- Investor:
  * Kompetitives Verhalten
  * Risikoavers
  * Rational
  * Zielsetzung: Maximierung des erwarteten Nutzens aus dem Endvermögen $E[U(W_1)]$
  * Subjektive gemeinsame Wahrscheinlichkeitsverteilungen für alle unsicheren Renditen r_j können angegeben werden.[11]

B.4.2 Elementare Modelle[12]

- **Modell zur Bestimmung des Minimum–Varianz–Portfolios MVP:**
Quadratisches Programm:

$$\min \sigma^2(r_P) = \sum_{j=1}^{N}\sum_{k=1}^{N} Cov(r_j, r_k)x_j x_k$$

unter der Nebenbedingung

$$\sum_{j=1}^{N} x_j = 1$$

- **Modelle zur Bestimmung der Effizienzkurve nach Markowitz:**
  - Quadratisches Programm mit dem Parameter $E(r_P) \geq E(r_{MVP})$:

$$\min \sigma^2(r_P) = \sum_{j=1}^{N}\sum_{k=1}^{N} Cov(r_j, r_k)x_j x_k$$

unter den Nebenbedingungen

$$\sum_{j=1}^{N} E(r_j)x_j = E(r_P)$$

$$\sum_{j=1}^{N} x_j = 1$$

  - Nichtlineares Programm mit dem Parameter $\sigma(r_P) \geq \sigma(r_{MVP})$:

$$\max E(r_P) = \sum_{j=1}^{N} E(r_j)x_j$$

unter den Nebenbedingungen

$$\sum_{j=1}^{N}\sum_{k=1}^{N} Cov(r_j, r_k)x_j x_k = \sigma^2(r_P)$$

$$\sum_{j=1}^{N} x_j = 1$$

---

[11] Für normalverteilte Renditen: $E(r_j)$, $\sigma(r_j)$ und $\varrho(r_j, r_k)$ für $j, k \in \{1, \ldots, N\}$.
[12] Die Modellierungen erfolgen unter Annahme, daß Leerverkäufe zulässig sind. Sind Leerverkäufe unzulässig, so sind die Modelle um die Nichtnegativitätsbedingungen
$$x_j \geq 0 \quad \text{für } j = 1, \ldots, N$$
zu ergänzen.

- **Modelle zur Bestimmung des Tangentialportfolios M:**

  - Nichtlineares Programm:

$$\max \frac{E(r_P) - r}{\sigma(r_P)}$$

  unter den Nebenbedingungen

$$\sum_{j=1}^{N} \sum_{k=1}^{N} Cov(r_j, r_k) x_j x_k = \sigma^2(r_P)$$

$$\sum_{j=1}^{N} E(r_j) x_j = E(r_P)$$

$$\sum_{j=1}^{N} x_j = 1$$

  - Lineares Gleichungssystem[13]:

$$\sum_{k=1}^{N} Cov(r_j, r_k) y_k = E(r_j) - r \text{ für } j = 1, \dots, N$$

mit:

y_k ... Hilfsvariable, $k = 1, \dots, N$.

Nach der Lösung des Linearen Gleichungssystems für y_k erhält man die Anteile der Wertpapiere im Tangentialportfolio x_j^M aus:

$$x_j^M = \frac{y_j}{\sum_{k=1}^{N} y_k} \text{ für } j = 1, \dots, N$$

- **Gleichung der Effizienzkurve nach Tobin:**

$$E(r_P) = r + \frac{E(r_M) - r}{\sigma(r_M)} \sigma(r_P)$$

mit:

$$E(r_P) = \alpha r + (1 - \alpha) E(r_M)$$
$$\sigma(r_P) = (1 - \alpha) \sigma(r_M)$$
$$x_j = (1 - \alpha) x_j^M$$

wobei:

α ... Anteil des risikolosen Finanzierungstitels am Anfangsvermögen W_0

---

[13] vgl. Elton/Gruber (1991), S. 75–78.

B.4.3 Bestimmung der Markowitz–Effizienzkurve (mit Leerverkaufsmöglichkeit)

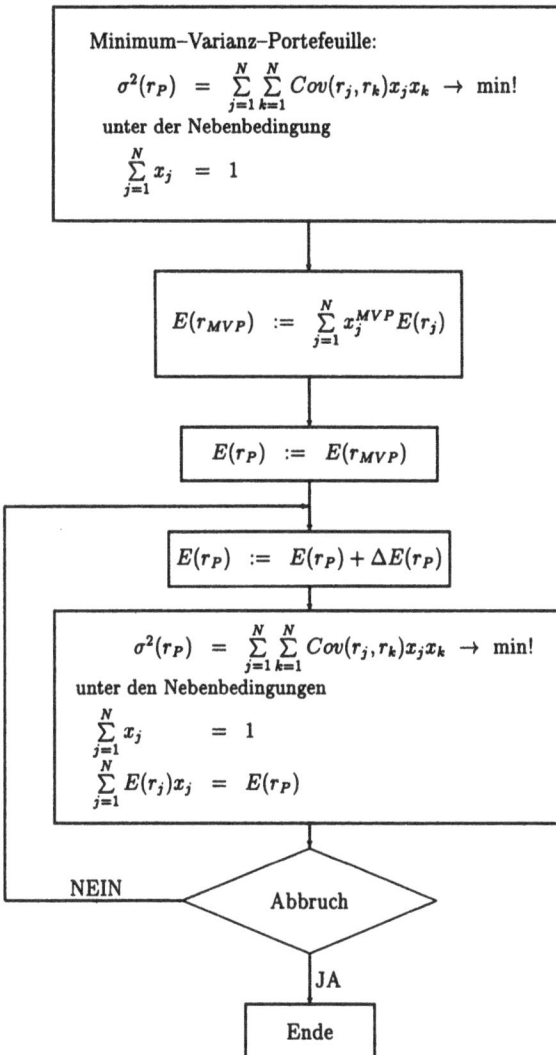

Minimum–Varianz–Portefeuille:

$$\sigma^2(r_P) \;=\; \sum_{j=1}^{N}\sum_{k=1}^{N} Cov(r_j, r_k)x_j x_k \;\to\; \text{min!}$$

unter der Nebenbedingung

$$\sum_{j=1}^{N} x_j \;=\; 1$$

$$E(r_{MVP}) \;:=\; \sum_{j=1}^{N} x_j^{MVP} E(r_j)$$

$$E(r_P) \;:=\; E(r_{MVP})$$

$$E(r_P) \;:=\; E(r_P) + \Delta E(r_P)$$

$$\sigma^2(r_P) \;=\; \sum_{j=1}^{N}\sum_{k=1}^{N} Cov(r_j, r_k)x_j x_k \;\to\; \text{min!}$$

unter den Nebenbedingungen

$$\sum_{j=1}^{N} x_j \;=\; 1$$

$$\sum_{j=1}^{N} E(r_j)x_j \;=\; E(r_P)$$

NEIN ⟵ Abbruch

JA

Ende

B.5   Moderne Kapitalmarkttheorie

B.5.1   Problemstellung und Annahmen

- **Problemstellung:**
  Wie bilden sich auf einem vollkommenen Kapitalmarkt die Preise P_{0j} bzw. Renditen r_j
  und der risikolose Zinssatz r?

- **Annahmen:** Vollkommener Kapitalmarkt:
  - Keine Steuern und Transaktionskosten
  - Wertpapiere sind beliebig teilbar
  - Kompetitives Verhalten der Investoren
  - Keine Zugangsbeschränkungen
  - Alle Kapitalmarktteilnehmer verfügen über kostenlose symmetrische Informationen
    und haben (somit) homogene Erwartungen.

B.5.2   Capital Asset Pricing Model (CAPM)

- **Aktienrendite:**

$$r_j = \underbrace{E(r_j)}_{\substack{\text{Erwartete} \\ \text{Aktienrendite}}} + \underbrace{\varepsilon_j}_{\substack{\text{unerwartete} \\ \text{Aktienrendite} \\ \text{("Zufallsgröße")}}}$$

  mit: $\quad r_M \;\ldots\;$ Marktrendite
  $$\varepsilon_j \;\sim\; N(0, \sigma(\varepsilon_j))$$
  $$E(r_M \cdot \varepsilon_j) \;=\; 0$$

- **Erwartete Aktienrendite:**
  Drei Darstellungsformen:

$$E(r_j) \;=\; r + [E(r_M) - r] \cdot \frac{Cov(r_j, r_M)}{\sigma^2(r_M)}$$

$$E(r_j) \;=\; r + [E(r_M) - r]\beta_j$$

  mit: $\quad \beta_j \;=\; \frac{Cov(r_j, r_M)}{\sigma^2(r_M)}$

$$E(r_j) \;=\; r + \frac{[E(r_M) - r]}{\sigma(r_M)} \cdot \varrho(r_j, r_M)\sigma(r_j)$$

  mit: $\quad \varrho(r_j, r_M) \;=\; \frac{Cov(r_j, r_M)}{\sigma(r_M)\sigma(r_j)}$
  $$=\; \beta_j \cdot \frac{\sigma(r_M)}{\sigma(r_j)}$$

- **Aktienrisiko:**
  Zwei Darstellungsformen für das quadrierte Risiko:

$$\sigma^2(r_j) \;=\; \beta_j^2 \sigma^2(r_M) + \sigma^2(\varepsilon_j)$$

$$\sigma^2(r_j) \;=\; \varrho^2(r_j, r_M)\sigma^2(r_j) + \sigma^2(\varepsilon_j)$$

  mit: $\quad \sigma(\varepsilon_j) \;=\; \sigma(r_j)\sqrt{1 - \varrho^2(r_j, r_M)}$

- **Interpretation:**

$E(r_M) - r$ ...   Erwartete Risikoprämie am Kapitalmarkt

$\sigma(r_M)$ ...   Risiko des Kapitalmarkts

$\sigma(r_j)$ ...   (Gesamt–) Risiko der j-ten Aktie

$\frac{E(r_M)-r}{\sigma(r_M)}$ ...   Erwarteter Marktpreis für das Risiko je Risikoeinheit

$\varrho(r_j, r_M)\sigma(r_j) = \beta_j \sigma(r_M)$ ...   Systematisches (nicht diversifizierbares) Risiko der j-ten Aktie

β_j ...   normiertes systematisches Risiko der j-ten Aktie

$$\sigma(r_j)\sqrt{1 - \varrho^2(r_j, r_M)} =$$
$$= \sqrt{\sigma^2(r_j) - \beta_j^2 \sigma^2(r_M)}$$
  ...   unsystematisches (diversifizierbares) Risiko der j-ten Aktie (Residualrisiko)

- **Ergebnis:**

Nur für das systematische (nicht diversifizierbare) Risiko einer Aktie kann eine Risikoprämie erwartet werden:

$$E(r_j) \quad = \quad r \quad + \quad \underbrace{\frac{E(r_M)-r}{\sigma(r_M)}}_{\substack{\text{Quotient:}\\ \text{Marktpreis}\\ \text{für das Risiko je}\\ \text{Risikoeinheit}}} \cdot \underbrace{\varrho(r_j, r_M)}_{\substack{\text{systematisches Risiko}\\ \text{der } j\text{-ten Aktie}}} \cdot \underbrace{\sigma(r_j)}_{\substack{\text{Gesamtrisiko}\\ \text{der } j\text{-ten}\\ \text{Aktie}}}$$

Zähler: Risikoprämie am Kapitalmarkt

Erwartete Rendite für die j-te Aktie = Risikoloser Zinssatz + Risikoprämie für die j-ten Aktie

Das restliche Risiko einer Aktie ist durch Investition in das Marktportfolio diversifizierbar. Für dieses unsystematische Risiko kann daher keine Risikoprämie erwartet werden.

- **Konsequenzen für die Aktienbewertung:**

Zwei Darstellungsformen:

– mit einer Risikoprämie im Kalkulationszinsfuß

$$P_{0j} \quad = \quad \frac{E(P_{1j})}{1 + E(r_j)}$$

mit der erwarteten Rendite:

$$E(r_j) \quad = \quad r + \frac{E(r_M)-r}{\sigma(r_M)}\varrho(r_j, r_M)\sigma(r_j)$$

– mit einer Risikoabschlag vom erwarteten Preis

$$P_{0j} = \frac{CE[E(P_{1j})]}{1+r}$$

mit dem Sicherheitsäquivalent:

$$CE[E(P_{1j})] = E(P_{1j}) - [E(r_M) - r] \cdot \frac{Cov(P_{1j}, r_M)}{\sigma^2(r_M)}$$

- **Konsequenz für die Aktienkursprognose:**

$$E(P_{1j}) = P_{0j} \cdot [1 + E(r_j)]$$

B.6   Leverage

- **Dynamischer Operating Leverage**

$$OL_t^{dyn} = \frac{(1-s) \cdot (1-\gamma) \cdot PV_{t-1}}{U_{t-1}}$$

- **Dynamischer Financial Leverage**

$$
\begin{aligned}
FL_t^{dyn} &= \frac{U_{t-1}}{E_{t-1}} \\
&= 1 + (1 - s \cdot f_{t-1}) \cdot \frac{v_{t-1}^*}{1 - v_{t-1}^*}
\end{aligned}
$$

B.7   Bewertungen

Wert der künftigen Umsatzerlöse:

$$
\begin{aligned}
PV_t &= \sum_{\nu=t+1}^{T} \frac{E(p_\nu \cdot x_\nu)}{\prod_{\tau=t+1}^{\nu} (1 + \kappa_\tau)} \\
&= \frac{E(p_{t+1} \cdot x_{t+1}) + PV_{t+1}}{1 + \kappa_{t+1}}
\end{aligned}
$$

Wert der künftigen variablen Einzahlungsüberschüsse:

$$PVZ_t = (1-s) \cdot (1-\gamma) \cdot PV_t$$

Wert des Eigenkapitals bei reiner Eigenfinanzierung:

- <u>Bewertung mit κ_τ und r_τ</u>

$$
\begin{aligned}
U_t &= \sum_{\nu=t+1}^{T} \frac{(1-s) \cdot (1-\gamma) \cdot E(p_\nu \cdot x_\nu)}{\prod_{\tau=t+1}^{\nu} (1 + \kappa_\tau)} - \sum_{\nu=t+1}^{T} \frac{(1-s) \cdot C_{f,\nu} - s \cdot AfA_\nu}{\prod_{\tau=t+1}^{\nu} (1 + r_\tau)} \\
&\quad + \frac{R_T - s \cdot (R_T - BW_T)}{\prod_{\tau=t+1}^{T} (1 + r_\tau)}
\end{aligned}
$$

- Bewertung mit ϱ_τ

$$
\begin{aligned}
U_t &= \sum_{\nu=t+1}^{T} \frac{E(OCF_\nu)}{\prod\limits_{\tau=t+1}^{\nu}(1+\varrho_\tau)} + \frac{R_T - s\cdot(R_T - BW_T)}{\prod\limits_{\tau=t+1}^{T}(1+\varrho_\tau)} \\
&= \frac{E(OCF_{t+1}) + U_{t+1}}{1+\varrho_{t+1}},
\end{aligned}
$$

wobei

$$
\varrho_t = OL_t^{dyn}\cdot\kappa_t + (1 - OL_t^{dyn})\cdot r_t.
$$

Wert des Eigenkapitals bei teilweiser Fremdfinanzierung:

- Bewertung mit ϱ_τ und $k_{D,\tau}$

$$
\begin{aligned}
E_t &= V_t - D_t \\
&= U_t + s\cdot\sum_{\nu=t+1}^{T}\frac{E(Z_\nu')}{\prod\limits_{\tau=t+1}^{\nu}(1+k_{D,\tau})} - D_t \\
&= \sum_{\nu=t+1}^{T}\frac{E(OCF_\nu)}{\prod\limits_{\tau=t+1}^{\nu}(1+\varrho_\tau)} + \frac{R_T - s\cdot(R_T - BW_T)}{\prod\limits_{\tau=t+1}^{T}(1+\varrho_\tau)} \\
&\quad + s\cdot\sum_{\nu=t+1}^{T}\frac{E(Z_\nu')}{\prod\limits_{\tau=t+1}^{\nu}(1+k_{D,\tau})} - D_t
\end{aligned}
$$

- Kapitalwert nach der APV–Methode

$$
\begin{aligned}
K_0 &= E_0 - A_0 + D_0 \\
&= U_0 + s\cdot\sum_{t=1}^{T}\frac{E(Z_t')}{\prod\limits_{\tau=t+1}^{T}(1+k_{D,\tau})} - D_0 - A_0 + D_0 \\
&= -A_0 + U_0 + s\cdot\sum_{t=1}^{T}\frac{E(Z_t')}{\prod\limits_{\tau=t+1}^{T}(1+k_{D,\tau})}
\end{aligned}
$$

- Bewertung mit $k_{E,\tau}$

$$
\begin{aligned}
E_t &= \sum_{\nu+1}^{T}\frac{E(NCF_\nu - Y_\nu)}{\prod\limits_{\tau=t+1}^{\nu}(1+k_{E,\tau})} + \frac{R_T - s\cdot(R_T - BW_T)}{\prod\limits_{\tau=t+1}^{T}(1+k_{E,\tau})} \\
&= \frac{E(NCF_{t+1} - Y_{t+1}) + E_{t+1}}{1+k_{E,t+1}},
\end{aligned}
$$

wobei

$$
k_{E,t} = FL_t^{dyn}\cdot\varrho_t + (1 - FL_t^{dyn})\cdot k_{D,t}.
$$

- Kapitalwert nach der Nettomethode

$$
\begin{aligned}
K_0 &= E_0 - A_0 + Y_0 \\
&= -A_0 + Y_0 + \sum_{t+1}^{T} \frac{E(NCF_t - Y_t)}{\prod_{\tau=1}^{t}(1 + k_{E,\tau})} + \frac{R_T - s \cdot (R_T - BW_T)}{\prod_{\tau=1}^{T}(1 + k_{E,\tau})}
\end{aligned}
$$

Wert des Gesamtkapitals:

- Bewertung mit $k_{E,\tau}$ und $k_{D,\tau}$

$$
\begin{aligned}
V_t &= E_t + D_t \\
&= \frac{E(NCF_{t+1} - Y_{t+1}) + E_{t+1}}{1 + k_{E,t+1}} + \frac{E(Z_{t+1} + Y_{t+1}) + D_{t+1}}{1 + k_{D,t+1}}
\end{aligned}
$$

- Kapitalwert nach der Nettomethode

$$
\begin{aligned}
K_0 &= V_0 - A_0 \\
&= E_0 + Y_0 - A_0 \\
&= -A_0 + Y_0 + E_0
\end{aligned}
$$

- Bewertung mit $k_{G,\tau}$

$$
\begin{aligned}
V_t &= \sum_{\nu=t+1}^{T} \frac{E(OCF_\nu)}{\prod_{\tau=t+1}^{\nu}(1 + k_{G,\tau})} + \frac{R_T - s \cdot (R_T - BW_T)}{\prod_{\tau=t+1}^{T}(1 + k_{G,\tau})} \\
&= \frac{E(OCF_{t+1}) + V_{t+1}}{1 + k_{G,t+1}},
\end{aligned}
$$

wobei

$$
k_{G,t} = (1 - v_{t-1}) \cdot k_{E,t} + v_{t-1}(1 - s)k_{D,t}.
$$

- Kapitalwert nach der Bruttomethode

$$
\begin{aligned}
K_0 &= V_0 - A_0 \\
&= -A_0 + \sum_{t=1}^{T} \frac{E(OCF_t)}{\prod_{\tau=1}^{t}(1 + k_{G,\tau})} + \frac{R_T - s \cdot (R_T - BW_T)}{\prod_{\tau=1}^{T}(1 + k_{G,\tau})}
\end{aligned}
$$

B.8   Relevante Kalkulationszinsfüße

- Für die künftigen Umsatzerlöse bzw. variablen Einzahlungsüberschüsse:

$$
\kappa_t = r_t + [E(r_{M,t}) - r_t]\beta_{VZ,t}
$$

- Für das Eigenkapital bei reiner Eigenfinanzierung:

$$\varrho_t = r_t + [E(r_{M,t}) - r_t] \cdot OL_t^{dyn} \cdot \beta_{VZ,t}$$

- Für das Eigenkapital bei teilweiser Fremdfinanzierung:

$$k_{E,t} = r_t + [E(r_{M,t}) - r_t] \cdot FL_t^{dyn} \cdot OL_t^{dyn} \cdot \beta_{VZ,t}$$

- Für das Gesamtkapital:

$$k_{G,t} = \left\{ \begin{array}{l} (1 - v_{t-1}) \cdot k_{E,t} + v_{t-1}(1 - s) \cdot i \\ \varrho_t \cdot (1 - s \cdot v_{t-1}^*) \end{array} \right.$$

B.9 Formelsammlung für die Diplomprüfung

- **Kapitalwerte**[14]:

  - <u>Mit expliziter Berücksichtigung von Steuern:</u>
    * Bruttomethode:

    $$K_0 = -A_0 + \sum_{t=1}^{T} \frac{OCF_t}{(1 + k_G)^t} + \frac{R_T - s(R_T - BW_T)}{(1 + k_G)^T}$$

    mit:
    $$OCF_t = C_t - s(C_t - AfA_t)$$
    $$k_G = (1 - v_0)k_E + v_0(1 - s)i$$
    * Nettomethode:

    $$K_0 = -A_0 + Y_0 + \sum_{t=1}^{T} \frac{NCF_t - Y_t}{(1 + k_E)^t} + \frac{R_T - s(R_T - BW_T)}{(1 + k_E)^T}$$

    mit:
    $$NCF_t = C_t - Z_t - s(C_t - AfA_t - Z_t')$$
    * APV-Methode:

    $$K_0 = -A_0 + \sum_{t=1}^{T} \frac{OCF_t}{(1 + \varrho)^t} + \frac{R_T - s(R_T - BW_T)}{(1 + \varrho)^T} + s \cdot \sum_{t=1}^{T} \frac{Z_t'}{(1 + i)^t}$$

  - <u>Mit impliziter Berücksichtigung von Steuern:</u>
    * Bruttomethode:

    $$K_0 = -A_0 + \sum_{t=1}^{T} \frac{C_t}{(1 + k_G^{vorSt.})^t} + \frac{R_T}{(1 + k_G^{vorSt.})^T}$$

    mit:
    $$k_G^{vorSt.} \approx \frac{k_G}{1-s}$$
    * Nettomethode:

    $$K_0 = -A_0 + Y_0 + \sum_{t=1}^{T} \frac{C_t - Z_t - Y_t}{(1 + k_E^{vorSt.})^t} + \frac{R_T}{(1 + k_E^{vorSt.})^T}$$

    mit:
    $$k_E^{vorSt.} \approx \frac{k_E}{1-s}$$

---

[14] Mit nominellen Cash Flows und konstanten nominellen Kalkulationszinsfüßen.

- **Kettenkapitalwert:**

$$KK_0 = \begin{cases} K_0 \cdot \frac{(1+k)^{(m+1)T}-1}{(1+k)^{m \cdot T}[(1+k)^T-1]} & \text{bei } m\text{-maliger identischer} \\ & \text{Reinvestition} \\ \\ K_0 \cdot \frac{1}{1-(\frac{1}{1+k})^T} & \text{bei unendlicher} \\ & \text{identischer Reinvestition} \end{cases}$$

- **Kapitalwert bei laufenden Cash Flows mit konstanter Wachstumsrate π:**

$$K_0 = -A_0 + C_1 \cdot \frac{(\frac{1+k}{1+\pi})^T - 1}{(k-\pi)(\frac{1+k}{1+\pi})^T} + \frac{R_T}{(1+k)^T}$$

- **Zeitbezogener Grenzgewinn:**

$$GG_T = (1-s) \cdot \left\{ C_T - (R_{T-1} - R_T) - \frac{k_G}{1-s} \cdot [R_{T-1} - s \cdot (R_{T-1} - BW_{T-1})] \right\}$$

- **Kriterium des zeitbezogenen Grenzgewinns:**

$$GG_{T_k^*} \geq k_G \cdot KK(T_{k+1}^*, T_{k+2}^*, \ldots, T_{m+1}^*)$$
$$GG_{T_k^*+1} < k_G \cdot KK(T_{k+1}^*, T_{k+2}^*, \ldots, T_{m+1}^*)$$

- **Leverage:**

$$OL_t^{dyn} = \frac{(1-s) \cdot (1-\gamma) \cdot PV_{t-1}}{U_{t-1}}$$
$$FL_t^{dyn} = \frac{U_{t-1}}{E_{t-1}}$$

- **Systematische Risiken:**

$$\beta_{E,t} = FL_t^{dyn} \cdot \beta_{A,t}$$

mit:

$$\beta_{A,t} = OL_t^{dyn} \cdot \beta_{VZ,t}$$

- **Alternativrendite der Anteilseigner nach Steuern:**

$$\begin{aligned} k_{E,t}^{\text{nachSt.}} &= r_t + [E(r_{M,t}) - r_t] \cdot FL_t^{dyn} \cdot \beta_{IP,t} \\ &= r_t + [E(r_{M,t}) - r_t] \cdot FL_t^{dyn} \cdot \beta_{A,t} \\ &= r_t + [E(r_{M,t}) - r_t] \cdot \left[1 + (1-s \cdot f_{t-1}) \cdot \frac{v_{t-1}^*}{1-v_{t-1}^*} \right] \cdot \beta_{A,t} \end{aligned}$$

- **Modigliani–Miller Approximation:**

$$k_{G,t}^{\text{nachSt.}} = \varrho_t \cdot (1 - s \cdot v_{t-1}^*)$$

mit: $\varrho_t = r_t + [E(r_{M,t}) - r_t] \cdot \beta_{A,t}$

Portfoliotheorie und moderne Kapitalmarkttheorie

- **Elementare Modelle in der Portfoliotheorie[15]:**

  - Modell zur Bestimmung des Minimum–Varianz–Portfolios MVP:

  Quadratisches Programm:

  $$\min \sigma^2(r_P) = \sum_{j=1}^{N} \sum_{k=1}^{N} Cov(r_j, r_k) x_j x_k$$

  unter der Nebenbedingung

  $$\sum_{j=1}^{N} x_j = 1$$

  - Modelle zur Bestimmung der Effizienzkurve nach Markowitz:

    * Quadratisches Programm mit dem Parameter $E(r_P) \geq E(r_{MVP})$:

    $$\min \sigma^2(r_P) = \sum_{j=1}^{N} \sum_{k=1}^{N} Cov(r_j, r_k) x_j x_k$$

    unter den Nebenbedingungen

    $$\sum_{j=1}^{N} E(r_j) x_j = E(r_P)$$
    $$\sum_{j=1}^{N} x_j = 1$$

    * Nichtlineares Programm mit dem Parameter $\sigma(r_P) \geq \sigma(r_{MVP})$:

    $$\max E(r_P) = \sum_{j=1}^{N} E(r_j) x_j$$

    unter den Nebenbedingungen

    $$\sum_{j=1}^{N} \sum_{k=1}^{N} Cov(r_j, r_k) x_j x_k = \sigma^2(r_P)$$
    $$\sum_{j=1}^{N} x_j = 1$$

---

[15] Die Modellierungen erfolgen unter Annahme, daß Leerverkäufe zulässig sind. Sind Leerverkäufe unzulässig, so sind die Modelle um die Nichtnegativitätsbedingungen
$$x_j \geq 0 \quad \text{für } j = 1, \dots, N$$
zu ergänzen.

– Modelle zur Bestimmung des Tangentialportfolios M:

* Nichtlineares Programm:

$$\max \ \frac{E(r_P) - r}{\sigma(r_P)}$$

unter den Nebenbedingungen

$$\sum_{j=1}^{N} \sum_{k=1}^{N} Cov(r_j, r_k) x_j x_k \ = \ \sigma^2(r_P)$$

$$\sum_{j=1}^{N} E(r_j) x_j \ = \ E(r_P)$$

$$\sum_{j=1}^{N} x_j \ = \ 1$$

* Lineares Gleichungssystem:

$$\sum_{k=1}^{N} Cov(r_j, r_k) y_k \ = \ E(r_j) - r \ \text{für } j = 1, \ldots, N$$

mit:

$y_k \ \ldots$ Hilfsvariable, $k = 1, \ldots, N$.

Anteile der Wertpapiere im Tangentialportfolio x_j^M:

$$x_j^M \ = \ \frac{y_j}{\sum\limits_{k=1}^{N} y_k} \ \text{für } j = 1, \ldots, N$$

– Gleichung der Effizienzkurve nach Tobin:

$$E(r_P) \ = \ r + \frac{E(r_M) - r}{\sigma(r_M)} \sigma(r_P)$$

mit:

$$E(r_P) \ = \ \alpha r + (1 - \alpha) E(r_M)$$
$$\sigma(r_P) \ = \ (1 - \alpha) \sigma(r_M)$$
$$x_j \ = \ (1 - \alpha) x_j^M$$

wobei:

$\alpha \ \ldots$ Anteil des risikolosen Finanzierungstitels am Anfangsvermögen W_0

• **Capital Asset Pricing Model:**

– Erwartete Aktienrendite:

Drei Darstellungsformen:

$$E(r_j) \ = \ r + [E(r_M) - r] \cdot \frac{Cov(r_j, r_M)}{\sigma^2(r_M)}$$

$$E(r_j) \ = \ r + [E(r_M) - r] \beta_j$$

mit:

$$\beta_j = \frac{Cov(r_j, r_M)}{\sigma^2(r_M)}$$

$$E(r_j) = r + \frac{[E(r_M) - r]}{\sigma(r_M)} \cdot \varrho(r_j, r_M)\sigma(r_j)$$

mit:

$$\varrho(r_j, r_M) = \frac{Cov(r_j, r_M)}{\sigma(r_M)\sigma(r_j)}$$

$$= \beta_j \cdot \frac{\sigma(r_M)}{\sigma(r_j)}$$

– <u>Aktienrisiko</u>:

Zwei Darstellungsformen für das quadrierte Risiko:

$$\sigma^2(r_j) = \beta_j^2 \sigma^2(r_M) + \sigma^2(\varepsilon_j)$$

$$\sigma^2(r_j) = \varrho^2(r_j, r_M)\sigma^2(r_j) + \sigma^2(\varepsilon_j)$$

mit:

$$\sigma(\varepsilon_j) = \sigma(r_j)\sqrt{1 - \varrho^2(r_j, r_M)}$$

Literaturverzeichnis

Bierman, H., jr. und S. Smidt, *The Capital Budgeting Decision*, 8th ed., New York–London 1993.

Blohm, H. und K. Lüder, *Investition*, 8. Aufl., München 1995.

Brealey, R. A. und S. C. Myers, *Principles of Corporate Finance*, 5th ed., New York et al. 1996.

Busse von Colbe, W. und G. Laßmann, *Betriebswirtschaftstheorie*, Band 3: *Investitionstheorie*, 3. Aufl., Berlin et al. 1990.

Copeland, T. E. und J. F. Weston, *Financial Theory and Corporate Policy*, 3rd ed., Reading et al. 1988.

Dixit, A. K. und R. S. Pindyck, *Investment under Uncertainty*, Princeton 1994.

Drukarczyk, J., *Finanzierung*, 7. Aufl., Stuttgart 1996.

Drukarczyk, J., *Theorie und Politik der Finanzierung*, 2. Aufl., München 1993.

Elton, E. J. und M. J. Gruber, *Modern Portfolio Theory and Investment Analysis*, 4th ed., New York et al. 1991 und 5th ed., New York et al. 1995.

Fischer, E. O., *Kapitalmarktforschung und Investmentanalyse*, Manuskript Universität Wien 1995.

Fischer, E. O., *Finanzwirtschaft für Anfänger*, 2. Aufl., München–Wien 1996a.

Fischer, E. O., *Finanzwirtschaft für Fortgeschrittene*, 2. Aufl., München–Wien 1996b.

Franke, G. und H. Hax, *Finanzwirtschaft des Unternehmens und Kapitalmarkt*, 3. Aufl., Berlin et al. 1994.

Haley, C. und L. Schall, *The Theory of Financial Decisions*, 2nd ed., New York et al. 1979.

Hax, H., *Investitionstheorie*, 5. Aufl., Würzburg-Wien 1985.

Kruschwitz, L., *Finanzierung und Investition*, Berlin–New York 1995a.

Kruschwitz, L., *Investitionsrechnung*, Berlin–New York 1995b.

Petty, J. W. et al., *Basic Financial Management*, 6th ed., Englewood Cliffs 1993.

Rao, R. K. S., *Financial Management: Concepts and Applications*, 2nd ed., New York–London, 1992.

Ross, R. A., Westerfield, R. W. und J. F. Jaffe, *Corporate Finance*, 4th ed., St. Louis 1996.

Schall, L. D. und C. W. Haley, *Introduction to Financial Management*, 6th ed., New York et al. 1991.

Schmidt, R. H. und E. Terberger, *Grundzüge der Investitions- und Finanzierungstheorie*, 3. Aufl., Wiesbaden 1996.

Shapiro, A. C., *Modern Corporate Finance*, New York–London 1990.

Sharpe, W. F., Alexander, G. J. und J. V. Bailey, *Investments*, 5th ed., Englewood Cliffs 1995.

Spremann, K., *Wirtschaft, Investition und Finanzierung*, 5. Aufl., München-Wien 1996.

Stepan, A. und E. O. Fischer, *Betriebswirtschaftliche Optimierung*, 5. Aufl., München–Wien 1996.

Swoboda, P., *Investition und Finanzierung*, 5. Aufl., Göttingen 1996.

Swoboda, P., *Betriebliche Finanzierung*, 3. Aufl., Heidelberg 1994.

Uhlir, H. und P. Steiner, *Wertpapieranalyse*, 3. Aufl., Heidelberg 1994.

Van Horne, J. C., *Financial Management and Policy*, 10th ed., Englewood Cliffs 1995.

Weston, J. F. und T. E. Copeland, *Managerial Finance*, 9th ed., Chicago 1992.

www.ingramcontent.com/pod-product-compliance
Lightning Source LLC
Chambersburg PA
CBHW021132220326

41599CB00051B/1